高校图书馆的服务与管理研究

苏红英 ◎ 著

吉林出版集团股份有限公司

图书在版编目（CIP）数据

高校图书馆的服务与管理研究/苏红英著. — 长春：吉林出版集团股份有限公司，2023.9
ISBN 978-7-5731-4311-2

Ⅰ.①高… Ⅱ.①苏… Ⅲ.①院校图书馆－图书馆服务－研究②院校图书馆－图书馆管理－研究 Ⅳ.①G258.6

中国国家版本馆CIP数据核字（2023）第181938号

高校图书馆的服务与管理研究
GAOXIAO TUSHUGUAN DE FUWU YU GUANLI YANJIU

著　　者	苏红英
责任编辑	滕　林
封面设计	林　吉
开　　本	787mm×1092mm　1/16
字　　数	220千
印　　张	14
版　　次	2023年9月第1版
印　　次	2024年1月第1次印刷
出版发行	吉林出版集团股份有限公司
电　　话	总编办：010-63109269
	发行部：010-63109269
印　　刷	廊坊市广阳区九洲印刷厂

ISBN 978-7-5731-4311-2　　　　　　　　　　　　定价：78.00元

版权所有　侵权必究

前　言

图书馆管理的重要性不言而喻，高校图书馆作为高等教育的核心，国家公共阅读活动的重要机构，必须要开展科学合理的阅读服务和阅读指导研究工作。因此，本书将针对大数据时代高校图书馆管理创新进行论述和探讨，寻求进一步的创新与发展。

高校图书馆是知识的汇集地，担负着配合教学的重要职能，为高校的教学和科研提供了可靠的保障，同时，它又是社会信息服务与信息传播机构，满足着读者日益增长的信息知识需求。随着社会的发展和科技文化的进步，人们对图书馆的管理与服务要求也提出了新的挑战，传统单一、粗放管理的模式已难以适应读者的需求，提高服务水平和质量、打造一支强有力的图书馆管理队伍，刻不容缓。人们对信息的需求量越来越大，获取知识的渴望不断增强，面对新的机遇和挑战，高校图书馆要从基础做起，树立"以人为本、读者第一"的人性化服务思想，创立"以读者为中心"的服务理念，加强文献信息资源建设和现代化建设，为读者营建出一个优美、安静、整洁的学习环境。充分发挥图书馆的信息资源优势和服务优势，体现图书馆的服务职能，全方位、多角度、多层次地为读者服务。

本书主要研究高校图书馆的服务与管理方面的问题，涉及丰富的图书馆管理与服务知识。主要内容包括图书馆服务的基本知识、高校图书馆管理创新的理论基础、高校图书馆管理内容研究、高校图书馆管理理念创新、高校图书馆管理与服务创新、高校图书馆的用户安全管理创新、高校图书馆管理服务体系构建等。本书是作者长期从事高校图书馆教学和实践的结晶。本书涉及面广，实用性强，使读者能获得知识的同时掌握技能，理论与实践并重，并强调理论与实践相结合。本书兼具理论与实际应用价值，可供相关教育工作者参考和借鉴。

由于笔者水平有限，本书难免存在不足之处，敬请广大学界同行与读者朋友批评指正。

目 录

第一章 图书馆服务概述 ……………………………………………… 01
第一节 图书馆服务的概念 ……………………………………… 01
第二节 图书馆服务的对象及其需求 …………………………… 04
第三节 图书馆服务的内容 ……………………………………… 09
第四节 图书馆服务的原则 ……………………………………… 10

第二章 高校图书馆管理创新的理论基础 …………………………… 18
第一节 高校图书馆管理概述及管理现状 ……………………… 18
第二节 高校图书馆管理创新的必要性及其实质与特征 ……… 21
第三节 高校图书馆管理创新的方向和措施 …………………… 25

第三章 高校图书馆管理内容研究 …………………………………… 42
第一节 高校图书馆人力管理 …………………………………… 42
第二节 高校图书馆知识管理 …………………………………… 47
第三节 高校图书馆行政管理 …………………………………… 48
第四节 高校图书馆财务管理 …………………………………… 52

第四章 高校图书馆管理理念创新 …………………………………… 58
第一节 人本管理理念的创新 …………………………………… 58
第二节 知识管理理念的创新 …………………………………… 64
第三节 全面质量管理理念的创新 ……………………………… 68
第四节 信息理念的创新 ………………………………………… 71

第五章 高校图书馆管理与服务创新 …… 82

第一节 现代图书馆信息服务的类型和服务手段 …… 82
第二节 数字化时代图书馆的开放服务创新 …… 93
第三节 新时代下阅读与知识服务创新 …… 105
第四节 高校读者工作与读者服务创新 …… 112
第五节 人脸识别技术与图书馆管理创新 …… 123
第六节 "互联网+"与图书馆管理创新 …… 126

第六章 高校图书馆的用户与安全管理创新 …… 133

第一节 图书馆用户教育管理体系的构建 …… 133
第二节 图书馆的安全保卫与消防安全管理 …… 141
第三节 图书馆集成管理系统的安全管理及维护 …… 146
第四节 网络环境下图书馆的信息安全及其对策 …… 152

第七章 高校图书馆管理服务体系构建 …… 157

第一节 信息资源共享服务体系 …… 157
第二节 图书馆自动化系统服务体系 …… 172
第三节 图书馆门户网站服务体系 …… 180
第四节 图书馆自助服务体系 …… 188
第五节 移动图书馆服务 …… 198
第六节 图书馆空间服务 …… 204

参考文献 …… 216

第一章　图书馆服务概述

图书馆作为保存、整理和获取文化信息资源的重要社会机构，利用馆藏资源和设施直接为读者提供文献和情报的一系列活动，有时也称图书馆读者工作。图书馆服务是图书馆工作的重心，现代图书馆不仅通过外借和阅览的方式向读者提供印刷型书刊资料，还提供参考咨询、文献缩微复制、编译报道、情报检索、专题讲座、展览等服务。始终秉承着"读者第一""用户至上"的服务原则，一切从方便读者出发，满足读者多元化的信息需求，履行图书馆的社会职能，为人类的文明发展做出自己应有的贡献。

随着人们信息价值观念的不断变化、科学技术的飞速发展和文献资源共享的逐步实现，图书馆服务正沿着社会化和自动化方向快速发展，图书馆服务在人们的物质生活和精神生活中将发挥越来越重要的作用。

第一节　图书馆服务的概念

图书馆作为信息服务机构，通过阅览、外借、复制、参考咨询、文献检索、宣传报道、情报分析、专题讲座、展览等方式，广泛地为人民服务，为经济建设、科学技术和文化教育事业的发展服务。

一、图书馆服务的内涵

图书馆服务也称读者服务工作，是图书馆充分利用馆藏资源和设施直接为读者提供所需文献和情报的一系列活动的总称。

图书馆服务经历了从封闭到开放，从仅提供一次文献到兼提供二三次文献服务的漫长历史过程。随着图书馆事业的不断发展，图书馆服务的内容和方式日益多样化，服务对象也逐渐扩大，图书馆的服务也逐步向现代化、科学化和法制化的方向发展，许多国家都在努力实现图书馆资源共享，并广泛开展馆际协作，向各种类型的读者提供更为深入、系统和便捷的文献信息服务。

二、图书馆服务的组成要素

图书馆是收集、整理、保管和利用文献，为一定社会的政治、经济服务的文化教育机构，其构成要素也有不同的说法：最早有陶述先提出的"三要素说"，即书籍、馆员、读者；杜定友提出的"四要素说"，即资金、人才、书籍、房屋；刘国钧提出的"四要素说"，即图书、方法、人员、设备，以及"五要素说"，即图书馆、读者、领导与干部、建筑和设备以及工作方法；黄宗忠提出"六要素说"，即藏书、馆员、读者、建筑与设备、技术方法、管理。

现在通常认为文献、读者、馆员、技术方法、建筑与设备和管理构成图书馆服务的组成要素，六要素相互作用、相互联系，继而保证图书馆服务工作不断发展与变革，以期满足读者日益多元化的信息需求。

（一）文献

1984年，中华人民共和国国家标准《文献著录总则》关于"文献"的定义："文献：记录有知识的一切载体。""知识"是文献的核心内容，"载体"是知识赖以保存的物质外壳，即可供记录知识的某些人工固态附着物。也就是说，除书籍、期刊等出版物外，凡载有文字的甲骨、金石、简帛、拓本、图谱乃至缩微胶片、视听光盘、声像资料等，皆属文献的范畴。

文献是记录、积累、传播和继承知识的最有效手段，是图书馆开展一切读者服务的基本条件。传统的图书馆馆藏文献包括图书、期刊，以及音像、缩微资料等。随着信息化时代的到来，图书馆已从传统向现代图书馆过渡和发展，图书馆的藏书结构、体系发生了重大变化，图书馆除拥有一定量实体文献外，还要具备获取文献信息、开发信息资源的能力。特别是文献信息资源，是图书馆开展读者服务的核心要素，图书馆要充分利用日渐丰富的文献信息资源，履行社会职能，促进图书馆的可持续发展。

（二）读者

读者作为一种社会阶层的概念，具有广义和狭义之分。广义地讲，凡是具有阅读能力并从事阅读活动的社会成员都可以称为读者。狭义地讲，读者是指具有一定阅读能力并利用图书馆从事文献信息活动的个人和社会团体的总称。图书馆的服务对象既包括实地来到图书馆的读者，也包括使用图书馆网络资源的读者。

图书馆服务工作的价值取决于读者的存在和需求。读者对图书馆的依赖程度决定着读者服务工作的发展水平。读者是图书馆文献信息资源的利用者也是文献信息服务的接受者，是推动图书馆服务工作前进的动力。

（三）馆员

图书馆馆员，泛指图书馆的工作人员，包括各个层次的行政管理人员和专业技术人员，是图书馆的主体因素，是图书馆活动的组织者与管理者，是联系用户与文献信息的中介和纽带，是使文献、信息的价值由潜在变为现实的关键。图书馆服务工作的好坏，图书馆社会作用的大小，直接取决于图书馆工作人员的业务水平、服务精神以及道德素养等因素。在信息科技快速发展的今天，图书馆馆员不但要胜任信息专家、网络管理员与导航员的角色，更要胜任学科专家、复合型的专家兼学者的角色。

馆员是图书馆工作的实施者，是图书馆组成要素中最具生命力的物质力量与精神力量的源泉。

馆员是图书馆的管理者，从事业务、人员、经费、馆舍或设备的管理等。

馆员是文献信息的开发者。传统图书馆馆员是"藏书保管者""知识守护者"，现代图书馆馆员还要对文献进行深层次开发与挖掘，进行二次文献、三次文献加工。

馆员还是知识与信息的传递者。馆员不仅是文献信息的收集者、开发者、加工者还是知识与信息的传递者。

（四）技术方法

技术方法就是图书馆的服务方法，包括文献信息的收集整理与开发利用的技术方法、图书馆组织管理的技术方法、用户服务的技术方法，以及利用信息技术和自动化技术对图书馆进行集成管理，构成了图书馆技术的方法系统。技术方法是为了满足读者特定的文献信息需求而采用的各种文献信息服务的方式和手段所构成的多功能、全方位服务的有机整体，各种服务方法相对独立，它们之间又互相渗透、补充和共同发展，是图书馆服务的基本手段。图书馆能否发挥作用，主要取决于图书馆馆员能否掌握先进、正确的技术方法。技术方法的发展是图书馆不断进步的重要保证。

(五) 建筑与设备

馆舍和技术设备、办公设备、阅读设备等是图书馆最主要的物质条件，也是图书馆充分发挥文化教育职能的场所和手段，应该受到重视。传统图书馆建筑设备包括建筑、阅览桌椅、书架、目录柜等，随着现代化技术的发展，图书馆还应具备视听、缩微、复印、传真等设备以及图书馆计算机自动化系统、局域网和互联网接口、消防安全系统等。图书馆的建筑与设备要适应图书馆文献信息的情况与服务功能的要求。如果图书馆的馆舍建筑不当，设备不符合标准，都会阻碍图书馆服务工作的开展，并降低图书馆的社会功能。

现代图书馆是拥有特定的建筑与设备并且以文献信息资源为基础，图书馆馆员通过一定的技术方法为图书馆读者提供各种知识服务的社会机构。

(六) 图书馆的科学管理

图书馆的管理就是应用系统、科学的方法，按照图书馆事业的发展规律，合理地组织、规划、控制、协调图书馆工作中的人、财、物等各种资源，达到以最少的消耗实现图书馆的既定目标、完成图书馆任务的过程。图书馆管理的内容包括图书馆组织机构的管理、人事制度的管理、业务、图书馆的规章制度、图书馆管理的方式与方法等。图书馆管理是图书馆工作顺利进行的基础，没有图书馆的科学管理，就没有图书馆工作的合理化与科学化，必然导致图书馆工作的分散、混乱、重复和低效。

第二节 图书馆服务的对象及其需求

图书馆的读者就是图书馆的服务对象，是来自社会各个阶层的对图书馆有着各种信息服务需求的社会团体和个人。图书馆作为信息服务机构，其所有的工作都是围绕图书馆的服务对象展开的，因此只有对服务对象及其所需进行深入研究，才能更好地做好读者服务工作。

一、图书馆的服务对象

图书馆的服务对象就是我们通常所说的图书馆的读者，随着现代图书馆信息化、数字化、网络化平台的建立，有时也把数字图书馆的读者称作"用户"。总之，凡是具备阅读能力和行为并能接受文献信息作用的人，都可称其为读者，他们既是利用图书馆文献资源的主体，又是一切信息资源发挥作用的客体，是图书馆服务中信息交流系统的核心因素。

（一）图书馆读者类型

不同的社会经历和社会生活形成了各具特征的不同类型的读者群，体现了他们特有的文献需求和阅读行为，按照不同的标准，读者可划分为以下几种类型。

（1）按照读者利用图书馆的状况可分为现实读者和潜在读者。

现实读者又分为正式读者和临时读者，个人读者和集体读者。正式读者在图书馆登记注册，并领有借阅证件，享有固定使用图书馆的权利；临时读者未与图书馆建立正式借阅关系，凭身份证件偶尔利用图书馆。任何社会成员均可根据自身需求到图书馆利用馆藏文献，都可以成为图书馆的临时读者。集体读者以固定的机构或团体为单位利用图书馆。潜在读者是指有利用图书馆的能力或权利，但因各种原因未能实现的人。

（2）按照读者的年龄可以分为少年儿童读者、青年读者、成年读者和老年读者等。

不同年龄段的读者在阅读爱好和阅读倾向方面存在一定差异。例如，少年儿童求知欲强，选择读物易受外界的影响，老年读者一般则偏爱陶冶性情、健身保健之类的读物等。

（3）按照读者的社会职业性质可分为工人读者，农民读者，学生读者，教师读者，干部、科技人员和退休读者等。

他们在阅读兴趣和文献需求等方面有明显的职业特点，并有连续持久的阅读趋势。

（4）按照读者的使用目的可以分为学习型读者、娱乐型读者和研究型读者等。

学习型读者利用文献知识充实自己，他们使用文献具有系统性、计划性和阶段性的特点；娱乐型读者是为了满足个人精神方面的需要而进行阅读与欣赏；研究型读者多半是为了拓展新的知识领域从而进行创造性的探索，一般利用在一定历史阶段累积起来的大量文献或是最新的情报信息，有时还需要利用相邻学科的文献。

（5）按照读者的生理缺陷可分为聋哑读者、盲人读者等。

图书馆有义务向他们提供盲文书刊、音像设备以及诵读、手语等特殊服务。

（二）图书馆读者要素

（1）阅读能力

阅读能力是每个人成为读者所具备的必要条件，也是任何一个社会成员成为读者的条件。一个人的阅读能力主要表现为：具有一定的文字识别能力、文化基础和一定的分析理解能力。对一个能阅读的社会成员来讲，必须具有接受、理解、吸收科学文化知识的共同能力，才能确保交流的进行，这种能力就是所谓的阅读能力，是读者所具备的基本能力。

（2）知识需求

知识需求是每个社会成员成为读者的重要条件。只有具备了强烈的知识需求和阅读意愿，才能促使读者主动去寻求满足需求的文献信息，开展阅读行为。

（3）阅读行为

社会成员成为读者的显著特征，即对某种文献实施了一定的阅读行为。读者阅读行为的开展是其自身意识与外部现象相作用的结果。在读者自身意识中，阅读能力是基础，知识需求是本质，阅读行为是核心。三要素结合构成了读者的必要条件，缺一不可。

综上所述，读者是利用文献资源的主体，文献必须通过读者的阅读活动才能体现使用价值；读者通过阅读活动获取信息，继而实现人类文化的交流、继承和创新；读者在阅读活动中有其特定的阅读心理活动，它既取决于读者的修养水平，阅读动机、目的与条件，也受各种社会环境条件的制约。

二、读者信息需求的构成

随着计算机与网络技术的高速发展，读者的信息需求也发生了变化，改变了原有对传统文献信息的认知与利用方式。那么作为信息时代的图书馆，更要把握好读者信息需求的变化，从读者信息需求的内容、方式和特征等方面入手，形成全面认识，满足读者的信息需求。

（1）对信息的需求，包括对信息内容与形式的需求。信息的内容反映的是信息所属的学科，如"经济信息""生物信息""环保信息"等。信息的形式是多方面的，如"政策信息""市场信息"抑或是"产品信息"等。其所指的是图书馆信息资源本身，是读者通过图书馆服务所获得的最基本的信息需求。

（2）对信息源的需求，包括信息的来源范围与信息的载体形式等。读者对这方面也会有不同的要求。

（3）对获取信息方式的需求，主要有正式途径和非正式途径，或者说是直接交流与间接交流，读者会根据所需信息类型不同，或选择组织化的有序交流，或选择非组织化的无序交流等不同途径。

（4）对获取信息方法的需求。读者对"要什么"（信息内容）、"从哪里要"（信息源和行为途径）有了明确的要求之后，还会对"怎么要"（查询方法）提出具体要求。查询方法的要求主要是对信息检索工具与检索方法的要求。

三、读者信息需求的特点

图书馆的读者来自社会的各个阶层、各个领域，他们所具备的学历不同、专业背景不同、语言和文化习俗不同、年龄不同，使用计算机的能力也不尽相同，因而读者的需求也是变化万千。随着计算机与网络技术的飞速发展和在图书馆技术平台中的广泛应用，不仅极大地丰富了图书馆信息服务的内容和方式，使传统图书馆的信息服务功能得到了空前拓展，而且也使读者的信息需求发生了深刻变化，呈现出一系列新特点。概括起来，主要有以下几个方面。

（一）广泛性

图书馆收藏的文献，涉及各门学科，体现了文献的系统性与综合性，读者借阅文献的范围涉及《中国图书馆分类法》的22大类，信息需求颇具广泛性。过去，由于图书馆文献资源载体有限，服务手段落后，服务方式单一，为读者所提供的服务规模和领域也非常有限。而在今天的网络信息时代，随着现代化服务手段的提升与服务功能的不断拓展，读者的信息需求已由原来的有限性、稳定性、集中性，逐步发展为现在的随机性、分散性、多元性。这种迅速扩大与极具膨胀的信息需求，使得图书馆面临的读者信息需求量与日俱增，信息需求范围也日益扩大，信息需求所涉及的学科和专业领域也大大地拓展了。

（二）全面性

网络信息时代，图书馆的信息资源更加全面，信息载体不只是原来单一的印刷型书刊文献资料，各种电子出版物、专业数据库和网络信息，正在成为图书馆信息资源的重要组成部分。读者对图书馆的信息需求也不仅仅局限于传统的书刊目录、文献索引，而是越来越多地转向了专题资料、科学数据、综合分析等经过深层次加工的信息。对信息载体的需求也更加青睐分门别类的各种电子出版物、声像资料及网络信息。读者所表现出的对信息的全面需求势必促使图书馆始终要把建设丰富而全面的信息资源体系作为首要任务，并不断创新服务方式，拓展服务领域，满足读者日渐全而广的信息需求。

（三）快捷性

信息需求快速高效是信息化社会的必然产物，也是读者对图书馆信息服务的客观要求。科学技术日新月异，新知识、新事物相继涌现，传递信息方式的深刻变化为图书馆读者充分获取信息、利用信息和进行信息交流，搭建了高效的技术手段与平台。所有这些在客观上进一步激发了读者对图书馆高效化信息服务和方便快捷传递方式的渴望，以至于更多的读者已经不再满足于到图书馆查阅所需的信息资料了，这就要求图书馆要全天候地超越时空距离地为读者提供更加快速、便捷和实效的信息服务。

（四）层次性

图书馆读者的需求具有鲜明的层次性特征，一般由低层次逐步向高层次过渡与发展。读者需求的层次主要体现在两个方面：一是读者群体结构多层次性；二是读者对信息需求的价值观念的层次性。读者需求的层次性是随着读者水平的提升、经济的发展、科学技术的进步及某种精神文化方面的需要，逐步向更高层次需要转移的。读者对信息的需求呈现出由浅入深、由粗及精的循序渐进的规律，且具有阶段性的特点。

（五）差异化

由于图书馆读者群体的每位成员具有不同的职业、年龄、学历、专业、兴趣爱好等，使得他们的需求目的、需求心理及行为习惯也显露出明显的个体差异。例如，科研读者的信息需求，一般都是主题明确，目的性比较强，强调信息的专业性、准确性和可靠性；而学生群体则既需要与课程学习相关的专业性、知识性和学术性信息，还特别关注与现代社会紧密相关的热点和焦点信息；企业人员需求的则是与本职工作相关的信息，特别强调信息的实用性、针对性与指导性作用；

低龄段儿童亲子阅读需求更加明显；居家退休老人则更关注健康、保健方面的相关信息。

第三节　图书馆服务的内容

图书馆服务就是图书馆利用馆藏资源和硬件设施直接向读者提供文献信息与情报的一系列活动，也就是我们通常所说的图书馆读者工作。现代图书馆不仅通过阅览和外借的方式向读者提供印刷型图书、报刊资料，而且需向读者提供文献缩微复制、参考咨询、编译报道、情报检索与服务、课题跟踪服务，还要开展宣传文献情报知识的专题讲座、展览等服务。一切从方便读者的角度出发，对各种类型的读者提供不同的服务。

为满足不同类型读者的需求，图书馆通常还要开展读者研究和读者教育等活动，掌握和分析读者利用图书馆的规律和特点，提升读者利用图书馆的知识水平与能力，提高图书馆藏书利用率和服务效果。

一、组织与研究读者

读者是图书馆的基本组成要素之一，是图书馆赖以生存的根本。要做好图书馆服务工作，必须熟悉读者，了解读者的阅读倾向、阅读心理。通过读者调查的方式对读者的阅读能力、阅读动机、阅读兴趣进行研究，确定读者服务范围和服务重点，制订读者发展规划，划分读者类型，掌握读者动态，组织并调整读者队伍，组织与读者研究是开展图书馆读者工作的重要内容和前提条件，开展读者研究总体上有利于把握读者需求的特点和规律，并针对读者动机加以正确引导，提高图书馆服务个性化需求，不断改善读者服务方式和拓展图书馆服务领域。

二、组织各项服务活动

图书馆应针对用户的实际需要，充分利用藏书、目录、馆舍设备及环境条件，有区别地开展各项服务活动。综合运用外借服务、阅览服务、复制服务、咨询服务、网络信息导航服务、检索服务、定题服务、编译服务、情报服务、网络数据检索、科技查新、展览服务、休闲娱乐等多种形式，组织建立多类型、多级别的综合服务方法体系，有效地满足各种类型读者对一次文献、二次文献、三次文献的不同层次需求，帮助用户解决在学习、研究和工作中对文献资料的查询和利用时遇到的问题。

随着现代化技术的不断发展与广泛应用，图书馆应根据本馆性质、规模和读者的需求，扩大读者服务范围、优化读者服务方式、增加读者服务内容、提高读者服务水平，充分体现图书馆的社会价值。

三、组织各项宣传辅导活动

宣传辅导工作是图书馆教育与情报职能的体现，主要包括以下内容：组织广泛的学术报告活动与科学技术交流活动，主动向读者揭示、推荐信息资源的内容与形式，开展文献信息的宣传报道、陈列展览，及时传递最新情报信息，宣传先进思想，吸引读者最大限度利用图书馆的各种资源与服务；有针对性地编制各种专题书目索引，定期开展利用图书馆知识的宣传教育活动，参与读者选择书刊、目录、文献检索及阅读方法的指导，吸引更多的读者走进图书馆，开发与利用图书馆馆藏资源。

四、组织管理工作

为了有效地开展读者服务工作，图书馆的读者服务部门要进行自身建设和组织管理。其包括读者服务对象管理、读者服务人员管理、读者服务设施管理。如设置工作岗位，明确岗位职责，配备工作人员，组织劳动分工，建立业务人员管理、培训、绩效、考核、奖评方案；建立读者服务规章制度、合理组织藏书、改善技术服务手段、完善读者服务体制，为读者创造良好的环境与条件，不断提高服务质量与效益，保证图书馆服务工作健康有序向前发展。

图书馆服务的四个部分紧密相连、相互依存，构成完整的图书馆服务体系，组织与研究读者是图书馆服务工作的前提；组织各项服务活动是图书馆服务工作的组织形式与表现过程，组织各项宣传辅导活动是图书馆服务工作的基本要求；组织管理工作是顺利开展图书馆服务工作并取得成效的最基本保证。

第四节　图书馆服务的原则

美国图书馆学家谢拉曾说过："服务是图书馆的基本宗旨。"服务是贯穿图书馆发展的主线，是图书馆核心价值的体现。现代图书馆发展的最终目标是为读者提供更好的服务，与社会上各行各业的服务相比，图书馆的服务有其特定的原则与内涵，经过多年的科学讨论与工作实践，一般应遵循开放原则、方便原则、平等原则、区分服务原则、满意原则、创新原则。

一、开放原则

图书馆自诞生之日起，从封闭、半开架、全开架到现在的藏、借、阅、检、咨一体化全开放服务模式，经历了漫长的渐变过程。开放原则是图书馆服务的基本原则，现代意义的图书馆全开放包括资源开放、人员开放、时间开放、馆务公开。

（一）资源开放

资源开放，是把图书馆所有的馆藏资源和设施向读者开放。（1）馆舍建设大开间通透、明亮、开放的建筑格局是构建全开放服务管理模式的前提条件，馆舍建设要通透宽敞，打破房间的阻隔，形成了全新的大开间、全开放的服务格局，尽显服务方便化、人性化、休闲式的特点，服务区域实行藏、借、阅、检、咨一体化管理，为读者提供了更具个性化的"文化交流空间"。（2）形成馆藏资源及服务的全域共享。馆藏文献资源是图书馆为读者提供信息服务的基础。新时代的用户已不再满足于单一的馆藏信息服务，内容新颖、形式多样、类型完整、来源广泛的信息内容才是他们需要的，这种多样性、综合化的信息需求只有多个图书馆走资源共建、服务共享之路才能更好地服务于读者。（3）图书馆所有设施（如书库、展示厅、电子阅览室、视听间）向读者免费开放。（4）全方位揭示馆藏，健全检索服务体系等。

（二）人员开放

1994年，联合国教科文组织与国际图联在共同制定的《公共图书馆宣言》中明确宣告："公共图书馆应不分种族、年龄、性别、宗教、国籍、语言或社会地位，向所有人开放，并提供平等服务，还必须向因各种原因不能利用其正常的服务和资料的人，存在语言障碍的人，残疾人、在押犯人提供特殊服务与资料。不同年龄结构的人都应在图书馆中查阅到适合其需要的文献资料。藏书与服务均不受任何形式思想、政治以及宗教的审查，也不受商业的压力。"

现代图书馆不仅是一个阅读场所，也是人们休闲、交谈、娱乐的场所。其开放的服务理念应成为现代图书馆服务最具魅力之所在。

（三）时间开放

在时间的开放上，图书馆应最大限度增加为读者服务的时间，主动适应读者需求，不再局限于某些特定的时间段提供服务。实行365天无闭馆日制度，建立24小时无打烊的公共图书馆、图书流动车，满足人们在上课时间之外、工作时间之余利用图书馆的需要，以此弥补公共图书馆开馆迟、闭馆早、借阅不便的不足。此外，还要建立移动图书馆服务平台，构建实时在线的全天候移动网络服务。

（四）馆务公开

凡是与读者服务相关的决策（如有关制度、规定、做法等）过程及其结果要向读者公开。馆务公开不但是图书馆决策民主化的需要，也是图书馆服务取信于读者的需要。实行馆务公开应从以下几方面工作入手：（1）制定馆务公开制度。对需要公开的事项、公开的时间、公开的方式等，做出明确规定，使其制度化。（2）建立读者参与管理机制。凡是与读者利益相关的重大事情，事先应广泛征求读者意见，条件允许的情况下，让读者直接参与到决策过程中。（3）公开读者监督途径。如设立读者意见箱、公开馆长联系方式、公布领导接待读者日等。实时公开接受读者监督与评价，充分了解与掌握读者满意度，以便更好地开展读者服务工作。

二、方便原则

图书馆服务中的方便原则是为服务用户提供方便，是所有服务行业共同追求的目标。只有提供方便的服务才能受到人们的欢迎，方便是服务的本质与核心。图书馆服务的方便原则，主要体现在以下几个方面：馆舍位置要方便读者、服务设施要方便读者、资源组织要方便读者、服务方式要方便读者等。

（一）馆舍位置要方便读者

图书馆应位于交通便利的位置，为推广全民阅读创造有利条件。日本图书馆界认为，图书馆的服务范围一般不应超过1~1.5公里，并提出"把图书馆办在身边，办到生活中去"的口号。有的国家还规定，从住地最远步行10~20分钟的距离内，就应找到一家图书馆。根据图书馆年报数据。随着国家对文化产业重视程度的不断提高，作为文化产业重要组成部分的公共图书馆也必将得到更好更快的发展。公共图书馆为解决公共服务设施"最后一公里"问题，可以在城市街区、乡村建立分馆，设立移动电子阅读设备、汽车图书馆等，为全地区的公共文化建设服务提供有力保障。

（二）服务设施要方便读者

服务设施要方便读者，首先馆舍建设要大开间通透、明亮、开放，服务设施要健全，摆放要合理化。通透、无遮掩的藏、借、阅、检、咨的建筑模式方便读者查阅资料，尽显书中有人、人在书海的意境。在进门大厅处设置存包柜及餐饮休息区；秉承"无障碍设计"的理念，设置盲人通道、残疾人专用如厕；为年幼儿童配备低矮阅览桌椅等，充分体现服务方便化、人性化、休闲式的特点。

（三）资源组织要方便读者

资源组织要方便读者是指充分发挥图书馆全部资源的最大效益。首先要求图书馆在馆藏资源的空间布局上要最大限度地缩短读者与资源之间的时空距离。保证到馆读者可以自由地接触到所有馆藏资源（包括纸质文献、数字馆藏、空间资源、服务设备等）。其次，在图书馆以外，还要树立大资源观，面向全社会开展资源共享服务，通过现代化技术手段构建及时的、多层面的资源揭示与导航服务功能，实现图书馆所有馆藏资源的全域共享。

（四）规章制度与管理办法要方便读者

想方设法减少对读者的限制，是方便读者不可或缺的重要方面。为开展图书馆服务所建立的一系列规章制度和管理措施都是为了维护多数读者的利益，不应成为读者利用图书馆的障碍。但是，图书馆在实际工作中往往会有意无意间以方便管理为出发点，制定一些限制读者、忽视读者方便使用的管理办法，这样就可能给读者造成各种不便。图书馆应当根据客观情况的变化适时调整与完善管理制度，协调好图书馆、馆员与读者三者之间的关系，方便读者的同时，实施科学管理，使图书馆的服务和管理体系真正以保护大多数读者的利益为出发点，确保图书馆服务有序健康开展。

（五）服务方式要方便读者

服务方式要方便读者是指图书馆要充分尊重读者意愿，遵循图书馆自身的工作规律，以科学的思想理念、科学的服务态度，以及科学的管理方法和措施，组织和开展图书馆服务工作。始终坚持以人为本的服务理念，以更加人性化、个性化、专业化、虚拟化、智能化的服务满足读者日渐多样的信息需求；科学的服务态度就是一切从实际出发，讲实效且不拘一格。无论是资源组织、机构设置、方案设计或是工作流程都要体现一切为了读者、一切方便读者、一切为了利用的服务宗旨；科学的方法是指图书馆在开展服务中形成的一整套实用、有效、先进的理论与方法。如满足个别读者的个性需求；利用寒暑假期间为留守儿童上门送书；走进聋哑学校，为盲童读书、讲故事；深入机关开通图书流动车服务；为节省读者时间，开通读者微信办证服务；通过大数据平台，掌握读者阅读倾向及喜好。采用这些科学先进的服务方法，丰富读者服务内容，强化读者服务能力。

三、平等原则

"图书馆是体现人类自由与平等理想的圣地""图书馆面前人人平等"，是图书馆界的人权宣言。

"公共图书馆应不分种族、年龄、性别、宗教、国籍、语言或社会地位，向所有人提供平等服务，还必须向因各种原因不能利用其正常的服务和资料的人，存在语言障碍的人、残疾人、在押犯人提供特殊服务与资料。"不同年龄结构的人都应在图书馆中查阅到适合其需要的文献资料。藏书与服务必须包含各类必要的媒体形式和现代化技术及传统资料，不受任何形式的思想、政治或宗教审查。

在图书馆服务中贯彻平等原则，就是要求图书馆以博爱精神关爱每一位读者，尊重每一位读者，坚决维护每一位读者的合法权益。图书馆平等服务原则的实质就是对读者权利的充分维护。根据国家相关法律及图书馆的实际情况，图书馆读者应平等享有的权利主要有以下几个方面。

（1）平等享有取得读者资格的权利；

（2）平等享有阅读的权利；

（3）平等享有个人人格及隐私不受侵犯的权利；

（4）平等享有提出咨询问题的权利；

（5）平等享有获得图书馆辅导帮助的权利；

（6）平等享有参与和监督图书馆管理的权利；

（7）平等享有接受安全卫生等辅助性服务的权利；

（8）平等享有遵守图书馆规章制度的权利与义务；

（9）平等享有提出合理化建议的权利；

（10）平等享有对图书馆工作进行评价的权利；

（11）平等享有当自己的合法权益受到侵害时提出改进、理赔或诉讼的权利。

只有充分维护和保障以上方面读者权利，图书馆服务中的平等原则才能真正得以贯彻。

四、区分原则

强调平等服务，并不是说图书馆服务必须一成不变，完全均等化。为了充分体现平等原则，反而需要图书馆根据每位读者的不同需求提供有针对性的服务，以最大限度满足读者需求。因此，区分原则是指在图书馆服务中，针对不同读者的不同需求，采取不同的服务方法，有侧重点、有针对性地为读者提供服务。

区分原则应建立在对读者和藏书进行系统分析的基础上，图书馆在贯彻这一原则时，首先应注意藏书结构和读者结构相匹配。读者成分及其需求是一个多类型、多层次的动态结构，因此，图书馆应根据此结构建立一个多级别、多层次的动态结构，针对不同类型的藏书与读者需求提供不同的使用条件与环境，使每位读者都能各取所需，使图书馆的馆藏资源都能物尽所用。其次还应注意服务机构与服务方式的匹配。不同类型的图书馆，如公共图书馆、科研图书馆、高校图书馆，其服务任务与服务对象各不相同，对文献信息的收集、整理、保管和传递的内容、形式和方法也存有差异。各个图书馆都应根据服务对象的特点，从机构设置、责任分工、服务方式等方面采取措施，兼顾一般、主次分明、保障重点，从而更好地服务于每一位读者，充分发挥图书馆的服务职能。

五、满意原则

满意原则是图书馆服务所遵循诸原则中的核心原则，读者是否满意及其满意程度如何，是衡量图书馆服务质量的最终标准。

读者满意度是指读者对图书馆提供文献服务的满意程度，是读者接受服务时的内心感受及主观评价。美国宾夕法尼亚州立大学的安达利和西蒙兹提出测评读者满意度的五个命题：感受到的图书馆资源质量越高，读者满意度就越高；图书馆工作人员的反应性越强，读者满意度就越高；感受到的图书馆工作人员的能力越强，读者满意度就越高；图书馆工作人员道德行为越积极，读者满意度就越高；感受到的图书馆设施越好，读者满意度就越高。

读者对图书馆服务是否满意，属于主体（读者）对客体（图书馆）所做的评价范畴。黄俊贵先生认为，读者的主体地位一般表现为三个方面：一是读者对文献，即文献是否符合读者需求，必须得由读者做出判断；二是读者对图书馆馆员，图书馆馆员的服务态度、服务能力、服务效果必须由读者来鉴定；三是读者对图书馆工作，即图书馆的各项业务建设、规章制度、服务项目以及设施是否反映了读者利益与要求，必须由读者加以评价。

六、创新原则

图书馆服务创新是在社会不断发展进步与读者需求日渐变化情况下的必然需求，范围涉及服务理念的更新，服务范围的拓展，服务质量的提高。在图书馆的服务创新中，需要以读者的需求为导向，以读者的满意度为驱动力，不断提升服务质量，创新并不局限于固定的模式，其最终目的是提高图书馆服务质量与读者满意度。

（一）转变观念、强化品牌意识

服务是一种品牌，品牌是品质优异的核心体现，打造和培育品牌的过程即是不断创新的过程。

什么是图书馆的品牌？程亚男女士指出："一个图书馆如果能够通过自己的某种独特性——或一定的规模与馆藏，或某一信息产品，或某一特色服务，在同行业中形成差别优势，那么这种优势就是品牌。"图书馆服务树立品牌最关键、最根本之处是紧紧围绕读者需求，转变服务观念，增强读者的信任感与依赖感，开发特色信息产品与服务最大限度满足读者需求，促进图书馆事业的发展。如上海图书馆的导入 CS（客户满意）管理与服务也可称为一种品牌。

（二）拓展图书馆的功能

随着我国经济社会与文化事业的不断发展，图书馆的功能也在不断拓展，现代图书馆早已不是单一的文献服务机关，而是逐渐成为地区、城市的文化中心、文献信息中心、社会教育中心、知识交流中心、文化活动场所等。

为适应社会发展和人民群众的需要，图书馆可以进一步丰富、拓展并完善自己的功能。如杭州市图书馆于 2014 年 8 月举办的各种文化艺术阅读欣赏体验活动 100 余项。

(三) 创新服务模式，拓宽服务渠道

图书馆应改变以往单一的外借与内阅服务模式，利用现代化网络平台，提供各种数据库、知识库服务以及多种在线或离线的信息服务，如信息推送、网络呼叫、智能代理等服务，这些服务方式具有较强的实时性、智能性和交互性等特征，能够同时提供实体馆藏和虚拟馆藏服务的模式，为读者提供全新的个性化服务，极大丰富了图书馆服务的内容。

图书馆还应拓宽服务渠道，应吸引社会资金，动用社会力量，鼓励社会组织、居民等多元主体参与公共文化服务体系建设。如与房地产商联手建设城市书房，与大型商场联建共享书屋等，由商家负责书屋的整体设计与装饰、设备配置、服务管理，图书馆负责书屋的技术支持、业务辅导及书刊防盗设备的配送等。

第二章　高校图书馆管理创新的理论基础

第一节　高校图书馆管理概述及管理现状

一、高校图书馆管理概念

高校图书馆作为图书馆的一个分化，在阐述高校图书馆管理的概念之前，首先让我们了解什么是图书馆管理。长时间以来，国内许多学者都给图书馆管理下了定义，做了说明，下面我们列举一些有代表性的定义。

我们这样定义高校图书馆管理：通过计划、组织、领导和控制等方法，优化配置图书馆系统的各种资源（人力资源、财力资源、信息资源）以期完成图书馆为全校教学和科学研究工作服务并且使服务的提供者——馆员亦获得一种高度的士气和成就感的活动。

图书馆是人类社会所独有的一种社会现象，是人类社会发展到一定阶段的文明产物，随着文献的出现而产生，又随着社会文化教育、科学技术的发展而不断变革和发展。在图书馆形成和演变过程中，图书馆也经历了由简单到复杂，由低级到高级，由传统管理到现代管理的过程。在社会、科学技术日益进步的推动下，图书馆的规模、层次、内容和形式逐渐复杂化，图书馆管理方法也逐渐完善，管理水平也日趋提高。

图书馆管理是指"应用现代管理科学的原理和方法，合理组织图书馆活动，有效地利用图书馆人力资源和物质资源，发挥其最佳效率，达到其预定目标的过程"。图书馆管理的目的是合理地配置和充分利用图书馆的资源，更好地履行图书馆的职能。

二、我国高校图书馆的管理思想

我国的高校图书馆起源于古代的书院图书馆，是宫廷藏书、修书的地方。

近几年的研究表明，高校图书馆的改革开放已成为主流思想。高校图书馆的改革研究主要包括运作理念的变革、内外部机制重组、制度创新、组织与管理方式的调整、人事管理制度的变革、馆员角色和工作方式的转变、馆员继续教育途径的拓宽、馆际合作等。近年来，高校图书馆创新问题成为研究的热点。

在图书馆管理上，集成管理受到关注，有学者认为信息技术的发展导致了图书馆管理的系统化和管理方式的集成化。图书馆集成管理具有整体优化、协同并进、模糊控制、系统重组、虚拟组合、管理手段强调兼容适应的特点。也有人提出全面质量管理理念。另外，图书馆管理中的契约制度、激励机制研究、图书馆战略研究、ERP管理思想的应用、服务中关键时刻管理研究、服务战略研究等新的观点也纷纷出现。

此外，也是比较显著的一点是高校图书馆的协作观念不断加强，中国高等教育文献资源保障体系（CALIS）的建设取得极大进展。同时，一些地方区域性馆际合作已经初见成效。如北京、上海、天津等地的高校联合建设的网络图书馆、数字图书馆，已经实现馆际间的合作编目、数据共用、馆际互借等馆际间的协作。

三、当前高校图书馆管理的现状

（一）高校图书馆管理的现状

高校的图书馆、资料室一直是高校师生获得文献信息的基本来源。高校图书馆无论是从文献拥有量、收藏质量还是从文献载体类型的多样性等方面看，在国内的图书馆中都堪称一流，它也是国家信息资源的主要组成部分。随着信息化步伐的加快，高校图书馆的工作理念与工作方式也逐步转变。首先，图书馆工作思想正在发生转换，从"重藏轻用"逐步转向"藏用并举"，从"小而全""大而全"的封闭性管理逐步转向信息化、网络化的开放式管理。其次，图书馆馆藏资源由现实馆藏向现实馆藏与虚拟馆藏并存转移。现实馆藏是本馆馆藏，包括本馆馆藏中未被数字化的以纸为媒介的文献信息以及馆藏中的已数字化的文献信息等。虚拟馆藏则是本馆以外的馆藏。由于虚拟馆藏的巨大信息量，绝大多数高校图书馆都予以充分利用。再次，图书馆的工作对象已由单一媒体转变为多种媒体、传统的以纸质为媒体的图书馆工作逐步转换为多媒体、超媒体工作。从磁盘、光盘到互联网络，从只读、可写到交互多媒体，集存储丰富而系统、查验便捷且准确于一身的电子文献被图书馆普遍采用。最后，图书馆信息服务的深度正在变化。传统高校图书馆的一个重要职能就是对文献进行整理，提供有序化信息服务。网络环境下，人们生活进一步个性化、多样化，更具专业化和创造性，人们不再满足于这类初级信息提供方式，需要更深层次的信息服务。这种服务是根据用户的问题和问题环境确定用户需求，通过信息分析和重组形成符合用户需求的知识，或者帮助用户找到解决的方案。"以用户为中心"的思想已经得到大多数图书馆的认同。

（二）高校图书馆存在的问题

从文献信息资源方面来看，存在着诸多问题。一是随着现代技术的发展，文献信息的载体呈现多样性，在给人们带来便利的同时，各种光、电、磁等介质的文献信息媒体也给馆员带来了选择、标引上的困难，影响了读者的充分利用。二是购书经费投入不足，新书补充缓慢，许多高校扩招后没有按比例呈指数地增加图书经费，生均图书占有率下降。三是图书资料陈旧过时。许多高校图书馆收藏有大量过时、陈旧的或复本极大的图书资料。另外，由于一些新兴学科、技术学科（如计算机学科）的发展日新月异，知识衰老周期大大缩短，相应的图书资料很快失去参考价值。四是高校在合校、扩大招生后，高校的学科门类迅速增加，原来薄弱院校的文献资源建设很难在短期跟上。五是许多院校因合校形成了多校区格局，造成文献资源分散，不便共用、共享。从管理体制和服务模式来看，存在着机构设置不合理、运作方式不够灵活等弊端。按传统图书馆的工作性质和内容，高校图书馆的业务机构设置，一般是以采访、编目、流通、阅览和咨询等工作内容而设定的；而业务机构的设置，必然规定和制约着图书馆的运作方式。从现在来看，这种业务机构的设置已经不能适应网络化和数字化建设的需要。印刷性载体文献的工作流程，显然已不适用于现代数字化信息资源的处理和利用。合校后形成的多校区格局，造成了图书馆藏书和人员的分散化，带来了管理、服务上的不便。一些地方基层院校的图书馆还没有实行计算机集成管理，仍然沿用手工操作服务，服务水平低下。

从人员情况来看，专业队伍素质有待提高。21世纪的高校图书馆应该是馆藏多媒体化、管理手段计算机化、服务信息化和信息资源共享网络化的新型图书馆。新型图书馆的建设，要求拥有一支高素质的专业队伍。长期以来，高校图书馆馆员的知识结构较为单一，人员素质有待提高。经过几年的努力，近几年已经有了一些改进，许多图书馆除了图书情报专业人员外，还配备了外语、计算机及其他专业学科的人员。尽管各馆馆员队伍的整体素质不断提高，但仍然远远未能跟上时代发展的步伐。随着社会的发展，传统的图书馆工作内容、服务方式都发生了变化，周围的社会环境也发生了很大变化，读者的需求深度不断增加，因此需要具有较强信息意识、信息技能和多学科知识的复合型知识结构人才。目前，高校图书馆较为欠缺这方面的人才。从图书馆的服务来看，受传统的"重藏轻用"思想的影响，"一切为读者""以读者为中心"的思想还没有真正落实到行动上，坐等读者上门，被动服务的现象还屡见不鲜。随着高等教育的发展，读者水平的提高，读者的需求也在不断变化。随着大量新技术、新设备的应用，图书馆服务的手段更加丰富，因此要求馆员要不断学习，掌握较强的现代服务技术，掌握读者不断变化的信息、需求，不断转变服务观念，为读者提供更优质的服务。目前，高校图书馆同样缺乏能为读者开展深层次专业服务的人才。

第二节 高校图书馆管理创新的必要性及其实质与特征

一、高校图书馆管理创新的必要性

社会的发展要求高校图书馆进行创新。高校图书馆作为社会信息资源的重要组成部分，要重视研究并解决这个问题。图书馆的发展历史表明，只有不断创新，不断变革，才能跟上社会发展的步伐，才能为社会的发展贡献力量。

（一）高等学校发展的形势要求

20世纪末以来，我国高等教育的发展进入了前所未有的新时期。高等院校在办学体制、办学规模、办学水平和办学效益上都发生了巨大而深刻的变化。从当前情况来看，一方面高等教育的改革进一步向纵深发展；另一方面高等教育的发展面临新的形势，机遇和挑战并存，风险和希望同在。

1.高校的合并

我国在20世纪50年代和20世纪90年代实行了两次大规模的院校大调整。第一次是在学习苏联的高等教育模式的背景下，将为数不多的高等院校实行"裂变"，调整结果虽然在一定程度上达到了预期的目的，但实际上却形成高等教育管理体制上的"条块"分割。第一次院校调整是以"共建、合作、合并、划转、协作"为主要精神，以合并、划转为实质内容，将有关高等院校实行"聚合"。

2. 高校的扩招

根据国家教育事业发展第十个五年计划，2005年我国高等教育在校生为1600万人左右；2010年达到2500万人左右，毛入学率达到23%左右；2020年将达到3500万人左右，毛入学率将达到32%左右。高校扩招加快了我国高等教育事业的发展，为更多的人提供了接受高等教育的机会，对于拉动经济的增长，促进社会的稳定，提高国民素质和社会文明程度都起到了十分积极的作用。但是，随着大规模的扩招所带来的负面影响也日渐显露出来，最大和最突出的问题就是办学条件已达到了全面饱和的地步，教学条件的改善和培养模式的改革还未能完全适应扩招的要求。作为高等院校办学重要条件之一的图书馆也出现人满为患的局面。

3. 高校的"强校"

这里的"强校"概念是把高校"做大做强"。合校和扩招的直接结果是把学校做大，而入世和合校必然要求学校做强。

高等学校图书馆的工作是学校教学和科学研究工作的重要组成部分，高等学校图书馆的建设和发展应与学校的建设和发展相适应，其水平是学校总体水平的重要标志。在此背景下，作为高等院校办学"三大支柱"之一的图书馆则必须随之进行变革创新，以适应学校教育教学改革的要求，促进高校的发展。

（二）高等学校图书馆自身的发展要求创新

高等学校图书馆是学校的文献信息中心，是为教学和科学研究服务的学术性机构，是学校信息化和社会信息化的重要基地。由于以计算机技术、通信技术和网络技术为核心的信息技术的发展导致了图书馆的形态、经营理念、工作内容、服务手段都发生了前所未有的变化。在数字化、信息化、网络化程度日益提高的今天，图书馆的要素、法则、基本矛盾、属性、社会职能等都发生了变化。

在这场变革中，图书馆是因循守旧、等待、观望，还是不断探索、创新？这个问题将决定学校图书馆的生存发展。长期以来，高校图书馆管理一直延续着"小而全"、分散的文献体制模式。这种体制模式在一定程度上对于高校教学、科研产业开发起到了积极作用。然而在信息网络化的浪潮下，图书馆正在走向数字化和虚拟化，高校图书馆要顺应这种潮流，积极进行变革、创新。要摒弃传统的图书管理"重藏轻用"思想，实现信息资源共建共享，提高管理人员的素质和服务水平，重视基础建设，加强信息整合，转换服务观念，改革管理体制，促进高校图书馆的队伍建设，提高馆员素质，促进图书馆开展社会服务，实现信息共享。

实践证明，高校图书馆只有不断创新，积极采用现代技术，实行科学管理，不断提高业务工作质量和服务水平，最大限度地满足读者的需要，为学校的教学和科学研究提供切实有效的文献信息保障，才能真正发挥其职能，也才有存在的价值，才能获得更大的发展。

二、高校图书馆管理创新的实质及特征

（一）高校图书馆管理创新的目的

高校图书馆作为高等学校的重要组成部分，也是社会的一个组成部分，其本身的生存和发展离不开社会，是随着社会的发展而发展，其本身的结构和功能必须得到社会公众的认同，否则它就失去了存在的价值。因此，高校图书馆管理创新不仅应考虑现代信息技术在图书馆管理中的应用，而且更应考虑的是当前由于技术的发展和时代的进步所导致的读者对图书馆功能需求的变化发展趋势。

高校图书馆的管理创新是图书馆的管理者用新思想、新技术、新方法对图书馆的现有资源的重新组合，以促进图书馆的管理系统综合效益不断提高的过程。因而，高校图书馆管理创新的目的应该是在充分认识图书馆系统结构的内在联系和网络化环境系统运行规则的基础上，准确把握人对图书馆系统整体进行优化控制原理、原则和方法，以及实现其最佳控制实践的过程，达到图书馆管理科学化，使图书馆的运行机制和功能与社会及本校的发展保持联系，更好地体现现代高校图书馆为高校科研、教学充分服务的功能。使高校图书馆和高校达到相互促进的良性循环关系。

（二）高校图书馆管理创新的特征

1.高校图书馆管理创新要适应信息化的发展需要

在知识经济时代，信息和知识将成为重要的资源和财富。图书馆作为知识和信息获取、加工、传输、储存及使用的集结地，其作用与日益发展的经济越来

不可分割。它伴随着生产、分配、消费等各个环节，并为之提供大量的信息流，从而使知识商品化、信息商品化程度大大提高。因此，在信息化高速发展的今天，传统的印刷型文献载体已开始无法适应时代的发展需要，图书藏书结构的创新，也将伴随着新型多媒体信息的载体并存。现在封闭单一的书库借阅方式将成为过去，取而代之的则为借阅合一的服务管理格局。图书馆的管理创新应该注重通过互联网和馆际互借，建设"虚拟馆藏"，馆际信息交换与合作更加频繁，资源共享已不再是停留在馆际间的一种构想。图书馆将以信息存储量大、传递迅速、检索简便等优势为用户提供源源不断的信息，给知识经济时代以及信息化的管理发展营造最佳扩充环境。

2. 高校图书馆管理创新应适应网络化的管理发展要求

随着互联网的崛起，电脑的广泛普及，人类跨入信息时代的条件日趋成熟。我们知道，传统的大规模生产和推销将被灵活高效的信息服务取代，要求传递知识信息手段的现代化，建立高效能的社会信息网势在必行。目前，我国的信息高速公路已形成，各种信息已经网络化，此时图书馆如果不主动将自己纳入社会信息网中，就会被时代淘汰，这是目前图书馆所面临的最大的威胁。所以，高校图书馆管理创新要朝着挖掘现有文献信息资源的潜力，通过加快网上数据，来满足用户需要，通过促进网络建设而真正提高高校图书馆在知识经济时代的管理水平的方向发展。

3. 高校图书馆管理创新应适应高校对知识创新的发展需求

知识经济是建立在知识的创新、存取、学习和使用之上的经济。创新是一个民族赖以发展的不竭动力，是科技进步的根本资源，更是经济发展和社会进步的持久能量底蕴。因而，在知识经济时代，高校图书馆在高校和社会中的作用显得尤为明显，知识经济的发展趋势，对图书馆的地位、作用、形象、知识信息和经济价值开发产生深远的影响。为此，高校图书馆也将随之成为知识创新的一支重要力量，成为高校重要的中介，为高校的知识创新提供重要的信息。同时，还能够沟通和促进教育界、产业界对国内外技术资源和人才培养管理的高效利用。

4. 高校图书馆的管理创新具有的特征

高校图书馆管理创新意味着图书馆面对复杂多变的环境和日新月异的知识经济竞争，对自身所控制的各种资源不断进行设计、发展、整合和利用，并在此基础上，进行新的探索，建立新的理论、制度和方法。

（1）多层面性

表现在高校图书馆的资源层面、工作层面、空间层面等。资源层面主要包括文献、馆舍、设备、资金、人力资源和知识资本等，因而管理创新又可分为物质资本创新、财务管理创新、人力资源管理创新等。工作层面，表现在决策层、执行层、操作层等的统一，由于管理是决策层、执行层和操作层等不同层面管理的有机体系，因而图书馆管理创新也是决策层创新、执行层创新和操作层创新的结合与统一，缺一不可。空间层面，即从图书馆的物理分布来说，从中央到地方，从重点院校图书馆到地方院校图书馆，都应包括在内。可从图书馆管理创新方面划分，还可以按管理的职能、管理的过程以及其他标准进行划分，从而形成不同的层面和不同角度的管理创新思维，创新的多层面性有助于图书馆管理创新的理论和实践探索。

（2）全方位

这是在多层面上产生出来的，它涉及思想观念、发展战略、体制、机制、组织机构、运作流程、方式方法、文化气氛等。思想观念的创新是图书馆创新的基础。

（3）全员参与

图书馆管理创新不仅要求从图书馆管理层到每一位工作人员的积极参与，还要求读者、用户也积极参与进来，群策群力，共同关心，才能取得成功。

（4）持续性

管理特性对图书馆管理创新行为的影响不容忽视。首先，管理的二重性决定了图书馆管理创新行为具有复杂性，即图书馆管理创新行为必然兼具技术创新、制度创新两大行为特点，它们是有机的结合，更具复杂性。其次，管理的动态性和创造性决定了图书馆管理创新行为具有持续性。图书馆管理活动本身是一个需要不断持续和创新的动态过程，卓越的管理必须实现维持与创新的最优组合。图书馆管理创新的动态性主要表现在管理机制、管理制度、管理机构、人员结构、服务内容、服务方式的动态性等方面。

第三节　高校图书馆管理创新的方向和措施

管理是一个动态的、不断创新的过程。只有不断地创新才能使高校图书馆适应高校的要求，不断发展和进步。管理创新是指管理者用新思想、新技术、新方法对企业现有资源的重新组合,以促进企业管理系统综合效益不断提高的过程。运用先进的、科学的管理方法创新高校图书馆的管理,可以更好地体现现代高校图书馆为高校科研、教学充分服务的功能。高校图书馆管理创新的方向,首先是观念的创新、创新图书馆管理战略,其次是创新管理制度和创新管理文化等。

一、高校图书馆管理理念的创新

(一) 管理理念创新的重要性

管理理念的创新是一切管理创新活动的前提。人类社会结构的变迁、人与人之间关系文明形式的改善以及无穷无尽的物质财富和精神财富的不断涌现等,都应该首先从人的观念、理念创新中去寻找根源,特别是管理者的创新理念更显得尤为重要。

图书馆管理的理念首先要改变。面对迅速进行着结构变化和飞速发展的时代,一个优秀的图书馆管理者必须树立创新意识,不因循守旧,要勇于冲破旧的传统,根据图书馆自身发展的客观规律和知识经济时代对图书馆在高校中的需求制定正确的发展策略和管理模式,对于不适应的管理机制,必须勇于改革、善于改革,必须不断地学习,反复不断地改进。在持续改革的过程中会带来真正的创新,让高校图书馆来一个质的飞跃。

(二) 管理理念创新的原则

管理理念的创新就是要更新陈旧过时的管理理念,用新的管理理念替代传统理念,要实现管理理念的创新,需要注意几个原则。

系统性原则:把整个图书馆的工作看成相互关联的、相互补充的有机整体。管理实际上是一个实现目标的过程,系统性原则就是要围绕这个既定目标,合理地配置图书馆系统的人、财、物,使图书馆系统健康、协调运行,发挥其最大效能,以达到预期目标。

发展性原则:管理思想应随时代的发展而发展变化,与时俱进地适应外部环境的要求。随着社会的进步,图书馆要转变传统、封闭的观念,树立在时间、空间、服务内容以及服务方式上的全方位的开放观念。传统经验管理的思想与传统管理时代相适应,并起了一定积极的作用。然而,知识经济时代,靠经验管理是不能充分发挥管理的效用的,甚至可以说,那种传统的管理思想是现代图书馆发展的桎梏。因而，管理思想要随外界环境的变化而变化，要不断深入研究新形势，总结新经验，从而获得与外界环境相适应的新的管理思想。

信息性原则：不断吸收新情况、新内容，丰富思想内涵。要重视新信息，不断掌握新信息并吸收它为己所用。要摒弃传统的闭关自守的思想，积极与外界沟通，逐步将图书馆融入社会生活中。

效益性原则：注重社会效益和经济效益的有机结合。在计划经济体制下，图书馆"等、靠、要"思想严重。在市场经济体制下，社会效益和经济效益的统一是图书馆急需解决的问题。管理思想创新的最终目的是要提高管理效率，获得两个效益的统一。

竞争性原则：竞争是市场经济的产物。在社会主义市场经济体制下，竞争体现在社会的方方面面，"优胜劣汰"对图书馆而言同样适用。在管理中如果没有竞争意识，就难以在市场经济体制的环境下生存和发展。

（三）管理理念创新的方式方法

高校图书馆能否适应21世纪发展的需要，关键在于管理理念的创新，虽然把从效率和效用两方面管理好资源作为图书馆的管理目标，但由于环境的变化，实现目标的具体途径和手段将不能沿袭旧法，必须从观念到结构做出全方位的调整。资源共享、共建成为图书馆管理的重要理念，管理理念必须实现以下转变。

1. 从一般化建设向特色化建设转变

网络时代的图书馆必须摆脱传统自给自足的小农经济思想，而站在一个宏观角度来考虑资源建设问题，把资源建设建立在合作和共建的基础上。各个图书馆在整体分工的基础上，应加强自身的特色化建设。这样做，既可以解决经费短缺的问题，又可以实现真正意义上的共享。

2. 从重拥有向重存取转变

拥有是存取的前提和基础，没有拥有也就无所谓存取。但在网络时代，在注重资源特色化建设的同时，更应突出图书馆的存取功能，因为"图书馆事业的本质即存取，也就是说，是使信息和知识为用户所利用。对用户来说，他不在乎信息是怎样获得的，是从哪里获得的"。21世纪，"大多数图书馆资料将根据需要以电子形式或印刷形式传输，一个图书馆的馆藏将由存取能力而不是拥有量来界定"。

3. 在图书馆的发展途径上创新

目前，高校图书馆面临两个方面的挑战，一是网络的迅速普及和发展，已经使电子图书馆、虚拟图书馆应运而生，并向传统图书馆提出了严峻挑战；二是在21世纪，信息技术将以更快的速度向前发展，网络化使人们在任何一个网络节点上都能方便地获取信息，社会信息机构大量进入信息服务领域，作为信息服务业的一个组成部分的高校图书馆，将处于更加充满竞争和压力的环境之中。在这种情形下，图书馆必须转变发展观，树立竞争与协作的思路，克服传统图书馆各自独立、各自封闭的办馆模式，把图书馆事业作为一个整体对待，实现跨地区、跨部门的协作，建立高校图书馆联盟，加强合作，走共同发展之路。

二、高校图书馆管理战略创新

近年来，越来越多的高校图书馆开始重视战略的制定和规划。所谓战略就是指对一个机构的未来方向制定的决策并实施这些决策。它规定机构的使命，制定指导机构设定的目标和实施战略的方针，建立实现机构使命的长期目标和短期目标，然后根据确定的目标决定行动的方向。而高校图书馆战略管理主要为了适应外部环境的变化，使之能长期、稳定地健康发展，实现既定的战略目标，而展开的一系列事关图书馆全局的战略性谋划与活动。

（一）重视高科技发展战略

工业化阶段，图书馆主要靠传统的服务来满足高校读者的要求。图书馆的馆藏成为衡量图书馆水平的一个很重要的指标，从而形成了图书馆重藏轻用、重书轻人的观念。知识经济时代，高校图书馆属于信息机构，在信息行业，图书馆面临着各种信息服务企业和机构越来越激烈的竞争。由于信息技术革命和以计算机、通信网络技术为核心的一系列高新技术的应用，使得人们获取信息知识的渠道和手段都有了极大的发展。出现了更多的机构、组织、信息咨询公司，可以满足读者的信息需求，对高校图书馆形成了强烈的威胁，减少了对高校传统图书馆的依赖。而互联网等网络通过给人们提供获取信息的直接途径，也对图书馆馆员所扮演的传统角色提出了挑战。同时，上述环境的变化，又会带来诸多的发展机会。战略管理强调审时度势、统揽全局、长远谋划，积极主动地迎接未来的挑战。高校图书馆应该将高科技发展作为战略制定和规划的重要因素。

（二）高校图书馆战略逻辑创新

所谓战略逻辑，指在设计战略时用什么样的逻辑思维来进行思考。导致高校图书馆能时刻跟着外界及内部环境变化，满足不同读者要求的主要原因之一就是在于图书馆的管理者具有一种创新的战略逻辑思维。他们能够根据高校图书馆的外部环境和图书馆自己发展特点用不同的逻辑来设计战略。管理者要善于辨识企业目前的战略逻辑，敢于向其挑战，能够静下心来仔细考虑战略制定前对行业做出的假设以及企业的战略焦点。

（三）高校图书馆战略创新的原则

1. 先进性原则

置身于高校，属于服务性行业，面对行业内竞争，高校图书馆在满足用户信息需求方面，只有达到了社会平均水平才能生存，只有超过平均水平才能发展。也就是说，门槛是平均水平，而不是自身原有的水平。图书馆实施战略管理后，即使它在满足用户服务要求的水平方面比过去有了长足的进步，但只要没有达到平均水平，它同样将面临被淘汰的问题。同时由于竞争，平均水平也是不断发展的。所以，图书馆战略管理所追求的目标必须包含比平均水平更加先进的内容。

2. 环境适应的原则

成功的图书馆战略管理重视的是图书馆与其所处外部环境的互动关系，目的是使图书馆能够适应、利用甚至影响环境的变化。图书馆应随时监视和扫描内外部环境的震荡变化，找出内部环境中的优势和劣势以及外部环境中的机会和威胁，厘清它们之间的关系，并据此提出战略计划。

3. 全过程管理原则

图书馆战略管理要取得成功，必须将战略的制定、实施、检察、提高，即管理学通常所说的PDCA看成一个完整的过程来加以管理，忽视其中一个阶段都不可能获得有效的战略管理。具体而言，再好的战略计划，如果无法实施或不实施，那就是没有意义的；战略管理需要实践来检验，如果没有实事求是的检查和评价，就不可能发现战略管理中的问题，错误的战略管理不仅不能解决生存和发展的问题，而且是非常有害的；单单发现问题或只有批评意见也是解决不了问题的，还必须提出新的、有效的对策。总之，只有实施全过程管理才能取得螺旋式上升的预期效果。

三、高校图书馆组织结构的创新

（一）高校图书馆组织结构创新的意义

传统管理的组织结构已不能适应变化了的环境。众所周知，任何组织结构都是发展的、变化的和动态的，应随着组织结构内外要素的变化而变化。

图书馆传统的组织结构是一个等级分明的金字塔的结构。这种组织是建立在以分工为基础的职能部门制基础上的。部门的设置是沿着文献管理的主线来展开的，这使得现行组织结构其职能系统（采访、编目、流通等横向业务工作系统）和管理系统（计划、组织、控制等纵向的管理工作程序）分别都是线性结构。这种结构明显的弱点便是功能割裂和封闭性。组织结构的创新将改变这种线性结构的封闭性，使组织的运作更为灵活、开放。

（二）高校图书馆组织结构创新的内容

1. 重组内部组织结构

通过利用互联网及互联网上的工具，图书馆采访人员可以与书商、出版商直接联系，订购资料，大大缩短了采访工作时间。在编目方面，互联网和有关网络计算机系统极大地便利了联合编目和外包编目，既降低了成本，又提高了编目的效率和质量。因此，绝大多数图书馆的分编部门将会逐渐消失，同时典藏部门和阅览部门也可以融为一体。图书馆要改变传统的部门设置方式。传统的按业务流程划分部门的方式，可以提高图书馆馆员的专业水平和工作熟练程度；但这种划分方法的弊端是采访、分编部门远离读者，无法直接了解读者的需求，从而出现服务与需求错位的现象，影响服务质量。可以根据情况设立"四部一室"的图书馆内部工作机构。设立文献整理部、文献服务部、电子信息部、发展研究部及馆长办公室。即将采访、分编、典藏、加工四个部门组成文献整理部，实现书刊采编一体化。

2. 再造业务流程

在网络环境下，高校图书馆的业务内容正在发生重大的变化，原有的内容或进行调整，或逐步淘汰，或推陈出新；新的业务生长点不断出现，新的业务范围不断拓展，新的共享协作不断扩大。

就图书馆的采访工作而言，一方面，在传统手工采访的基础上，网上采访开始出现；另一方面，图书馆的采访工作正面临电子出版物的挑战。参考咨询或利用网络的参考咨询已经有了很大的发展，而这种发展趋势将越来越明显。应改变目前的参考咨询工作集中设置的传统做法，将参考咨询工作融入各服务环节中去。

就图书馆的阅览而言，目前大多数高校图书馆都设立了"电子阅览室"或"光盘阅览室"，这是在信息技术并不是十分发达、电子出版物比例并不大的条件下的产物。随着信息技术的发展和电子出版物的急剧增长，电子出版物将进入各个阅览室，这种服务内容的重建不仅顺应了信息技术的发展，而且比较符合读者的阅读查询习惯。电子阅览室这种看似先进，实际落后的服务内容将首先在设施先进的图书馆中逐步淘汰。

传统的文献采访、分编、典藏、外借、阅览的管理模式将转化为藏、借、阅一体化的开放式管理。如广州中山大学珠海校区藏、借、阅一体化的开放式管理非常完善。读者进入图书馆后，可在各部门之间"自出自入"，可随心所欲地"各取所需"，可从容不迫地"自我服务"，彻底免除了读者不断示证、押证、登记的繁杂手续，大大节省了其时间和精力。

高校图书馆在网络环境下的业务重建还包括远程网上全文与多媒体数据传输、网上数据套录、网上图书借阅预约、网上读者用户与馆员对话、国内外各图书馆之间信息资源的共用、网上资源按读者和用户需求进行组织、在网络环境下的跨行业与跨国界的图书馆资源信息共建共享、图书馆各项业务统计的重新调整、网络环境下图书馆形象的重新设计等。可以预见，随着网络技术在图书馆的不断发展，图书馆业务内容的重建将越来越丰富，从而引发图书馆业务建设的一系列革命。

3. 实行总分馆制

针对高校大规模合并所带来的一个学校有几所图书馆的现状，可以实行总分馆制进行管理。分馆制是一种在西方实践得非常成功的图书馆组织形式，而现代化网络技术和通信技术也有力地支持着这种组织形式，实行总分馆制，行政与业务联系由总馆统一管理起来，总馆可以起到中枢控制、后备服务及协调平衡作用，而分馆则提供近距离的服务。

分馆制避免了各种重复和浪费，而且能够做到合理配置人力、物力和信息资源。改变目前每个院或系都设置资料室的做法，由学校图书馆根据专业设置情况和环境条件，在几个专业系或学院统一设立一些规模适当的分馆。在分工上，总馆可以负责图书的定购、财产登记、分编及其他的加工,分馆面向全校读者,负责图书的使用,重点发挥专业馆的作用。这样可以使读者方便、充分地利用藏书,图书馆也可以节省许多人力、物力与经费,用于文献信息的开发,提高服务功能。

4. 建设学习型组织

学习型组织就是把学习与工作系统、持续地结合起来,以支持组织在个人、工作团队及整个组织系统这三个层次上的发展。学习型组织的最大特点:学习已成为员工个人及部门主管和团队等组织的共同职责;学习与工作已经不可分割地联系在一起;建立了组织绩效考核及反馈机制;学习与工作中的创新已成为整个组织系统的自觉行为。

学习型组织理论思想的先进性、创新性、手段的时代性以及方法的实务性为人们提供了一种全新的科学管理理念。该理论是美国麻省理工学院彼得圣吉教授提出来的,提出后首先在企业界得以应用,取得很大成效。学习型组织理论认为,学习型组织是一个"处于运动状态,不断创新、进步的组织,在其中大家得已突破自己能力的上限,培养全新、前瞻而开阔的思维方式,不断一起共同学习,再造无限生机的组织"。未来最成功的企业将是学习型组织。当前,整个世界正在成为一个互相学习的社会。一个组织要想生存下来,其学习的速度必须等于或大于其环境变化的速度。图书馆作为一种重要的社会组织,必须适应这种潮流,把自身建设成为学习型组织,从而使图书馆永远走在时代的前列。

四、高校图书馆管理制度的创新

(一)高校图书馆制度创新的必要性

1. 现代化管理模式要求制度创新

管理改革的不断深化,促进了高校图书馆由传统管理模式向现代模式转变,图书馆的制度建设就必然要跟上管理改革的步伐,现代的管理模式如果仍然沿用旧的制度,就会禁锢高校图书馆事业的发展,如在引进新的管理模式,实行聘任制、合同制、有偿服务制等,都需要新的制度加以规范,以保证高校图书馆的有效运转。

2. 信息技术的发展需要进行制度创新

在网络环境下,高校图书馆的信息处理和信息检索的手段发生了很大变化,大多数高校图书馆已经实现了自动化管理，并逐步在资源配置等方面拓展新的网络化服务空间，当前和今后一段时期，高校图书馆的数字化和虚拟化将是发展方向和创新目标，在管理、服务、技术等方面面临许多问题，需要加以规范和调整，创新的工作方式和环境需要依托创新的制度。

3.实现高校图书馆事业可持续发展依靠制度创新

高校图书馆事业可持续发展，需要文献资源、设备资源和制度资源的共同支撑。文献资源、设备资源离不开制度资源的合理安排，同时文献资源、设备资源的优化配置，更需要依赖制度的优化配置。从某种意义上来看，制度资源的优化配置，在高校图书馆事业可持续发展中起着导向、制约的作用，并影响文献资源与设备资源的配置效率。所以，制度创新对于规范和调控高校图书馆的运行状态，确保高校图书馆事业的顺利发展具有重要意义。

4.提高高校图书馆运作质量和效率的需要

我国高校图书馆的现行制度从整体上来说缺乏机动性和灵活性。一般而言，制度具有具体性、内隐性和变动性的特征，其中变动性是指它随着社会政治、经济、文化的发展而处于不断地发展创新之中。因此，不断优化制度环境，及时调整各要素之间的矛盾性和统一性，特别是对人事制度、分配制度等应体现出灵活性、机动性和能动性。只有营造充满活力的制度环境，才能保持高校图书馆的稳定和高效率。

（二）高校图书馆制度创新的指导思想

高校图书馆制度创新要符合高校图书馆事业发展趋势，符合资源建设和信息服务的发展趋势，符合高校的发展规划，紧密围绕图书馆现代化的发展目标。当前，图书馆的现代化主要包括网络化、规范化、自动化、网络化以及服务观念、服务手段的现代化等，这些应体现在高校图书馆制度建设的全过程。

（三）高校图书馆制度创新的实施措施

1.创新制度资源

应根据制度的构建原则和运作机理创新制度资源。从管理体制、运行机制的变革创新入手，实现人事制度、财务制度分配制度等的全面创新，科学制定、合理配置制度资源，宏观制度和微观制度创新并重，采用纵向继承、横向移植和综合创新的方法建立相应的制度体系。

2. 构建创新的制度体系

一定要从图书馆的实际情况出发，以自动化、网络化服务模式为主线，充分理解创新的业务流程。创新制度体系可以从以下几个方面进行。一是综合性制度，主要包括管理机构和业务部门的设置、工作内容、职责范围的制定、管理权限及编制、管理者的职责及部门责任制和岗位职责等。二是行政管理制度，主要包括对各类人员的要求标准及考核、晋升、奖惩的方法，还有人、财、物的管理原则等。三是业务工作制度，是为业务部门和专业人员就具体的业务工作制定的操作规范，主要涵盖文献工作的采、编、藏、阅、咨询等相关制度，以及信息服务、信息技术服务等相关规则。四是读者服务规范，主要明确读者利用图书馆的权利和义务，体现图书馆服务至上的原则和主客体的相互依赖关系。

3. 实现制度形式的合理配置

从宏观上来说，法律、法规、规章等不同形式的制度，对图书馆事业发展的促进、保障和规范的作用是不同的。对图书馆来说，其根本的制度形式应该是法律，只有采取这种最强效力的制度形式，才能保障图书馆事业的稳定发展。图书馆事业最根本的方面是指图书馆的管理体制、职能、运行、资源配置、资金保障、队伍建设、激励机制等内容，这些内容应该由国家最高立法机关制定法律，以法律的形式来规范、保障、促进图书馆事业的发展，如制定全国统一的《中华人民共和国公共图书馆法》。在其他法律的制定过程中涉及图书馆事业的内容，应做出明确的条文规定，考虑到不同类型的图书馆的差异性，可以在《中华人民共和国公共图书馆法》的基础上制定适用于不同类型的图书馆法规、规章，如《普通高等学校图书馆规程》等；不同的地区由于经济、文化社会发展方面有差异，地方人大可以在统一的《中华人民共和国公共图书馆法》的基础上根据本地区的实际情况制定地方性法规。实现制度的合理配置，前提条件是实施图书馆专门法的制定，有了专门的法律，并且由与之相配套的法规、规章，地方性的法规制度才有保障。

4. 图书馆运营机制的制度创新

要确立图书馆事业投入主体的多元化和运营机制的多元化，具体表现为允许社会参与图书馆事业的建设。改变领导任命制，引入竞争机制，采取公开竞争上岗的竞聘方式招聘图书馆管理者。承认高层次服务的有偿性，增强图书馆的造血功能，体现知识的价值，所谓的高层次服务是指为满足读者特殊需求而为其提供的服务，如科研项目、立项报告等资料收集、订阅、加工、整理、文献复印、文献下载、外文资料的翻译、文献传递、为用户上门服务等方面的内容。

5.高校图书馆人事方面的制度创新

市场经济对于干部选用机制的本质要求是对传统的计划分配和组织安排干部的根本性变革。引入竞争机制，实行定岗、定员、定额管理，推行岗位责任制度是人事制度创新的有效形式。图书馆要想充分发挥其社会功能和作用，提高其社会服务的有效性，就必须废除铁饭碗，实行全员聘用制，对现有人员实行公平竞争，择优上岗，让所有员工能进能出，职务能上能下，待遇能升能降，只有这样，优秀人才才能脱颖而出，才能形成充满生机与活力的用人机制。

（1）在调整机构的基础上，实行定岗、定员、定额

定岗就是按部门的功能及工作环节设立岗位；定员就是针对某个岗位按工作时间及工作量安排固定数量的人数；定额就是按图书馆制定的总目标，分解成各部门、各岗位的分目标，为实现分目标所需完成的岗位工作量。实行"三定"是推行岗位责任制、实现目标管理的基础。

（2）实行全员聘用制，引入竞争上岗机制

通过人事制度改革推行业务岗位双向选择，管理岗位竞争上岗，特殊人才实行特殊政策，在公开、公平、公正的前提下，打破年龄、资历、学历、职称等限制，充分调动馆内员工的积极性。建立严格的考核制度和聘后管理制度，通过激励机制，奖勤罚懒，按业绩、按劳动量、按创造性来进行合理分配，使员工在工作中真正发挥其积极性和创造性，保证事业持续发展。

6.高校图书馆读者服务制度的创新

建立学科馆员制度是满足专业需求、创新服务制度的必由之路。与公共图书馆和其他科研院所图书馆不同，大学图书馆服务对象主要是校内学科专业人员和即将奔赴各专业岗位的准专业人员，他们对文献信息的需求特点，一是学科专业性较强，二是学科相关专业的交叉性较强。各学科的专业人员由于教学科研任务重、时间紧，到图书馆来都希望能方便快捷地找到教学科研需要的文献信息。而一些大学生，尤其是硕士、博士生在知识海洋中漫游时，都希望得到及时准确的专业指导。为此，建立学科馆员制度，组织一批专业能力较强的图书馆馆员分别承担起专门为某学科读者提供深层次信息服务的工作，建立起一种对口服务的新机制就显得十分必要。这种机制不仅会极大地方便各学科专业的读者，最大限度地满足其信息需求，而且有利于各学科专业文献信息的深层开发和利用。

可以说，学科馆员制度是大学图书馆读者服务工作在新形势下的新发展。目前，对有关提供对口服务的专业人员的称谓不尽相同，有的称咨询馆员，有的称导读馆员，有的称参考馆员或信息馆员、网络馆员等，笔者称之为学科馆员，而为此项服务采取的一系列规范措施，则称之为学科馆员制度。

五、高校图书馆信息资源管理的创新

（一）信息资源的构成和读者需求的变化

近年来，随着国际互联网的发展，文献信息的多样化及资源的高度共享和多媒体技术的普遍应用，使知识信息的结构发生了很大的变化。这一变化及其引发的读者需求观念的更新给图书馆的资源建设带来了新的课题。

1. 图书馆信息资源的变化

除传统形式的文献资源外，电子图书和图书的电子化及相应的网络系统成为今天图书馆知识信息资源的重要组成部分，网络系统的完善程度也是现代化图书馆的重要标志之一。图书馆资源构成的这一变化，不仅为图书馆发挥其现代化的职能提供了保证，也为馆藏资源的有效利用提供了便捷、快速的手段。馆藏资源的数字化和计算机检索的实现，网络信息成为信息资源的组成部分。今天图书馆的信息资源包括传统的印刷型文献、非印刷型资料及新型的电子图书，网络资源将伴随着图书馆现代化程度的不断提高逐渐得到开发和利用。图书馆对知识信息的存储、传播逐渐由传统的封闭型向现代化的开放、高效型转变。

2. 用户需求的全方位与综合化

在现代信息环境与科学技术条件下，作为高校图书馆主要服务对象的高校师生，对图书馆的要求已不再局限于单纯利用书目信息服务获取所需文献的线索和从图书馆获取全文。出于教学的需求和知识积累与更新的需要，他们迫切希望通过图书馆获得教学及学习中所需的内容全面、类型完整、形式多样、来源广泛的知识信息，要求图书馆能够针对他们在教学和学习中的具体情况提供全程性、全方位的知识信息保障，满足他们多方面、系统化的信息需求。

3. 用户需求的集成化与高效化

高校图书馆专业用户（主要是从事高科技领域研究与开发的用户）对知识信息的利用深度，随着科学技术进步及经济的发展不断深化，他们不再满足于图书馆为其提供的一般性服务，而要求通过知识信息资源共享将分散在本领域及相关领域的专门知识信息加以集中组织，进行文献信息内涵知识的二次开发，从中提炼出对用户的研究、开发课题与管理创新有重要参考价值的信息。与此同时，知识信息的采集、组织、传递、提供和使用结果信息亦显得十分重要和突出。可见，读者对图书馆的需求呈集成化和高效化的发展趋势。

（二）高校图书馆信息资源管理的创新

高校图书馆资源建设的目的是满足用户的需求和提高馆藏知识信息的利用率。要达到这一目的，必须使用户了解图书馆资源的基本状况，同时图书馆也必须掌握和预测用户对知识信息的需求情况。用户对知识信息的需求最终将决定图书馆的知识信息服务内容、模式与管理机制。因此，资源建设的核心必然是为满足用户的全方位需求。现代化的信息存储和传输设备为用户了解和利用图书馆提供了优越条件，也为图书馆的发展带来了新的机遇，高校图书馆在信息、资源管理方面应从以下几方面进行创新。

1. 加强网络信息资源的开发与建设

（1）建立和完善联合书目数据库

在网络环境下，馆藏信息的网络化是高校馆藏信息资源建设的重要内容，也是为读者提供服务的前提。馆藏网络化信息资源建设的内容之一，就是建立比较完整的标准化书目数据库，为馆藏文献信息资源的全面上网打好基础。书目数据库是高校图书馆实现计算机化和网络化的关键，是信息资源共享的物质基础。

（2）积极利用网上信息资源

Internet堪称世界最大的信息资源宝库，其以数以千计的数据库向用户提供科学技术、经济、贸易、管理、新闻、教育等各个方面的信息。网上信息资源有些是收费的，但有大量的信息是免费的。充分利用网上免费资源，订购一些电子图书、期刊（电子书刊比印刷版书刊费用低得多），不失为节省经费的有效途径。因此，高校图书馆应组织专门力量，组建以读者需求为中心，以专题化、学科化、知识单元为基础的虚拟馆藏，积极提供增值信息服务。虚拟馆藏是由图书馆馆员将网络信息资源进行有目的的收集、整理、编辑，再发布到本馆图书馆网站成为本馆馆藏。它既不同于传统的以纸质为载体的文献馆藏，也不同于以磁盘、光盘为载体的信息资源。虚拟馆藏的建设在新形势下成为图书馆资源建设的一个重要问题，它是图书馆能否在网络环境下为读者提供全、新、快、准的信息服务的基础和前提，也是评价一个图书馆实力和特色的重要标志。相对于传统的印刷型文献信息，网络信息资源的有序整理与组织具有相当大的难度。网络信息资源采用数据形式表达，内容广泛，分布分散，难以规范和结构化。网络信息资源不稳定，变化更新频繁，内容特征抽取复杂，用户界面要求较高，这意味着对信息资源的组织与管理提出了更高的要求。高校图书馆必须针对不同的用户群，通过对网络信息资源的挖掘，将无序分散的信息经过重构与整序，成为符合本馆读者需求信息数据库，方便读者使用。要加强文献信息资源数据库的标准化建设，通过计算机对馆藏文献进行管理和传输，为用户提供服务。具体来说，可以采取建设专业指引库和创建虚拟图书馆的方式来利用网络信息资源。

（3）建设专业的指引库

所谓指引库，是指所建立的数据库。从物理意义上讲，并不存储各种实际的信息资源，它存放的是有关主题的数据库或服务器的地址等信息，可指引用户到特定的地址获取所需的信息。专业指引库类似于网上的搜索引擎，它将因特网上与某一主题相关的站点进行集中，按照方便用户的原则，用用户熟悉的方法组织起来，向用户提供这些资源的分布情况，指导用户查找。它可以弥补搜索引擎的不足，从被动的使用到主动的创造，更符合用户的需求。指引库建设中需要重点解决的技术问题是指引库的更新，由于网上站点的增加与更改时时发生，如果指引库没有自动跟踪技术的支持，其价值和生命力就会逐渐消失。

（4）创建虚拟图书馆

虚拟图书馆是网络信息资源组织的有效形式，它针对某一学科或领域研究者的需要，将因特网上有关研究机构、实验室、电子书籍、学术期刊、会议论坛、专家学者等相关的网络信息资源的线索进行汇集后，以主题树或数据库的方式，结合超文本链接组织起来，提供用户浏览或检索。用户在访问某一学科的虚拟图书馆主页时，通过激活相关的网络线索即超级链接，就可以浏览到本学科大量的相关资料。虚拟图书馆是搜索引擎、专业指南系统以及指引库的进一步发展和完善。与传统图书馆不同的是，虚拟图书馆的信息资源要针对特定的用户，精心进行筛选、分类、标引、注解和评价，因而虚拟图书馆的用户有较明显的针对性。同时其信息查询服务，不仅仅是某个关键词或某些关键词组合的检索，从某种意义上讲，其查询结果应有一定的推荐性。因此，促使图书馆的要求更高，它不仅需要自动跟踪技术来及时更新指引库，还需要编制高度自动化且又具有很高的智能分析能力的网络自动搜索软件，以代替手工搜集资料。

2. 大力建设特色馆藏数据库

高校图书馆建设特色馆藏数据库，是开发馆藏网络信息资源并有效配置的主要内容之一。发挥特色优势是有效利用馆藏资源和具备共享优势的条件，也是现代图书馆管理观念更新的体现。它的最终体现是图书馆提供给用户的知识信息的质量、效率、水平及其产生的社会效益和经济效益。所谓特色，在今天来说，重要的不仅仅是指单方面的收藏文献，还包括对所有资源开发应用和深加工的能力。高校图书馆应根据本馆的实际情况，结合本校的读者需求特点，在统筹规划下，有选择地建立特色数据库。对于那些已经初步形成的馆藏特色，要继续延伸和发展，并通过补充和完善，使之形成特色产品。应该明确特色的关键在于重质量、求效益。为了深入开发利用信息资源，需要对文献的内容进行深加工，即对文献所蕴含的指示概念进行加工，使文献既有其整体检索意义，又有以知识概念为单位的知识单元检索意义。

3. 建立区域性资源共享体系

近年来，各高校图书馆都很重视电子信息资源建设，但是信息资源在校期间分布很不平衡，有的院校由于资金、技术、人员等方面的限制，无力引进或自建更多的数据库；有的即使引进或自建了数据库，不同数据库之间的检索规则和界面也各不相同。众多的数据库在建库结构、涵盖学科内容、检索机制等方面并不具备统一、有序的管理机制。如有的数据库以光盘形式存在，有的以网络形式存在；有的是全文库，有的是索引库；有专业数据库，有综合数据库等，每个数据库各有各的检索方法、规则，每个数据库支持的检索算符和使用的检索语言也不尽相同，给用户带来了很大不便。

根据目前我国高校图书馆的现状和面向 21 世纪人才培养及知识经济发展的需要，建立区域性资源共享体系是实现优势互补的重要途径。其主要目的是针对用户对原文需求保障率和资源的重复建设所造成的资金浪费。基本思路是建立同一区域内的高校图书馆和一些图书馆及地方公共图书馆之间的资源共享组织管理体系，根据各馆的馆藏特点，统筹文献资源建设，合理布局馆藏，在这一基础上利用网络化书目信息服务，实现馆际文献资源共享。使各馆既保持自己的特色，又避免了资源的重复建设所造成的资金浪费。北京图书馆和北京大学、清华大学建立的合作关系为建立区域性资源共享体系提供了可以借鉴的榜样。

六、高校图书馆文化的创新

图书馆组织文化来源于组织文化理论在图书馆管理中的应用。它反映和代表了对该组织起影响和主导作用的团队精神、行为准则和共同的价值观。20世纪以来,传统图书馆处于不停地变革之中。新的技术环境对图书馆的影响更是全面性的,图书馆的工作方式、服务方式、组织形态、馆藏发展、人员角色以及运作方式等都受到强烈的冲击。因此,图书馆的组织文化也处于调整和变革之中。

(一)建立团队文化

网络技术环境下的图书馆组织文化必须善于吸收其他文化素养,以建构合理、优秀的文化。团队文化是现代组织精神必须强调的重要内容。

团队文化具体包括:一是具有共同的战略和目标。团队成员需要清楚地了解并认同组织共同的战略和目标,认同组织的价值观,并乐意为之奉献。二是相互信任、相互尊重。团队成员的技能相互补充,共同努力才能达成组织目标。成员之间形成互相信任、互相学习的气氛。人人承担责任,同时享受个人发展的权利。

(二)倡导学习型组织

为了在竞争中求生存,我国各大企业也正积极地创建学习型组织。学习型组织已成为企业做好知识管理工作和提高竞争力的必备条件。如何有效地激发组织的创新和创建成功的学习型组织已成为现代管理的两大主题。在这股风靡全球的学习型组织热潮带动下,已有创建学习型社会思想的提出。

1. 学习型组织

学习型组织是一个有自己哲学的组织。它在预期对变化的应对和反应、复杂性和不确定性等方面都有自己的一套方法。

学习型组织是能够通过改变信息处理和评估的规划、方式来适应新的信息要求的一个团队。

学习型组织是指以信息和知识为基础的组织,这种组织实行目标管理。成员能够自我学习、自我发展和自我控制。

2. 学习型组织的特点

组织成员有一个共同的愿望。组织的共同愿望来源于员工个人的愿望而又高于个人的愿望。它是组织中所有员工的共同愿望，是他们的共同理想，能增强员工的凝聚力，朝着组织共同的目标前进。

善于不断持续学习，这是学习型组织的本质特征。所谓"善于不断学习"，主要有四点含义：一是强调终身学习，即组织中的成员均能养成终身学习的习惯，才能形成组织良好的学习气氛，促使其成员在工作中不断学习。二是强调全员学习，即企业组织的决策层、管理层、操作层都要全身心投入学习，尤其是经营管理决策层，他们是决定企业发展方向和命运的重要阶层，因而更需要学习。三是强调全过程学习，即学习必须贯彻于组织系统运行的整个过程中。四是强调团体学习，即不但重视个人学习和个人智力的开发，更强调组织成员的合作学习和群体智力的开发。学习型组织通过保持学习的能力，及时铲除发展道路上的障碍，不断突破组织成长的极限，从而保持持续发展的态势。

领导者的新角色。在学习型组织中，领导者是设计师和教师，领导者的设计工作是一个对组织要素进行整合的过程，其不只是设计组织的结构和组织政策、策略，更重要的是设计组织发展的策略。

高校图书馆为给学校科研、教学提供更好的服务，要通过创建学习型组织，培养能够系统思考、不断自我超越的能力。

在竞争激烈、变化多端的环境中，创建学习型组织，从而求得图书馆整体的、长远的可持续发展。

（三）培育"以人为本"的价值观

图书馆要培育"以人为本"的价值观。实行"以人为本"的管理模式依赖于图书馆文化的支撑。一个有着共同价值取向的图书馆能够对其管理人员和读者倾注最深切的关怀。其管理人员在充分取得自身发展、实现价值的同时，必将更加忠实图书馆的集体事业和未来发展。其读者在获得图书馆良好服务的同时，也必将进一步强化对图书馆的认同感和忠诚度，图书馆由此将获得更好的公众形象。这里的"读者满意"就是"以人为本"的具体体现，是高校图书馆发展的原动力。所以，在图书馆的各种服务活动中，应真正树立以读者为本的理念，使读者能够公平、公正、自由、方便地利用和获取各种文献信息，平等享受各种服务，真正体现"图书馆是所有人都可以利用的场所"这一宗旨。

第三章　高校图书馆管理内容研究

第一节　高校图书馆人力管理

一、高校图书馆人力管理的必要性

高校图书馆的人力资源管理，目的是以激励机制、规章制度和管理者的行为方式，最大限度地调动每个员工的积极性、主动性和创造性，让图书馆的每个细胞都活起来，让他们能在图书馆中实现自身的价值，做到人尽其才，从而优质高效地为高校的教学与科研工作服务。因此，人力资源管理对现阶段高校图书馆的创新发展有着诸多必要性。

（一）加强人力资源管理是高校图书馆适应时代发展的需要

我国高校图书馆硬件水平已普遍提升，信息资源也极为丰富，高校图书馆正处于由传统图书馆向数字化、复合化图书馆过渡的关键时期。各种新兴技术被引进图书馆，许多新的业务工作亟待开展完善，这就对高校图书馆工作人员提出了更高的要求，要求他们不仅要掌握图书馆学情报学及计算机网络等相关专业的知识，还需要具备数据库存储管理、信息搜集整理、信息检索利用等多方面的能力。新形势的来临使得高校图书馆人力资源的开发与管理已迫在眉睫。

现实中，传统图书馆的诸多职能正在被数字化、网络化图书馆所取代，服务功能随之不断扩展，在高校图书馆现代化管理中，计算机技术、网络化技术已得到广泛的应用。无论这些管理技术是多么先进、功能多么完备，也必须由图书馆的人力来管理和操作，高校图书馆功能的实现关键还有赖于较高水准的图书馆馆员整体素质和业务能力。

只有具备了强大的人力资源这一基础，高校图书馆才能保证知识传递及时、准确、高效，从而更加有力地推动新时代高校教学、科研的快步发展。因此，加强高校图书馆人力资源管理，是适应时代发展的客观需要。

（二）加强人力资源管理是高校图书馆馆员自我价值实现的需要

当前，高校图书馆对文献信息资源的管理，已经从传统的以手工为主的管理手段转变到以自动化、网络化、数字化等现代技术为主的管理手段上，高校图书馆工作人员作为知识和智力的载体，在图书馆的生存和发展中成为首要因素，高素质、高层次的知识创新型人才和专家成为促进高校图书馆发展最重要的资源。因此，高校图书馆事业的发展，必须依靠广大图书馆工作人员的积极参与，发挥他们的聪明才智，这就要求高校图书馆的人力资源管理上必须能充分调动他们的积极性、主动性和创造性，使他们能拿出主人翁的责任感，在图书馆工作岗位上实现自身的价值。

高校图书馆只有加强人力资源开发和管理，根据图书馆的发展目标，以人为中心，确立图书馆工作人员的主体地位，把人力资源作为图书馆制定发展战略和发展规划的依据，做好人才培养的长期、中期和短期计划，建立科学的激励和培养机制，为馆员充分发挥潜力提供必要的支持和投入，全方位帮助、鼓励图书馆工作人员参加不同形式的学习与培训，使馆员从单一的学历型人才成长为能驾驭现代技术和信息知识的应用型能力人才。同时，高校图书馆的人力资源管理，关心馆员个人的发展，把馆员个人的发展和图书馆事业的发展紧密结合起来，根据馆员个人的专长、能力、素质和知识结构，安排相应的工作岗位，为其设计合理的职业生涯规划，使每个馆员在自己适合的工作岗位上施展自己的才华，发挥自己的潜能。另外，高校图书馆的人力资源管理应注重人与人的沟通，为馆员提供和谐融洽的工作氛围，创造一个尊重劳动、尊重知识、尊重人才、尊重创造的良好向上的环境，让每个馆员以最大的热情去积极完成图书馆的工作目标，做到人尽其才，各尽其能，从而使图书馆工作人员在工作中实现自我价值。

（三）加强人力资源管理是高校图书馆业务发展和创新的需要

在高校图书馆网络化、数字化的进程中，馆藏文献的数量已经不再是衡量高校图书馆服务能力和对教学科研支撑力的唯一标准，人们更加注重文献信息的组织、开发、导航与传递，并更多地根据读者需求的满意度和满足率以及为信息用户提供服务的能力来评价一个图书馆。高校图书馆馆员将承担起图书馆发展规划的主动参与者、网络信息资源的组织者及知识创新的传播者和创造者的职能,其文化素质、专业水平和技术能力的高低将直接影响信息资源的开发深度和广度以及服务质量的优劣。

因此,高校图书馆必须改变管理思想、更新服务观念,加强人力资源管理,真正树立起人力资源管理在高校图书馆管理中的重要地位,开发和培养高素质的复合型人才,吸引和留住高素质人才,以减少人为、主观因素对信息服务效果的影响,最大限度地保障信息服务的准确性、高效性,这是新时代高校图书馆业务发展和创新的必然要求。

(四)加强人力资源管理是高校图书馆增强核心竞争力的需要

高校图书馆核心竞争力指的是高校图书馆在社会中独特的竞争优势,是维持高校图书馆生存,保障高校图书馆向前发展的独特的、不易被外界掌控的能力和实力。高校图书馆虽然在文献信息收集、加工整序方面相对于其他机构有较大的人力资源优势,但是随着网络技术、信息技术和数字化信息的飞速发展,社会上各种类型的信息服务机构应运而生,许多其他行业都看好知识资源产业巨大的市场前景,都纷纷拓展其业务功能,涉足图书馆行业,传统图书馆原有的文献信息中心和传播文化知识中心的主体地位受到了巨大冲击,并因此产生了当今"无纸化社会""图书馆消亡论"等说法,高校图书馆生存和发展面临越来越多的严峻挑战。

图书馆必须审时度势,认真地分析图书馆内在的各种资源结构,高效地整合各种可利用的资源,合理地配置人力资源,充分发挥现有技术和人才优势。因此,这就要求高校图书馆对人力资源进行科学的开发和管理,打破以往的人事管理模式,进行人力资源管理的创新发展研究,组建分工协作、高效合作的信息服务团队,努力培育并提升图书馆自身的核心竞争力,形成错位发展、独具特色、长期有效的竞争优势,应对社会上各种信息化的竞争和挑战,实现高校图书馆的稳健发展。

(五)加强人力资源管理是高校图书馆合理利用其他资源的需要

高校图书馆所拥有的人员、文献信息、资金、设备及技术等都是其发展缺一不可的资源,但在这些资源要素中,人力资源乃是首要的具有主观能动性的生产要素,其他资源能否得到有效利用,能否充分发挥其应有的价值,尤其是其中的文献信息资源能否让用户满意，以及高校图书馆的整体效益、社会效益能否得到提高，最终还是完全取决于高校图书馆人力资源的开发和管理程度。

所以，高校图书馆只有通过对人进行深层次的开发，加强人力资源管理，促进人力资源和其他各项资源充分结合，才能最终达到对人、财、物等资源的综合有效利用。

（六）加强人力资源管理是高校图书馆留住人才的需要

随着数字化信息时代的到来，高校图书馆对文献信息资源的管理已经从传统的以手工为主的管理手段转化到以计算机网络等现代技术为主的管理方式上，作为知识和智力载体的高校图书馆馆员，是图书馆生存和发展的首要因素，高层次、高素质的优秀人才成为高校图书馆创新发展最重要的支撑资源。因此，高校图书馆必须进行人力资源的开发和管理，以人为中心，加强对图书馆人力资源的知识、技能的培训，促使馆员增长知识、提高技能，激发馆员的创造力和潜能；为优秀人才提供成长和发展的空间，帮助优秀人才构建与图书馆发展目标一致的职业生涯规划，根据他们个人的能力、专长和知识结构，提供相应合适的工作岗位，让他们有与图书馆一起发展的机会，把他们的个人发展和图书馆的发展密切结合起来，保证他们自身素质不断提高，帮助他们充分发挥和利用其潜能，让他们更大程度地实现自身价值，增强他们对图书馆的归属感和责任感。因此，高校图书馆加强人力资源管理，是留住图书馆发展所需人才的必由之路。

二、高校图书馆人力管理的意义

（一）调动馆员积极性，激发图书馆活力

高校图书馆是为高校教学、科研服务的学术性机构，是高校信息化与社会信息化的重要基地。高校图书馆的生存和发展主要依赖于三大资源：一是物力资源，它包括物理馆舍、技术设备、文献信息资源等。二是财力资源，即经费来源。三是人力资源。其中人力资源是首要的具有主观能动性的生产要素，物力和财力两大资源属于高校图书馆管理的对象和手段，其合理配置和有效运作必须依靠人，需要人去掌控和支配，它们处于完全被动的地位。对图书馆第一要素的人力资源来说，它们是图书馆管理的主体，是一种活的资源，它们使用和支配着图书馆其他资源，对高校图书馆的发展起着积极的决定性的作用。

（二）优化人力资源配置，增强图书馆凝聚力

在高校图书馆，管理者与馆员之间，馆员与馆员之间，馆员与读者、用户之间，馆员与文献信息资源之间，其配置是否科学合理，直接影响到图书馆工作能否顺利开展。高校图书馆业务工作与其他工作一样，需要图书馆的管理者与馆员的密切协调配合，需要根据每一个具体的业务岗位情况把最适当的人放在最适当的岗位上，追求岗位人员配置"人事相宜"，促使他们在合适的岗位上充分发挥自己的聪明才智，不断提高自己的适应能力和业务水平，提高对工作的兴趣，从而保持对图书馆业务工作高昂的热情与干劲。

（三）培养和开发人力资源，提升图书馆竞争力

在当今高校图书馆数字化、信息化和网络化时代，图书馆服务内容发生了重大变化，馆藏文献信息资料的数量已经不再是衡量一个图书馆的唯一标准，人们更加注重信息的传递。多层次和多样化的读者文献信息需求，决定了馆员知识结构的复合化、学科交叉化与服务方式的个性化。为了主动适应社会新形势对图书馆事业发展的新挑战与新要求，高校图书馆通过对人力资源的引进开发、配置、培训、使用和考核等全过程的管理，有规划、有计划地对图书馆的人力资源进行有效管理。

这样，使高校图书馆馆员尽快掌握现代技术，具备比较全面的各类专业知识，熟悉网络上的诸多服务功能，增强信息化意识，拓展信息来源，善于科学处理信息，能追踪前沿信息、综合分析信息，具有从各种专业数据库中搜集、提取信息资源，并进行鉴别、选择、综合分析及加工的能力，具有制作电子文摘、数据文件及有关文献信息目录等资料的编辑水平，能提供更快捷、更省时、更符合读者需求的增值服务，能够针对不同的读者和用户，全方位、多角度、灵活地选择各种信息资源，为读者和用户提供多重信息服务，帮助读者和用户得到所需的信息，确保文献信息服务的准确性和针对性。

（四）促进馆员自我价值实现，达成图书馆和个人目标的双赢

如今的高校图书馆，各种先进的技术和设备不断被引进和应用，信息的组织和传递也日益科技化。科技是由人才在推动助力的，高精尖科学技术必然是高层次人才的阵地，高校图书馆现代科学技术手段及设备的应用，同样也离不开人才的支撑。因而，人才在现代高校图书馆事业发展中越发变得重要。

第二节　高校图书馆知识管理

一、图书馆知识管理的概念

笔者认为，图书馆知识管理是指图书馆对显性知识和隐性知识的加工、整理、搜集、存储，使知识资源得到最大限度利用的过程。

二、图书馆知识管理的特点

第一，知识管理是以人为本理念的集中体现，将更加重视人的作用和发展。图书馆知识管理通过开发图书馆馆员工潜能，加强职业培训与继续教育，不断提高员工的知识水平以及获取知识和创新知识的能力，并激励员工将其知识与智慧应用于业务与服务中。图书馆应高度重视拥有和培育大量新型知识人才，做到人尽其用，在尊重个人价值与自我实现的基础上实现图书馆集体价值的目标。

第二，在图书馆管理中注重组织集体知识的共享与创新。图书馆知识管理的主要目标就是促进内部员工之间的知识交流与共享。进入知识管理时代，创新需要不同的人相互合作，需要不同的知识相互碰撞。因此，不论馆员的学历、知识背景如何，图书馆提供知识交流的平台是至关重要的。

第三，在信息技术快速发展的现代，促进人与技术的结合是图书馆知识管理的重要任务之一。现今，信息技术日新月异。图书馆是接触信息技术最密切的部门之一，这不仅是因为图书馆的纸质资源及电子资源中包含这类图书资料，还由于图书馆是直接使用信息技术的部门。不论是纸质馆藏的信息化管理，还是数字图书馆的迅猛发展，都离不开信息技术。图书馆馆员工直接接触信息技术并将其应用在工作实践中。因此，图书馆由物质和人力资源的条件促进人与技术的结合。人不能取代技术，技术也不能取代人。取二者的长处并将之有效地结合是图书馆知识管理的特点之一。

三、图书馆知识管理的内容

图书馆既是知识（文献与信息资源）的集散地，又是实施知识（文献与信息资源）管理和服务的组织机构，其存在的意义就是最大限度地获取、挖掘、保存、利用和传播知识资源，为读者提供获取知识的窗口和有效的知识共享平台，从而实现知识创新与科技创新。概括来说，图书馆知识管理的内容包括以下两个方面。

第一，知识资源管理，它属于"科学的知识管理"范畴，通过对文献信息资源的知识管理来提升图书馆的服务效益。

第二，知识组织管理，它属于"组织的知识管理"范畴，主要目标是提高图书馆自身管理效率。

科学的知识管理与组织的知识管理有机结合，以共同实现图书馆的最终目的——知识服务。

第三节 高校图书馆行政管理

一、图书馆行政管理的定义

我们知道"管理"一词的历史与行政相比，显得更加久远，范围也更加广泛。可以说，人类社会的管理现象与人类社会是同时产生的，只要存在着两个以上的个人或两个以上群体的共同活动，就有了管理活动。而"行政"一词在中国最早可以追溯到 2000 多年前的《左传》中的"行其政事""行其政令"。《史记·周本纪》首次把"行政"连用，其意思就是指对国家政务的管理。"行政"一词在西方社会也可以追溯到古希腊时代，亚里士多德就使用过"行政"一词。现代英语 Administration，即行政，按国际通用的《社会科学大辞典》的解释：行政指的就是国家事务的管理。这种起源于原始氏族和部落公共事务的管理，随着阶级和国家的产生而产生，并随着阶级和国家的变化发展而变化发展。因此，作为管理的一种形式，结合行政的具体含义，人们将行政又称为行政管理。在当前社会，行政管理的概念已经大为扩展，其含义也有了本质的不同。

目前，对行政管理概念的理解存在一些分歧，主要有以下三种观点：一是狭义的行政管理。从国家"三权分立"的角度理解行政管理，认为行政管理是国家行政组织，即政府系统依法对国家事务和社会公共事务进行管理，是国家行政权力的运用。二是广义的行政管理。这种观点从整个国家管理的角度理解行政管理，认为行政管理的范围应该包括整个国家的管理活动，即凡属国家机关的活动都是行政管理活动。三是最广义的行政管理观点。认为行政管理不仅包括一切国家机关的管理活动，而且包括企业、事业单位和群众团体管理活动。

在第三种观点中，行政管理行为已经不限于国家权力的行使，而将企业、事业单位和群众团体的管理活动纳入行政管理研究的范畴，这主要是由于国家和所有的单位、团体、组织都是出于某种确定的目的而形成的，这就需要对这个单位、团体、组织的行为进行必要的指挥和协调，具体包括行政目标的确定，决策、计划的制订和执行，人员的安排，经费的管理等一系列行为，组织内的所有行为都是为实现统一的目的围绕这些行为而做出的。所以，国家行政管理与其他单位、团体、组织的行政事务管理相近似，这就使得第三种观点越来越得到大家的接受，除学术或专指国家行政权的行政管理概念，日常生活中人们提到的行政管理，指的都是最广义上的行政管理观点。

图书馆的管理工作按不同的工作内容可以分为业务管理和行政管理。其行政管理工作指的就是图书馆的管理者，按照本单位的工作特点和工作性质，通过计划、组织、决策、指挥、控制、协调等一系列行为，使图书馆的人力、财力、物力、时间等资源合理地得到利用，以帮助完成图书馆工作最终要求达到的目的。图书馆行政管理作为图书馆管理工作的重要组成部分，承担着图书馆建设中的辅助作用，为图书馆业务发展和读者管理提供有效的保证。

二、图书馆行政管理的特点

图书馆行政管理作为图书馆管理的重要的组成部分，在图书馆的建设和发展中具有重要作用，影响着图书馆管理的成败，这主要是由于行政管理的特点所决定的。图书馆行政管理具有以下特点：

(一) 约束性

图书馆作为一个组织整体必须具有统一的目标、统一的工作标准，这就需要依靠具有约束力的行政手段来实现。在行政管理的实践中并不是全面采取这种具有约束力的行政手段，如在图书馆工作中的决策、计划的制订需要以民主为基础，但在决策、计划的执行上则需要具有约束性的行政手段介入，从而强制保证决策、计划的实施。

(二) 引导性

所谓行政管理的引导性指的就是行政管理工作对图书馆的正常运行起着引导

作用。行政管理部门负责本单位规章制度的制定、执行和监督，这就对工作人员的行为产生了一种导向作用，引导工作人员按着一定的标准和要求进行工作，使图书馆管理工作达到事半功倍的效果。

（三）凝聚性

凝聚性是决定着图书馆内部发展的活力。在当今社会，图书馆作为公共事业单位在发展中面临着众多困难，这中间包括资金因素、人员因素及社会因素等。当这些因素对图书馆的发展产生影响的时候，作为图书馆调解中枢的行政管理部门就要发挥其凝聚性，解决这些不稳定因素给图书馆带来的负面影响。

三、图书馆行政管理的基本原则

图书馆行政管理的原则是行政管理本质的反映，其实际内容和具体的表现形式，是决定行政管理工作如何进行、怎样进行的基本准则。

（一）服务性原则

图书馆行政管理的服务性原则指的就是行政管理工作是为本单位的各项基础业务管理提供服务的，既包括工作人员需要，也包括广大读者的需求。服务性原则，不仅贯穿于行政管理过程的始终，而且贯穿于行政管理的各个领域和各个环节。

1. 为图书馆业务提供服务。图书馆是一个以为读者服务为基础业务的组织，这项基础工作受诸如财力、物力的支撑，工作人员的选择、培训等多种因素的影响，而行政管理工作正是可以左右这些因素的关键环节。行政管理必须秉持对业务管理服务的原则，根据业务管理的需要，有效、及时地满足所业务管理过程需要，促进图书馆事业的发展。

2. 为工作人员提供服务。图书馆工作人员是图书馆事业发展最活跃、最积极的因素，充分调动这部分人的积极性、主动性、创造性，使他们将爱岗敬业的精神真正地投入工作中去，才是实现图书馆事业创新发展的保证。行政管理工作的一项重要内容就是要妥善做好人力资源的管理工作。人事管理中不仅要注重提高全体馆员的职业和道德素质，还要努力促进馆员的工作积极性，使他们在工作中没有后顾之忧，解决好工作人员的各种合理需求，保护馆员的身心健康。这就要求行政管理者要将服务原则运用到人事管理中，要具体结合本单位的实际情况，切实了解馆员的需求，耐心细致地开展人事工作。

3. 为广大读者提供服务。读者是图书馆的服务对象，图书馆的所有服务和业务都是以读者为核心，围绕读者展开的。行政管理也是一样，虽然行政管理人员并不直接与读者接触，但行政管理所承担的涉及的财务、后勤等工作与图书馆的对外服务密切相关。行政管理在读者和业务管理中承担着调解中枢作用，是读者所享有的各类信息服务、知识服务的保证。

（二）效率原则

所谓效率原则在图书馆行政管理中的运用指的就是用最少的行政投入（包括人、财、物等），获得最大的行政产出（包括社会效益、经济效益等）。具体应该从以下几个方面着手：

1. 建立高效率的行政组织机构。行政管理工作需要建立高效率的行政机构，设立这种机构应该做到：一是合理设置行政机构。机构的种类、数量的多少、层次的划分、规模的大小都要从实际出发，部门之间要分工合理。二是科学地确定行政管理机构内部的人员结构。任何行政管理机构都是由若干职位构成的，根据实际需要确定行政机构内部的各种职位，按照职位配备具有相应才干的人员。三是实行定编定员。行政人员的数量应科学地设置，注重精简机构，避免人员过多，无所事事，人员过少，穷于应付，妨碍行政效率的提高。四是要不断提高行政工作人员的职业素质和道德修养。行政管理是一门科学，从事的工作对行政人员的文化素质和职业道德有较高要求，同时从事这项工作还要对图书馆的基础业务有所了解，才能适应图书馆的发展要求。

2. 建立和健全行之有效的行政工作程序。图书馆行政管理工作涉及的范围非常广，处理的问题又非常复杂，很多问题还具有专业性。因此，为了有效地执行日益复杂的行政事务，行政管理工作程序必须科学化、制度化。使行政管理工作在具体操作时做到有章可循，还方便行政管理工作的考核。

3. 健全岗位工作责任制。岗位工作责任制是提高工作效率的有力保证。图书馆应根据行政工作的性质和特点，明确划分行政责任，职责要分明、分工要详细，应有数量、质量、时间等具体指标的要求，明确政绩考察的内容，建立各项考核和奖罚制度。一旦出现问题，立即追究，形成人人有动力，有压力，充分发挥人们工作的主动性和创造性，提高行政效率，避免不必要的人、财、时间的浪费。

(三) 整体原则

图书馆行政管理工作是一个多方面、多层次、多环节相互依赖、相互作用的有机整体。一方面，行政管理工作对图书馆基础业务具有辅助作用，为图书馆业务管理提供财力、物力的支持；另一方面，行政管理工作决定着图书馆的发展方向，所以要求行政管理部门要积极与业务管理部门互相沟通，使行政信息协调、统一地在各部门之间运行，使业务部门与行政管理部门形成一个相互促进的整体，实现图书馆管理的目标。

第四节 高校图书馆财务管理

一、图书馆财务管理概述

行政管理体系中除了对人的管理以外，另一项重要的管理对象就是对钱和物的管理。众所周知，在现今这个高度组织化的社会，无论是从事社会管理的政府，还是从事盈利活动的企业，甚至一个家庭都离不开人力、物力、资金等要素的运转和支撑。当然，企业等以盈利为目的的机构组织中，追求利润最大化是其终极目标，它代表了企业等组织努力实现的最终结果。而图书馆作为一个为社会提供信息服务的非营利性公共组织，其业务活动的目的不是追求利润，而是为社会提供一种公益性服务，其所拥有的财务资源只是实现最终目的的手段，利润本身并不是图书馆的最终目标。即使这样，图书馆的财务资源管理仍然是图书馆行政管理工作中的一项重要内容。如何加强图书馆资金的管理、扩大图书馆资金来源的渠道、严格控制各项费用的支出、合理安排资金计划，从而使图书馆资金预算计划顺利完成，是保证图书馆正常运行的物质基础。

因此，所谓图书馆的财务管理就是在日常管理中遵循资金运转的客观规律，对图书馆的财务活动及其所体现的财务关系进行有效的管理。这里的财务管理活动包括资金的筹措和分配、制订财务计划和预算、设立专门的财务管理组织、实施财务计划和预算、进行财务监督的全过程。其目标就是控制图书馆的经济活动，提高经费使用的经济效益，维持图书馆良好的财务状况，为图书馆基础服务工作提供物质保证。

此外，在进行财务管理的过程中，图书馆作为非营利的公共服务组织，要严格遵守财务管理的原则。

第一，实行依法管理。对于图书馆的财务管理要依照国家法律法规、图书馆章程和财务管理制度的规定进行，图书馆的财务活动只有在这些制度范围内进行，才能保证有限资金得到合理的利用。

第二，实行计划管理。由于国家财政对图书馆资金的投入量并不能与图书馆的实际发展相符，因此，对财务的管理要有计划地进行，对影响图书馆活动的各种情况要进行预测，对预测结果进行分析后做出决策，并用财务预算的方式表示出来，以提高预见性。

第三，实行统分结合式的管理。图书馆的财务管理应该实行统一领导与分级管理相结合的方式，即财务管理由图书馆的领导者负责，设置单独的财务管理机构和相应的人员对钱和物进行集中管理。财务管理过程中要根据图书馆发展需要，合理安排各部门对资金的使用，保证重点项目和基础建设的资金，并接受馆员的监督。

二、图书馆运转资金的筹措

图书馆作为非营利的公益性服务组织，其运转资金主要依靠政府的投资。即使是大学图书馆的运转资金表面上看来源于学校的经费预算，但究其根源同样是来自政府对教育的投资。所以，图书馆的发展在很大程度上由国家财政投入的程度决定。自改革开放以来，我国国力逐渐强大，政府对公益性组织的资金投入比例也逐年增长。不过我国公益性组织众多，图书馆只是其中之一，而由于图书馆的运转资金来源单一，这就使得图书馆在发展过程中依赖现象严重。当前，我国各种类型的图书馆都存在着经费紧张的现象，从而极大影响了图书馆的信息服务质量。如何在现有情况下，扩大图书馆运转资金的来源又能保持图书馆作为非营利组织的公益性，这就要求在图书馆发展中扮演幕后角色的财务管理发挥其应有作用，在资金筹措中为图书馆开辟新的途径。

1.继续加强政府对图书馆工作的重视，提高政府对图书馆的投资力度。图书馆的资金运转来自政府投资，这一点是毋庸置疑的。单纯依靠图书馆自身的收入维持图书馆的运行并不可行，也会失去图书馆公益性的本质。而这就需要不断地强化政府对图书馆作用的重视，使政府认识到图书馆在现代文化生活中的作用和价值。而要做到这一点，就需要图书馆人员不断发展和创新图书馆和各项专业信息服务，使更多的公众认识图书馆，了解图书馆，利用图书馆。让图书馆成为信息社会不可缺少的信息助手，尤其在面临网络发展的时代，更不要使图书馆在社会生活中沦为可有可无的文化机构摆设。

2. 利用图书馆自身优势，扩大资金来源。第一，图书馆是信息资源汇集的场所，近些年从事图书馆管理工作的人员素质也大幅度提高，硕士、博士等专业型人才也大批涌入图书情报领域，使图书馆利用自身的信息优势开挖深层次的信息服务成为可能。当前的科技查新、专题信息跟踪服务等有偿服务工作已经成为图书馆服务的亮点，这些项目不仅扩大了图书馆的服务领域，也为图书馆开辟了新的资金来源。第二，图书馆是文化教育的宣传场所，增加图书馆文化服务领域的活动也能带来一定的经济效益。这些活动主要有信息培训服务，如各种数据库的使用等；文化娱乐活动，如美术、摄影展览等；与图书馆有关的经济活动，如图书展销、珍藏版图书中介等。以上这些活动的举行既不与图书馆作为公益服务性组织冲突，还能为图书馆创造经济收益，可谓一举两得。

3. 加大图书馆宣传力度，吸收各方捐赠。由于图书馆是政府投资的公益性组织，所以一直以来，图书馆多数都是静候读者上门，然后再向其提供相应的服务。因此，社会各界和普通公众对图书馆的认识模糊，利用率也低。这种宣传力度的欠缺和服务方式的懈怠造成图书馆物质资助的一个重要来源——捐赠受到严重影响，常常是时有时无。其实，捐赠一直以来就是图书馆获得物质资助的一种方式，主要以捐赠图书、期刊为主，金钱性质的捐赠并不是主流形式。目前来看，图书馆的捐赠者大概有三种类型，即个人、公司、基金会。图书馆如果想吸收各方的捐赠就要有计划和目的地向这几种类型的捐赠者进行自我宣传，宣传方式可以灵活多样，但态度要真诚，对吸收的捐赠的管理要公开、透明。

三、财务预算管理

由于资金的有限性和支出需求的无限性，使得图书馆资金在分配过程中要在可能的支出目标之间进行选择，找出优先的支出重点，这对本单位的资金分配具有重要意义。因此，财务预算管理在图书馆财务管理中是一项重要工作内容。所谓财务预算管理指的就是图书馆对一定期间内取得及使用资金的计划。通过对预算资金的筹措、分配、使用所进行的计划、领导、组织、控制、协调、监督等活动。其目的是完成预算收支任务，提高资金的使用效率，控制财务风险损失。

图书馆的财务预算是一种权利规制管理，体现了以政府为主要出资者的管理者对资金获得者的权利授予与约束。尤其是图书馆作为非营利性的公益组织，其资金来源于国家财政拨款，为了更好地履行自己的职能，优质高效地完成图书馆的任务，图书馆应该接受国家、政府以及公众对自己的资金约束和监督。管理者应该认识到财务预算不等于一个简单的财务预测或计划，而是作为一部内部"宪法"，在图书馆中贯彻执行。

财务预算的关键在于预算编制，对图书馆的预算编制来说，第一，需要根据图书馆的发展需要，确定具体的资金分配方案，要具体化、数量化；第二，应该综合、全面地考虑和分析图书馆发展中的可能变化，并以货币计划的形式具体、详细地反映出来；第三，坚持综合平衡收支、略有节余，尽量避免预算赤字；第四，应量入为出，根据财务具体情况安排支出。

四、财务收支管理

图书馆财务收支管理包括收入管理与支出管理两个方面，其中收入主要以政府拨款、各方捐赠以及图书馆自创经费等几种形式，其中前两项是图书馆的主要收入来源，这些收入按照规定要纳入财务部门的统一管理下，这是财务管理的客观需要。而支出管理由于种类多、用途广，管理起来则更加困难，这就有必要对资金的使用范围、用途、指标进行管理，用以实现对图书馆各项财务活动的控制，避免差错或问题，保证图书馆的正常运转。因此，收支管理作为财务管理的基本内容，增强其管理的科学性和规范性，提高收支管理的水平也是至关重要的。具体操作要注意以下几点：

1. 严格遵守收支计划

图书馆财务收支计划是经过图书馆各部门讨论形成并经过严格程序通过的。因此，收支计划一旦通过，就被赋予了相应的效力，对图书馆来说就是具有约束力的文件，非经特定的程序不得随意修改。在计划期间内，各部门和各单位凡是有收入的都必须按规定入账；有支出的，也应按计划规定的项目、金额、时间进行开支；对于没有列入计划的开支项目，财务部门要拒绝为其开支。如果实在必要，应该履行相应的审批手续，编制补充计划、说明原因，并经过审核后才能列支。

2. 建立健全财务支出管理制度

图书馆为了保证财务收支合理有序，应该按照财务管理制度的要求建立健全支出管理体系，针对不同的支出项目建立相应的管理制度。对于经常性支出的核算、使用、效益、标准等实现统一化管理，同时对重大支出项目要遵循严格的程序，完善调研、立项和审批制度。

3. 保证馆内基本项目支出

基本项目支出是维持图书馆正常运转的物质基础，因此，应严格专项支出的管理。在考虑全馆的基础上，切实保证经常性开支的资金供应。为此，一方面要严格遵守支出计划，另一方面要本着节约的精神，对于超计划、超范围、超标准的开支坚持抵制，从根本上做到计划开支、有序开支、专款专用。

五、图书馆资产管理

图书馆资产是图书馆占有或使用的以货币来计量的经济资源，具体包括流动资产、固定资产和无形资产三类。这其中任何一种资产都具有其特定价值，可以为图书馆的正常运转提供客观条件和物质保证，因此，是图书馆财务管理的重要范围。

一般来说，流动资产是指在一年内可以变现或者耗用的资产或资金。具有周转速度快、循环周期短等特点。对图书馆来讲，流动资产主要指短期内可以周转的货币资金。

固定资产则是指期限超过一年并且在使用过程中保持原有实物形态的资产，对图书馆来讲，主要包括房屋、建筑物、运输工具、图书资源以及其他诸如桌椅、电脑、书架等设备。对于这些设施，图书馆应做好管理工作。首先，需要做好固定资产管理的各项基础工作。比如，建立固定资产分级管理责任制；编制固定资产目录；建立固定资产的登记簿或卡片；做好固定资产的计价、折旧工作。其次，应当加强对固定资产实物的管理和维修，对新增固定资产做好验收、移交及入账工作。再次，对清理报废及有偿调出的固定资产、租出和租入的固定资产必须做好登记。最后，对使用中的各种固定资产要做好日常维护、保养和检查、修理工作。

无形资产是指图书馆所控制的，不具有实物形态，但可以长期发挥作用且能带来经济利益的资源。在当今社会随着时代的发展和科学技术的进步，无形资产的管理日趋重要。而图书馆作为信息服务的公益单位，其凭借自身优势发展而取得的各种专利技术，文献信息加工成果以及其他信息资源的成果等对图书馆的发展具有重要作用，它所创造的效益也有发展的趋势，图书馆应该对这部分资产做好管理工作。

六、财务的监督管理

由于是政府财政支持的单位，财务监督在图书馆管理中显得越发重要。所谓图书馆财务监督就是根据国家有关财务管理的法律、法规和财务制度，对图书馆的财务活动进行审核和检查的行为。

图书馆财务监督的主要内容有监督资金的筹措和运用、监督预算的执行情况、监督资金的日常使用、监督资产管理状况等。在监督过程中主要依靠财务报告和财务分析为主，把图书馆一定时期的财务状况和预算执行情况编写成书面文件，用财务报表和财务情况说明书具体反映资金的运行情况以方便财务监督的进行。

监督的主体主要有本单位职工、上级主管单位和国家财务监督和审计部门。通过这些主体的财务监督可以使图书馆财务管理存在的问题显现出来，有助于改进和完善图书馆在发展过程中的财务制度，还可以提高资金的利用率，实现资源的有效配置。

第四章　高校图书馆管理理念创新

第一节　人本管理理念的创新

一、人本管理的内涵

人本管理是 20 世纪 60 年代兴起、80 年代发展起来的一种管理思想和模式。所谓人本管理就是"以人为本"进行管理，是伦理学与心理学相结合的管理。人本管理是以"人"为核心的管理，即理解和尊重管理者的个人发展，通过激励、调动和发挥员工的积极性和创造性，创造最佳绩效；满足被管理者的物质及社会需要，促进被管理者自我价值的实现。这种管理使得无论是管理者还是被管理者都会实现自己的驱动价值，是最可行的管理。

刘国俊、杜定友、程焕文等学者先后论述了学术界图书馆学对人本管理思想的发展进程。进入 21 世纪，由于人文管理思想在图书情报领域得到了积极的发展，人本管理理论在图书馆中的具体应用就是图书馆人本管理，具体来说，包括以下两个方面的含义。

（一）以馆员为本的图书馆人本管理

图书馆馆员是图书馆所有活动要素中最具能动性的要素，而其他要素都是由人来支配，具有一定的被动性。在图书馆的管理过程中，图书馆馆员既是管理者也是被管理者，如何充分调动图书馆馆员的积极性和能动性，充分发挥他们的潜能，从而实现其自身的最大化价值，这就是人本管理的重要思想。因此，在图书馆管理中要树立"馆员第一、创新为上"的观念，坚持"以人为本"的管理原则，采用多种方式与员工进行沟通，从而充分了解员工的需求，努力营造一个尊重他人、进取、愉悦的工作氛围，使馆员的积极性和创造性得到充分发挥。

（二）图书馆的人本管理就是以读者为本

图书馆既要把方便读者以及满足读者的需求作为所有工作的出发点和归宿，又要树立"读者第一，服务至上"的观念，这就是以读者为本的核心内容。这表明图书馆要尊重读者的需求，在细微之处为读者着想，提供他们满意的文献信息和产品。图书馆管理过程中只有充分体现人本管理思想，才能使图书馆信息资源通过读者实现价值最大化。

二、人本管理的特征

图书馆人本管理思想的特征，不仅具有人本管理的基本特征，而且具有图书馆自身的特点，可以概括为如下几点。

（一）以馆员的自我管理为主

图书馆的工作是与知识相关的活动，有着很强的知识性、创新性，其强度、进度和质量不能为管理者完全控制，很大程度上需要依靠馆员的自律性和责任感。管理者引导馆员正确地自我管理，尊重馆员的个性，激发他们的潜能。表面上，自我管理是为了让馆员自由发挥才能的平台，通过馆员的辛勤劳动促使图书馆承担起自身的社会使命；实际上，它是让馆员对自己进行全新的认识，引导他们全面发展，成为图书馆发展的中坚力量。

强调馆员自我管理，并不是鼓动馆员不服从组织的管理，而是管理者适当地授权。合理的授权不是随便授予，而是基于馆员的价值观与图书馆的价值观的一致性，业务信息的共享以及服务工作技能的训练，这些也是人本管理所强调的内容。

（二）组织内部健康的民主机制

正如美国社会学家萨托利认为："民主包含输入式民主（体现民意）和输出式民主（结果公平、公正）两个过程。"根据这个观点，图书馆管理若要体现出民主不仅要通过决策、计划和执行民主来体现，还需要利益分配和价值评价。对于内部的民主管理不是简单的表决程序就可以替代，而是要真正建立起高度透明化的民主机制。图书馆的一切工作手段和相关规章制度都要贯彻"以馆员为本，用户至上"的理念，注重馆员及读者的情感因素。在实践中，多鼓励馆员参与到图书馆的管理工作中，运用自己的业务素质为图书馆的工作建言献策，让馆员的价值充分展现；建立上级与下级良好沟通的渠道，下放部分权利给最了解、最熟悉问题的部门及馆员，促进服务效率的提高。

（三）推崇"以用户为本"的管理与服务理念

近年来，图书馆的人文教育工作越来越受到重视，因此图书馆的人本管理要贯穿于整个管理和服务过程中，在图书馆的服务环境、服务内容、服务方式及服务制度中显现出来。这就要求图书馆应创造和谐的环境氛围，协助读者迅速获取信息资料，满足读者的精神需求，平等对待每一位读者，提供满意周到的服务。同时，通过各种形式，开展个性化服务，使读者的不同需求得到满足，建立起相互尊重与交流。

（四）以知识互动来推动图书馆与馆员、读者的协调发展

管理是一项很复杂的技术，任何一个管理者的知识都是有限的，任何一个管理者都无法做到游刃有余地操控组织中所有的细节。随着知识经济的到来，被管理者可能具备管理者所不具备的知识和经验，管理者要合理运用团队力量，尊重每一位馆员。由于组织的不断发展需要每一位组织成员的参与，在组织获得上升空间的同时，也要满足馆员个人发展的要求。这是图书馆人本管理的一个特征：通过管理者、馆员、读者之间的知识互补与互动，可以调动馆员的积极性，让更多读者将图书馆作为寻求帮助的首选对象，增强读者对图书馆服务工作的信任，从而实现图书馆与馆员、读者的共同发展。如何推动图书馆与馆员、读者的协调发展，可以从三个方面着手分析。

1. 围绕馆员在图书馆管理工作中的价值进行分析

管理者要肯定馆员在图书馆管理活动中的核心地位。首先，明确馆员在图书馆工作中的价值，研究馆员的行为；其次，了解其性格、特点及如何能够成功调动馆员的工作热情；最后，根据馆员之间的不同需求，借助有效的激励方式和管理方式激发员工的积极性，更好地完成图书馆工作的目标。

2. 围绕怎样实现馆员的全面发展进行分析

在馆员目标与图书馆目标相一致的基础上，馆员既是图书馆管理活动的客体，也是管理活动的主体。因此，管理者需要采取民主的管理方式，运用各种手段引导馆员积极参与到图书馆实践活动，使馆员切身感受到组织对他们的关怀；结合馆员自我发展的要求，注重他们的培训工作，树立终身学习的理念，全面提高馆

员的素质；对图书馆现有的人力资源和人力资本进行改进、完善，努力向学习型组织转变；创造融洽的工作氛围，提升团队的凝聚力，以适应复杂多变的环境。

3.围绕如何提高馆员对读者的管理进行分析

图书馆是非营利性的组织，因而经济利益的最大化并不是图书馆的最终目标，如何使文献价值最大化才是其最终目标。图书馆管理者无论采取哪种管理方式，其最终目的是实现图书馆工作的目标，做好服务管理工作。所以，管理者要帮助馆员与读者建立良好的沟通渠道，利用网络信息技术，突破空间的局限性；根据读者的不同需求购买、引进各种文献资源，以便充分满足读者的需求；提供最简便的服务方式，使读者感到最大化的自由和最小化的限制。落实好读者管理工作能够体现出图书馆管理过程中的公共性、社会性，并可以将图书馆的发展与社会发展、精神文明建设联系到一起，形成有机的整体。

三、图书馆人本管理模式的构建

图书馆的人本管理模式构建是一项全面而系统的工程，由于图书馆和读者在人本管理模式构建中互为影响、互为补充，缺一不可，要兼顾二者的利益。

（一）管理者对馆员人本管理模式的构建

1.采取柔性化的管理方式

依据组织的共同精神价值以及共同文化心理需求，对其成员进行的管理，就是柔性化管理。人的存在和价值是柔性化管理考虑的重要方面，灵活性和适应性是柔性化管理的重要特征。柔性化管理在图书馆人本管理模式构建中应用空间非常大，但由于柔性化管理是遵循人的心理规律和基本行为，以尊重、理解、重视的基本思路对员工进行的人文化的管理，主要靠潜在的规则去约束员工，并使员工养成良好的自我行为。管理者应该从本馆以及馆员的实际情况出发对馆员进行管理，把馆员当作合作伙伴而不是下级。当馆员犯错时，首先并不是想到要惩罚，而是仔细调查、耐心听取馆员的解释，并在做出处理的决定之前进行说服式教育。此外，还要注意图书馆馆员的合理需求，在允许的范围内尽量为图书馆馆员提供方便，如图书馆馆员因家庭原因临时调整工作时间或因个人身体原因调整工作强度，图书馆要为其提供方便；组织图书馆相关活动，减轻馆员的压力，增强馆员之间的情感。总之，图书馆柔性管理的措施应以调动馆员的积极性和创造性为基础，提高馆员的职业价值和归属感，最终提高馆员的管理质量。

2. 采用民主化的管理方式

让馆员参与管理或决策就是民主化管理。管理者应该在决策时与图书馆馆员讨论，并收集各个方面的声音，只有这样，才能发挥集体的力量，提高决策的科学性，这是因为相应减少实施的阻力，集体决策更容易被馆员接受。因此，管理者应充分尊重馆员的参与权和知情权，在决策前充分听取馆员的意见，保持馆员参与的积极性和主动性。此外，因为职工代表大会是图书馆的最高决策机构，反映了广大人民群众的需要，所以应充分发挥职工代表大会的作用。一方面，管理者应通过职工代表大会了解馆员对图书馆管理的建议、馆员对自身福利的需求和馆员的心理需求；另一方面，充分尊重职工代表大会的决策地位，所有涉及图书馆重大利益的决定都应由职工代表大会决定。

3. 建立健全的激励机制

激励机制是指管理者根据图书馆的实际情况，制定出良好的奖惩制度，通过奖优惩劣的机制来奖励员工的成绩，鼓励员工进步是提高图书馆管理质量、实现图书馆管理目标的重要手段。人本管理模式下的激励机制主要包括目标激励、榜样激励和培训与晋升激励。目标激励是指图书馆通过设置目标或成员的目标来促进图书馆馆员的成长。榜样激励是指在图书馆评选先进的榜样，如评选馆内先进标兵或先进团体等。培训与晋升激励是指通过某种手段为图书馆馆员自身发展提供某种渠道，如对图书馆馆员进行专业知识和专业技能培训，对取得好成绩的人给予一定的物质和精神奖励，并将其与图书馆馆员的晋升联系起来。对那些不能满足图书馆馆员要求的人要给予适当的惩罚。在图书馆管理中，管理者可以采取多种激励措施，但在实施中必须保证公平正义，从而使激励机制得到最大限度发挥。

4. 完善培训体系和继续教育体系

随着计算机技术的不断更新，数字图书馆的不断推进，读者需求的快速变化，对图书馆馆员提出了新的要求。因而在图书馆人本管理模式下，管理者应为图书馆馆员提供更多的学习机会，及时补充知识，以适应新时期图书馆的管理要求。首先，管理者应加强对图书馆馆员的培训。在图书馆长远发展规划的指导下，结合图书馆馆员的专业知识和能力现状，有计划地进行在职培训和短期培训，并组织图书馆馆员参观和学习优秀图书馆。邀请高级专家、学者向图书馆馆员做专题报告。其次，管理者还应重视图书馆馆员的继续教育，要求图书馆馆员每年进行一定时间的网上学习，奖励合格的图书馆馆员，逐步形成图书馆馆员终身学习的良好氛围。

（二）图书馆对读者的人本管理模式构建

1. 提升服务的文化内涵，营造温馨的借阅环境

人们进行主动学习的重要场所就是图书馆。图书馆人本管理模式要求图书馆在资源布局、环境设计、开放时间、个性需求等方面对读者的实际需求进行充分考虑，给读者提供一个温馨、舒适的学习环境。具体可以从以下几个方面实施。

（1）为了突出空间布局，丰富人文底蕴，图书馆要以清新典雅为主。

（2）图书馆的开馆和闭馆时间应该根据当地读者的具体生活习惯而定。

（3）图书馆在图书资源的设置上应该打破传统模式的限制，可以将桌椅或计算机零散布局，使读者方便在互联网查找信息的同时，又能休息。

（4）图书馆还应针对特殊群体，进行适当的人文关怀。例如，为盲人准备一些合适的书箱，为儿童设立阅读角等。

2. 重视读者反馈信息，提高服务质量

在人本管理模式下，图书馆应该为读者提供更加个性化的服务，要提高服务质量，满足读者的合理需求。要树立以读者为依托办馆的发展链，对读者的反馈信息给予关注和重视。由于图书馆的直接受益者就是读者，其工作的缺点和错误可以通过读者的意见和建议体现出来，即反馈信息。对反馈信息进行接收的方式上，可以采用传统方式，如，在图书馆中设置意见箱、调查问卷等方式，也可以利用一些现代化的平台，如网站、微博及微信等网络通信平台。

3. 创新管理模式，鼓励读者参与图书馆管理

图书馆的人本管理模式需要图书馆馆员与读者之间建立及时有效的沟通和联系。图书馆管理者要在馆员与读者之间建立一条联系的纽带，鼓励读者积极参与图书馆管理，为图书馆的健康有序发展提出宝贵的意见。同时，图书馆馆员的工作量也会因为读者的参与而相应减少，对图书馆服务的质量和效率提升都有很大作用。让读者兼任图书馆馆员的方式，使读者既站在读者的角度思考如何改进图书馆服务，又站在馆员的角度思考如何进行图书馆资源的开发和利用。

4.利用各种资源,组织多种活动

图书馆举办多种活动可以增进与读者之间的联系。图书馆人本管理模式下,要鼓励图书馆管理者采取多种形式宣传图书馆文化,使图书馆的资源发挥巨大的社会文化价值,使更多人的人文修养和个人素质得以提高,如举办读书报告会、读书演讲赛、网络信息发布会、新书点评会等活动。需要特别注意的是,由于网络化是现代社会的重要特征,未来图书馆受众的主体是网络群体,这种形势下,一方面,图书馆要做好数字图书馆的建设工作,使读者能够随时随地享受图书资源服务,另一方面,要做好网络平台的建设工作,使图书馆的知名度和影响力得到宣传。

满足组织和成员的需求是人本管理的出发点,通过充分发挥员工的创造力和潜能,在组织中实现高效和谐的管理。图书馆人本管理模式注重员工的自我发展和自我成长的价值,满足读者的多样化需求,都有助于提高图书馆的服务质量,促进图书馆的长远发展。在新的时代,图书馆管理面临着新的挑战和机遇。因此,图书馆管理者和图书馆馆员应勇于迎接时代带来的挑战,以全新的态度和饱满的热情致力于图书馆管理,按照"读者至上"的发展理念,构建科学高效的人本管理模式。

第二节 知识管理理念的创新

一、图书馆知识管理内涵

关于图书馆知识管理思想的概念,被引用最多且得到广泛认同的是美国资深知识管理专家、经济学博士约根什·马尔霍特拉(YoghsMalhotra)的观点,知识管理是当企业面对日益增长的非连续的环境变化时,针对组织的适应性、组织的生存和竞争能力等重要方面的一种迎合性措施。本质上,它包含了组织的发展进程,并寻求将信息技术所提供的对数据和信息的处理能力以及人的发明创造能力这两方面进行有机的结合。

虽然知识管理产生于企业管理实践,但是它的应用早已延伸到了图书情报界。作为一种先进的图书馆管理理念,图书馆知识管理的研究于1999年在我国起步,随即就引起了图书情报界人士及图书情报机构的关注。知识管理要求组织内部员工具有知识挖掘的能力,尤其是隐性知识的挖掘能力,并能够进行创造性的利用。知识管理的内容包括对信息的收集、整理、保存与传递,更加强调各种知识间的管理、交互与转换。

有关图书馆知识管理基础理论的研究、知识管理与图书情报学的互动研究以及基于知识管理的图书管理理论的变革与创新研究已然成为当今图书情报界知识管理理论研究的热点。其中,基础理论的研究又包括图书馆知识管理的主要目标、任务、内容、实现条件等。互动关系又包括知识管理对于图书情报学的影响以及两者本质与目标的研究等。

虽然以上几个研究热点仍处于探索阶段,并且图书情报界在这个问题上还没有达成共识,但是知识管理已经从多方面触发了图书馆管理的创新。首先,在图书馆管理理念上,图书馆管理的主要对象成为以知识为中心的图书馆知识管理系统;其次,在管理内容上,图书馆知识管理将更加突出知识创新管理、知识服务管理、知识应用管理、知识产权管理以及人力资本管理与知识传播管理;再次,在管理职能上,图书馆知识管理的主要职能体现为外括、内化、中介、共享、学习和认知(创新);最后,在管理原则上,图书馆知识管理将不再受到图书馆传统管理的束缚,更加重视创新性原则、开放性原则、激励性原则、共享性原则、增值性原则、发掘性原则、协作性原则、层次性原则。因此,把知识管理理论应用于图书馆管理实践,能够促进图书馆管理走向更深层次的应用领域,促进我国图书情报事业的全面发展。

二、图书馆知识管理对策

图书馆实施知识管理是一个系统化的工程,进行文献资源、人力资源、技术资源的合理布局和协调,利用有效的知识管理实施策略对现有资源进行广泛的揭示和报道,使之能够充分利用,是图书馆的重要任务,可以从以下几个方面实施知识管理。

(一)强化图书馆优势策略

对于图书馆的馆藏资源,进行规范化管理,使各类型的文献都能够分门别类进行管理,对于过时的知识要及时替换,对于新知识、新资源能够做到迅速更新和宣传,为文献资源建立数据库,使用户能够及时准确查找相关信息,提高用户的查全率和查准率；能够对每部书进行清晰揭示，不仅能查到书名、作者、书号等信息，还能对书的内容做简单揭示，降低误查率。

在知识服务方面，图书馆不仅可以利用馆内的资源，还可以运用各种方式，如专家访谈、名家讲座等，使具有相关知识的学者参与图书馆知识服务领域，为图书馆的知识服务提供智力保障和技术支持。

（二）创建和谐的图书馆工作环境——组织文化建设

人所处环境的好坏，对于一个人的影响是巨大的、多方面的，潜移默化的，可以影响着一个人的行为。一个和谐的工作环境能使人的潜能得到充分发挥，工作能力会有较大的提高，使人能够全身心地投入所从事的工作当中；可以减少人与人之间的摩擦，减轻工作负担和心理压力，从而提高工作效率。因此，图书馆创建和谐的工作环境，可以加强图书馆组织文化建设，为人们提供共同的愿景目标，并从不同的来源中有效地将组织内的知识提取主要的数据加以存储、记忆，使其可以被组织中的成员、用户所利用，从而提高图书馆知识管理的工作效率和服务质量。

组织文化是组织内所有成员的共同价值、信念和态度，是组织成员的一种共同认识。和谐的组织文化是一种可以使组织成员的个人能力转化为组织能量的精神动力，使组织成员之间能够产生一种相互作用的精神和行为的共享系统。因而，一个完善的图书馆知识管理系统离不开组织文化的支持，组织文化建设是图书馆知识管理的关键因素。要遵循经验互享、支持学习、信任合作、支持创新的原则。

经验互享的组织文化源于图书馆的核心价值观，是图书馆使命、价值和社会责任感的体现。拥有共同的价值观，馆员会将知识分享视为理所当然的事，馆员之间就会主动地互相交流思想。因此，图书馆知识管理必须建立一种可以信赖和分享的组织文化，转变馆员的心智模式，使其能够在交流中释放出自己的潜能。

支持学习的组织文化是图书馆知识管理的智力保障，有利于督促馆员加强个人学习效率，进行启发式学习，改变被动的教育模式，增强馆员吸收知识的积极性，使图书馆形成一个不断创新的文化环境。

建立信任合作的组织文化是指图书馆要为馆员提供开放的沟通环境，使馆员能够充分参与图书馆的建设和研究，从而提高团队的凝聚力，使馆员在良性的竞争环境中，提升自己的知识和能力，建立互动学习、信任合作的机制，进行自发的知识转化行动。

支持创新是图书馆知识管理的直接目的，即图书馆必须为馆员提供知识创造的环境，建立各种奖励诱因，支持馆员的知识创新工作，使馆员直接参与知识管理中，提高馆员的工作热情和责任感。

综上所述，图书馆知识管理必须建立和谐的文化环境，建立共同愿景，明确图书馆的使命和目标，激励馆员努力学习，提高个人素养，探索合理的工作方法，实现知识管理的自主创新。

（三）信息文化背景下的技术策略

图书馆知识管理不仅需要制度和理论的支持，也需要技术的保障。而在信息环境中，信息技术是知识管理不可或缺的前提条件。在信息技术的支持下，图书馆可以在馆员和用户之间建立沟通平台，满足读者深层次的知识需求，为读者提供系统而丰富的信息资源，实现图书馆服务的多样化。网络时代的知识服务应把用户的信息需求放在首位，准确地调查和分析用户的信息需求，并根据用户的实际需求和潜在需求，利用用户的习惯和心理特征，通过开放链接技术，以此来获取动态链接资源，整合各种信息产品，开发数字信息资源，以人为本，为用户提供更深层次的知识服务。

在线聊天和在线学习是网络的基本功能，不仅为人们提供了交流的空间，也为人们实现在线学术交流提供了可能。这一功能的实现使人们可以登录大学文献信息资源共享网络，从某一领域中某个话题的内容开始讨论。由于网络聊天具有匿名性和平等性，人们可以把现实生活中的地位和其他因素抛在一边，就自己关心的问题和存在的疑虑等内容，充分表达自己的观点，还可以广泛地寻求他人的帮助，实现信息资源共享、网络交流、信息共享的目的，更有利于各种知识创新活动。因此，图书馆是构建文献信息资源网络共享的信息源和基础，是文献信息网络共享的物质承办商。图书馆还承担着为人们交流信息、开展学术活动提供便利条件的责任，它需要为用户和读者提供群体讨论、共同感兴趣的问题调查研究的特殊环境，形成学术报告和人们能够共享信息资源和各种信息更加系统化，并帮助人们分析问题和解决问题。

在信息环境下，用户的需求趋向于"自主选择"，希望用最少的时间和精力达到最满意的结果，期待能够拥有一个更加轻松的工作和学习环境。由于用户知识水平的不同，对信息服务方式的要求也更加具体、更加人性化，这就要求我们在组织信息网络资源时，必须使信息系统更加清晰和明确，把用户在使用时可能遇到的阻碍降到最低，满足普通用户的基本要求。

（四）创建协作学习型组织

学习型组织理论是彼得·圣吉在《第五项修炼》中提出的管理理念。他在书中构建的学习型组织不仅力求精简、扁平化、灵活、终身学习，而且不断进行自我组织再造以保持竞争力。

协作学习型组织的建立有利于图书馆知识管理在组织共同愿景的指导下，达成协作共识，实现组织的目标。协作学习组织是由许多创造性的个体组成的，它是通过让个体不断进行学习和沟通，形成团队学习意识，养成终身学习的习惯，贡献个人智慧，改变旧的传统思维方式，自觉投入工作，发掘专业技能，强化集体思维，并对问题进行分析，从而提高团队向心力。

馆员与馆员之间、馆员与用户之间形成协作学习氛围，相互借鉴，加强协作学习，加强知识共享，增强知识创新能力，不仅有利于图书馆知识管理达到质的飞跃，也有利于图书馆知识管理文化的形成，使组织中的每一个人围绕知识管理的理念，调整自己的行为、工作方法，从而形成知识管理的价值取向。

第三节 全面质量管理理念的创新

一、图书馆全面质量管理理论内涵

全面质量管理理论最早产生于美国，随后在日本迅速发展，并取得了丰硕的成果。全面质量管理理论的最大贡献者是世界著名的质量管理专家戴明博士。爱德华兹·戴明（1900—1993）作为质量管理理论的先驱，他提出的"14点"成为全面质量管理的重要理论基础。目前，全面质量管理理论已广泛应用于各行各业，包括非营利组织图书馆。

自20世纪80年代以来，一些图书馆开始运用全面质量管理模式，但对其的研究始于20世纪90年代末。我们可以这样理解全面质量管理的定义，它是一种需要全体员工参与的管理模式和理念，并根据客户的需要和期望运用科学的方法和工具,从而实现全方位的管理。罗曼和陈凤霞在《图书馆全面质量管理(TQM)模型研究》以及《全面质量管理(TOM)在图书馆的应用》中介绍了国外图书馆全面质量管理的现状,提出了我国图书馆全面质量管理的实施方法。目前,我国图书馆全面质量管理的研究已逐步深入图书馆全面质量管理的内涵、内容和实践的理论研究中。

经过多年的研究,图书馆全面质量管理模式已经基本建立,我们可以这样定义图书馆全面质量管理理论:图书馆全面质量管理是指对图书馆各种有效数据进行认真分析,做出正确决策,鼓励全体工作人员积极参与图书馆服务全过程,不断提高图书馆服务质量的一种管理模式,其中为用户提供信息知识服务是图书馆的重要职能。与企业生产产品相类似,图书馆也存在着大量机械性的、重复性的日常事务。因此,全面质量管理在图书馆的实施应该与企业相似,它不仅可以消除部门之间的隔阂,克服部门之间相互推诿、攀比的弊端,而且可以显著增强每个馆员的责任感和服务意识,因此,只有鼓励每个工作人员参与质量管理,才能最终实现高质量的图书馆服务管理,使图书馆在管理观念上彻底更新,使"质量第一"的观念深入全体图书馆馆员的心中,这是成功建立图书馆的全面质量管理模式的关键之一,也是一个长期的过程,需要在实施中不断地调整和完善。

二、图书馆全面质量管理体系的构建原则

(一)读者满意原则

由于图书馆的服务对象是全体读者,因此对读者高度负责是图书馆工作的原则。在图书馆各项工作中,应根据图书馆信息资源的实际情况,充分利用现有信息资源,采取多种措施,开展符合读者需求和期望的工作。同时,图书馆的各项功能必须最大限度地满足所有目标读者的需要。

(二)读者评价结果原则

对图书馆质量进行评估的一个重要工具就是读者评估和评价,而图书馆事业发展的关键就是读者评价。每个读者都可以客观地评价图书馆里的一切,这些客观、科学的评价可以为图书馆工作的不断改进和发展提供科学客观的决策依据。图书馆建立以读者满意度为中心的评价结果的具体内容应包括图书馆信息资源建设、重大问题决策、管理体制的制定和图书馆馆员的评价。

（三）持续改进原则

随着社会的进步和科学技术的发展，读者的信息需求和期望也在不断变化，呈现出多元化、多层次的趋势。图书馆要适应读者信息需求和期望的变化，适应社会发展和技术进步的变化，不断更新和完善图书馆全面质量管理体系。

（四）过程概念原则

全面质量管理体系应制定标准化管理体系，对每一项工作、每一岗位及其职责、每个环节都要做出标准化规定，使图书馆的工作改变过去的随意性，使图书馆的全部工作过程在标准化质量管理体系的控制下进行的，确保整个管理系统的正常运行。

三、实施全面质量管理体系的对策

（一）调研读者实际需求，制定图书馆全面质量管理评价机制

全面质量管理体系的重要管理思想就是"一切用数字说话、一切以预防为主、一切为用户服务"，根据这个思想，我们可以得出建立以读者满意为核心的评价机制以及用科学手段分析评价结果是图书馆全面质量管理体系的一个重要组成部分。实施全面质量管理体系的一个重要要求就是建立交流平台和科学的服务质量评价模型。首先，交流平台应该结构合理、功能齐全、形式多样，具有普遍性和权威性。为了增强读者与图书馆的相互信任，除了通常的问卷调查外，还应利用个人交流和在线评论来加强图书馆与读者之间的交流和沟通。其次，图书馆服务质量评价模型有利于提高读者满意度和服务质量。要制定图书馆全面质量管理评价机制应做到如下几点：跟踪各部门的效率和绩效；制定目标和执行目标；确定改进的优先顺序；以及制订改进计划和方案。

（二）全员培训，提高图书馆工作人员的质量意识

全面质量管理是一种"以人为本"的管理模式，在实施图书馆全面质量管理体系中，图书馆馆员作为管理的主要对象和最重要的资源，只有通过多种措施，提高馆员的能力，调动馆员的积极性和创造性，才能实现图书馆全面质量管理的终极目标。图书馆应通过培训强化馆员的道德素质和专业精神；通过培训和再教育提高馆员的业务能力，提高馆员的整体素质；通过教育和引导，使得图书馆馆员在全面质量管理体系的构建和实施过程中，能够找到自己的定位和方向，从而

实现图书馆的自我完善和发展。

（三）建立质量评价体系，控制服务工作的全过程

图书馆在实施全面质量管理体系的过程中，应建立质量评价体系，有效地控制图书馆服务的全过程。质量评价体系的内容包括：评价工作是否合格；找出原因，明确责任；提出改进措施和改进周期等。此外，图书馆还必须跟踪效果改进措施，并在重大问题的规章制度中增加相应的内容，以防止此类事件在今后的工作中再次发生。

（四）评估读者满意度，实施质量改进措施

馆员、读者、文献资源、服务模式和结果共同构成读者服务的五要素。在读者服务过程中，读者通过其他四个要素感受服务，并评价其满意度。图书馆应调查评价读者满意度，找出存在的问题，并进行整改。因此，要使全面质量管理体系更加有效地运行，必须坚决纠正和妥善解决已经发生的质量问题。

第四节 信息理念的创新

一、信息服务理念的创新

信息服务管理机制创新是在自动化目标的控制下，对图书馆管理工作与业务流程进行再设计和重建的过程。机制创新的核心内容是指以自动化作业为中心，打破传统的分工理论和方法，正确地运用信息、技术，建立图书馆新的管理机制，以迅速适应不断变化的信息环境。图书馆信息服务管理机制创新就是实行外部信息服务管理机制和内部信息服务管理机制。

（一）外部信息服务管理机制创新

外部信息服务管理机制创新包括：建立外向型信息服务管理机制；面向网络建立信息流集中管理、物质流分散管理机制；与从事信息技术或网络技术的部门、企业或公司合作建立信息技术进步机制。

1. 建立外向型信息服务管理机制

在计算机技术和网络技术迅速发展的形势下，广州地区普通高校图书馆必须从物质流的管理向信息流的管理发展，传统的内部信息服务管理也需要转为外向

型信息服务管理，通过采取自动化为先导，参与研制信息服务法规、法则、政策，探讨信息技术的改进和发展，扩大高校图书馆的信息服务范围，吸引更多用户和扩大用户类型，发挥高校图书馆的信息服务优势，提高信息服务工作质量。

2. 建立信息流集中管理、物质流分散管理机制

面对杂乱无序的信息和获得信息方式的无限性，高校图书馆可以建立信息流集中管理、物质流分散管理机制。如高校图书馆之间通过签订协议，把本区域的网络信息资源和数字化文献信息等通过信息技术进行加工处理，然后集中管理，建设共建、共享系统；对于印刷型的图书、期刊、报纸等物质流信息资源，则由各馆自己分散管理，分散负责。

3. 建立信息技术进步机制

高校图书馆信息服务管理要走向科学化、系统化的发展道路，在信息技术方面就要利用先进的信息技术，打破封闭僵化的思维模式，与专门从事信息技术或网络技术的部门、企业或公司合作，研究和开发有利于提高信息服务方面的软件或改进信息服务质量的系统；在信息资源方面，利用现代化的信息技术，促进数字图书馆的发展和信息产品的生产。除此之外，高校图书馆通过与社会建立起信息技术进步机制，可以促进相互发展，不断创新，获得共赢。

（二）内部信息服务管理机制创新

内部信息服务管理机制创新主要建立以用户为中心的信息服务管理机制。在网络环境下，高校图书馆应把用户服务放在图书馆工作的中心位置，建立以自动化为中心的工作流程，突破传统图书馆现行僵化的业务工作流程，实现各部门、各岗位相互协调和合作，对用户需求做出快速反应，满足和解决用户实际问题；建立以用户为中心的管理机制，根据用户需求制定信息服务内容的管理机制，对多元化信息资源进行深层次的开发、加工为用户提供专业化、高质量的信息服务。内部信息服务管理机制的建立，不仅能满足不同用户之间的信息需求，还能让用户走进图书馆转变为让图书馆管理者走出图书馆，使管理者投入更多的时间和精力与用户近距离沟通交流，满足用户所急所需，为用户提供贴心的信息服务。

1. 重组以自动化为中心的新业务模式

根据用户需求制定包含信息服务内容和范围的管理机制。打破图书馆的传统线型业务流程，构建能够完成多种业务的、独立的、自成体系的计算机网络系统

和控制机构。由于许多图书馆文献馆藏丰富但利用不足，因此我们要通过业务重组，以开发利用资源为突破口，提高信息组织与利用的能力，并根据用户需求对多元化的信息资源进行合理组配和深层次加工，开展各具特色的业务工作，组成有序的和有针对性的情报信息服务体系。

2.建立以市场经济为导向的新业务模式

以市场经济为导向的信息，服务模式以主动性、多样性、开放性和动态性为特征，为用户提供全方位、高质量的信息服务，树立全新的市场观念，遵循市场规律，促进信息市场与经济效益相结合，建立新的业务模式，做好科研与市场之间的中介与桥梁，加速科技成果的转化，促使产、学、研接轨，实现效益。

二、"广度"与"深度"并重

（一）拓展服务内涵与范围

由于信息时代读者的多元化发展需求，深化服务内涵、开展多样化服务来满足读者不断变化的需求，成为公共图书馆服务创新、与时俱进的基础。相比传统服务的内容单一，以及曾出现静态化的表现形式，现如今公共图书馆服务面向多元化与个性化发展，服务内容与形式也更加专业化与高端化。服务内涵多样化主要指当今公共图书馆不仅仅满足读者基本的借阅服务，还为读者提供更加具有趣味性与公益性的活动形式。延伸服务范围指图书馆从让读者走向图书馆转变为由图书馆走向读者；从固有的阵地服务转变为流动服务；从固有的图书馆室内服务转移到其他人群集中的事业单位和偏远的人类聚集地，如建立流通站和自助图书馆，提供便利的借阅服务；组织送书下乡，图书漂流和交换服务，让图书馆拓展生长空间，更贴近于基层群众。在延伸空间的同时还需延伸时间，设立24小时自助图书馆，延长开馆闭馆时间，节假日、休息日照常开放服务。

先进的服务理念是服务创新的基础，而服务创新依赖于先进理念的引领。因此，图书馆应在保证基础服务顺利有效运行的前提下，积极创新延伸服务内涵，并根据我国社会发展状态和读者复杂的变化需求，更新服务观念，深化服务手段，努力实现服务内容和方式的转变。例如，让图书馆走向读者，从阵地为中心服务到图书馆流动服务、送书下乡服务、残疾读者送书上门服务等。同时，还应保持服务理念的先进性并积极扩大图书馆的开放程度，让图书馆融入读者生活圈，保证馆藏文献是读者实践的基础前提下，提高服务效率，保持服务在网络科技上无可取代的优势，建设一个以服务为主要概念的图书馆时代。

（二）打造品牌服务

由于读者是图书馆服务创新的重要驱动力之一，因此关心读者的精神文化诉求，获取用户当前和潜在的信息，可以减少服务中的不确定性，完善用户自身体验，让服务的结果满足用户需求，可以提高用户的满意度；同时还可以让用户参与图书馆发展建设。依据每个地方读者特有需求，不同地区的图书馆可以打造自己的品牌服务，营造品牌文化，建立地方特色创新服务。例如，山东图书馆艺术类特色阅览室、杭州图书馆的文脉微澜和南京图书馆的"陶风采"服务等都是极具特色的品牌服务。

三、"经济"与"文化"协调发展

（一）坚持科学经济发展

一般来说，经济发展与文化发展是衡量社会文明程度的重要指标。近年来，我国的公共图书馆事业在国家政策指引领导下，各地区政府依据当地居民文化诉求，加大对图书馆财政支持，扩建改造旧有空间与设备，购买文献资源，投资举办富有文化内涵的服务活动，使公共图书馆事业发展迈进了巨大的步伐，取得了辉煌的成果。图书馆事业发展应遵循三个原理：一是要与经济发展水平相适应；二是与科学教育文化事业同步发展；三是要适应广大人民群众的阅读需求。

图书馆既为读者提供知识文化服务，为中小企业提供信息咨询服务，同时也为群众提供生活培训项目，成为社会群众不可缺少的生活方式之一。例如，美国纽约皇后区图书馆提出"有困难找图书馆"的服务口号，其目的就是解决读者生活中出现的任何困难。因此，发展公共图书馆事业，必须要有科学的发展理念作为支撑，为群众提供不同的服务需求。其中发展理念要以国家文化政策为指导方针，以经济水平为资金根基，推动图书馆事业发展，使三者协同发展，这样才能让经济与文化发展同步。有价值、有创造性的科学服务观可以满足读者的需求，不仅为读者带来"有所得"的愉悦心情，还应该为读者在所需基础上创造超出其无法预料的服务，为读者带来幸福预期，即意味着要掌握用户的潜在需求。社会前进的脚步不曾停歇，时光指针不曾停留，读者需求也不断变化，坚持科学发展理念，不断对其进行创新优化，让发展理念在实践中检验，实践反馈的信息来进行理念的完善，才能促进图书馆事业的科学经济发展。

（二）建设地方特色文化

图书馆职能不仅是为读者提供借阅服务，而且有着保管人类文化遗产，传承人类在实践中取得的成果、文明及知识等作用，特别是针对国家经典文化。因此，为了让读者了解传统文化，进而提升个人修养，增进文化认同，并对传统经典有更多的阅读与思考，南京图书馆"陶风"读书会开展"诵读经典陶冶心灵"诗词诵读赏析活动。图书馆选取一些传统的诗词歌赋经典作品，由主讲人对作品本身进行台词解说，并采取PPT的形式提供作品文字释义，同时邀请参与活动的读者上台进行有感情朗读或做出简要赏析，在活动举办中也可以设计一些简单的文史知识问题来调动参与者的热情。

开展地方特色与传承国家文化的开发与实践，它将诵读阐释经典与评价优质图书相结合，为读者带来富有意义的阅读服务价值，可以说是图书馆界理论与实践的完美结合。这两种活动的展开不仅可以让读者感受传统古典文化的韵味，体会古色古香的经典情怀，还可以推选出当今最符合大众喜爱的，具有文化内涵与品位的现代书籍，古今结合，让读者充分跨越时光长河去品读不同时光的文化价值。

四、信息技术的创新

信息技术的创新在公共图书馆服务创新模型中起到了重要的支撑作用。在当今信息技术发展的环境中，公共图书馆要加强技术创新，并在提供服务过程中融入信息技术，提高资源服务效率。由于广大读者对图书馆的信息服务需求更加复杂化，为了让文献资源更加便捷地服务于读者，应加强数字图书馆与移动数字图书馆的阅读建设，让读者足不出户、随时随地享受到阅读的乐趣；加强数字馆藏资源共享建设，让一个地区的公共图书馆、社区图书馆之间进行数字馆藏资源共享，通过共享来弥补数字资源短缺的现状，更好地为用户提供优质的数字资源需求；引进先进的技术设备，为读者视听阅读与不同兴趣的专业读者提供所需要的科技设备，并对读者进行引导使用。

如今我们的生活方式已经离不开互联网技术带来的影响，新技术手段的运用在各行各业层出不穷，迫使不同行业改变原有的传统运行方式，也使图书馆行业遭受到了强力的冲击，产生了深远的影响，然而技术革命的推进同时也促使图书馆面临着新的机遇。因此，图书馆界必须清醒地认识到利用技术创新阅读服务的必要性及迫切性，以技术创新深化服务理念，以新技术完善服务手段。据此，公共图书馆可以通过深化技术平台建设、数字资源建设、服务方式等方面的变革，改变阅读方式，提高用户阅读效率，提升图书馆的核心竞争力。

（一）新媒体技术

21世纪，人们的日常生活与工作方式都脱离不了互联网的影响。移动互联让人们随时随地都能使用互联网，成为当今互联网发展的主流方向之一。图书馆通过借助网络技术和移动设备，实现了图书馆服务与读者无缝连接并融入平常生活中。随着新媒体技术的发展，网络媒体的普及，不仅影响着人们每日的工作与生活节奏，也为人类传统的阅读行为习惯带来了深刻的变革，纸质阅读不再是人们阅读的唯一选择，大众媒介日益增多。在全民阅读时代，人们获取文献资料的载体方式不再拘泥于纸质文献，阅读方式逐步过渡到以传统方式为主，新媒介方式为辅的新阅读方式。其中，手机图书馆和各种电子书阅读器备受读者喜爱，具有便捷、实时、互动和个性化特点，针对移动用户，图书馆相继推出了形式丰富的新媒体动态服务，称为"口袋图书馆"，被大众所欢迎。

首先，4G、云计算、大数据、"互联网+"等技术的发展趋向成熟，公共图书馆服务形式主要以APP和微信公众号为主，社交营销以微博与微信平台为主。而手机图书馆服务主要集中在馆务服务、个人服务、资源检索及学术信息等方面。例如，上海图书馆为了充分利用手机移动端的便利性，加强读者查询借阅信息的方便化，推出了图书馆手机客户端，服务主要包括书目检索、条码扫描、读者服务、微博分享、上图信息、展览讲座、你问我答、分馆导航等服务。其中条码扫描可以在书店看到喜欢的书，先扫描下条码，看看是否有借。同时，上海市中心具有250多家图书分馆，分馆导航可以告诉你身边最近的图书馆，配合中心图书馆地图册，方便又快捷。读者服务可以查看已借图书信息并一键续借，借阅历史情况查看，读者证功能情况及续证操作等。展览讲座信息则可以为读者提供近期即将举办的讲座展览等服务，让有兴趣的读者朋友可以提前预知及报名。

其次，微信服务也是一种客户端服务，因此公共图书馆微信服务范围覆盖更广，支持多人参与，包括信息推送、自助图书馆服务、信息咨询服务及预约功能等。读者只需关注微信公众号即可以进行馆藏查询，绑定个人读者证可进行借阅查询、图书续借等服务项目。同时，图书馆公众号可以每天为读者推送讲座活动信息、馆情动态、微阅读以及读者学习心得和生活百科等信息。由于微信用户人群活动量大，微信平台已经成为图书馆和读者间重要的交流互动途径，具备一定信息咨询服务功能。其中，微信公众平台主要有人工回答和机器智能回答两种方式来回复读者所咨询的问题，人工回答是读者在向微信公众号平台进行询问时，后台管理人员可以根据具体问题有针对性地对读者所询问的有关图书馆服务问题进行详细解答，如果超出自身服务范围，还可以为询问者提供具体服务部门的公共联系方式，来为读者提供解决路径；自动应答是图书馆管理人员在图书馆微信公众平台的服务端提前预设一些常见问题并给出相应的答案，这些预设的问题还可以后续有选择性地进行补充来丰富问题数据库，读者只需简单输入关键字词，就能得到相关的答案。

最后，微博作为自媒体平台，也是新媒体服务的一种，微博发文数量一般高于微信平台。图书馆微博主要的作用是对外宣传，并具有明显的地方特色，如宣传阅读推广活动，其目的是提高馆内举办活动的人数、发布馆内实时行情新闻等。相比于微信平台，微博是一个开放性比较高的平台，互动方式也比较多样化，在图书馆某一微博话题之下，微博用户不仅可以进行开放性互动留言，还可以随意评论转发，平台门槛更适合普通大众，突出了图书馆的亲和力，提高了服务质量。图书馆在运营微博管理当中，要做好管理工作，发布和图书馆相关的并吸引读者的信息，加大发布频率和数量，吸引读者。同时微博内容要精简，避免长微博信息，结合当前主流用词迎合大众喜好。针对微博用户信息图书馆要加强数据分析，一方面通过读者评论了解读者喜好；另一方面针对读者年龄、性别及其他关注微博进行分析，了解读者兴趣爱好，并将之结合到图书馆服务中，增加图书馆和读者之间的黏度。

（二）数字图书馆服务

随着我国公共文化服务体系建设的大力推进，网络图书馆的建设也在蓬勃发展。由于公共图书馆将馆域网和互联网接入宽带，为数字资源的快速化建设提供了网络硬件基础，也进一步保障了图书馆为读者提供数字资源能力和水平的提升，使读者对于图书馆信息化服务能力充满了信心。各行各业都受到了互联网的强力冲击，为了应对社会发展的复杂变化，图书馆界也大力研发数字资源建设，解决图书馆到馆才能享有文献资源服务的限制，满足读者对电子资源日益增长的需要，开展电子资源远程访问服务是公共图书馆构建数字化服务体系、延伸图书馆服务职能的重要途径。

上海"e卡通"作为国内率先推出集网络接入、身份认证、资源访问和远程使用管理为一体的电子资源服务图书馆，让读者可以不受时空限制，只需要使用授权的上图借阅证号，就可以访问电子浏览丰富的数字资源。上海图书馆采用的总体思路与经验为国内公共图书馆和高校图书馆电子资源服务的实现提供了借鉴作用。上海图书馆从电子资源入手，视数字资源为服务的根本，通过与数字资源提供商进行漫长而不懈的沟通交流，在遵守知识产权的原则下，共同探讨数字资源的服务与管理方法，平衡电子资源供应商、图书馆和读者三方的利益。自"e卡通"服务推出以来，可提供的读者访问资源包括中外文期刊4万多种，全部数据库485个，中外文在架图书高于200万种。上海图书馆更推出了免费的市民数字阅读网站服务，其中包括26万多种电子图书，1 600多种电子期刊，11000多种网络文学，也推出了相对应的APP服务，但APP暂时只支持新华e店与读览天下资源。"e卡通"服务的推出突破了国内公共图书馆电子资源的局域网服务瓶颈，让电子资源飞向千家万户，体现了全天候无边界的数字图书馆新理念；运用技术手段做到了不同功能类型的持证读者和不同授权的电子资源的无缝关联，既满足了图书馆和读者的需求，又保证了电子资源供应商的利益，在三方共赢基础上形成了可持续发展的服务创新机制。

在建设数字资源过程当中，图书馆要妥善处理好版权问题，因为我国数字版权之争越发常见，而合理解决好与出版社之间的数字版权问题是图书馆在数字资源建设中重要的一步。所以妥善解决数字版权授权问题，不仅关乎图书馆的未来发展方向，而且会直接改变我国文化产业的发展路径，大的层面影响科学文化事业的繁荣发展。因此，在这个版权混乱的时代，我们要高度重视数字图书馆的版权保护，努力协商，找到合理的解决方案，为数字资源建设的稳定发展创建良好的环境。

(三) 创客空间

创客空间是近年来图书馆构建形成的一种全新的服务模式。创客意为创意制造者，创客空间即为创客提供将创意转换为实践的空间环境。其中，空间是指具有开放性的实验室和交流创作的工作室，在此空间中创客们可以尽情发挥创造性思维，进行人与人之间创新思想的碰撞，为新点子或创意发挥各自的长处，运用相关技术设备完成创意模型，并进行展览。公共图书馆引入创客空间目的是创造性服务理念与实践相结合，发挥读者的创造性思维能力，增强图书馆服务多元化能力。我国的创客空间依据服务内容与对象大致可以划分为主题型和综合型两类。其中一类是图书馆为了专业人士和读书爱好者的需求，以某一专业性领域为主题背景，建立创意服务空间，并提供相关领域的文献资料以及相关科学设备，并配备专业的服务人员共同进行探讨与指导，以此来吸引该领域专业学者或相关兴趣爱好者进入创客空间，称之为主题型"创客空间"；另一类综合型"创客空间"涵盖所有"创客"和"创客文化"相关的项目，不区分是否为专业领域的创新项目，其覆盖所有创新项目类型，不限制服务主题类型，可根据不同领域爱好者的要求设置服务项目。

1. 空间布局

上海图书馆作为国内第一家公共图书馆创客空间，为我国公共图书馆创客空间建设起到了模范作用。其主要由创新空间和产业图书馆两部分组成，在实践方面围绕着空间、资源以及服务来展开。"创新空间"以科学技术、现代时尚的空间环境及人性化为主的设计理念，将传统服务与信息技术相并重，同时注重读者自身的体验性，合理谋划布局，建设成为读者喜爱，用户共同探讨学习的多功能、多媒体设施。"创新空间"设置了阅读空间、专利标准服务空间、全媒体交流体验空间、创意设计展览空间五大空间区域，这五个空间彼此之间既相互独立又相互依存，在此空间中创客可以满足资料查询、互相交流及展示创意成果等多个过程。

2. 资源优化

创客空间主要包括文献资源与工具资源。文献资源不仅包含了与创意相关的纸质文献，还有数字资源。产业图书馆收藏了大量标准、专利、行业白皮书、科技报告等文献，还有其他补充的产业信息资源和信息研究的部分相关报告。工具资源引进了 3D 打印机，为对建筑、家具、玩具、航模、字体造型设计等有兴趣的人群提供了 3D 打印服务。目前，创新空间 3D 打印服务总共有 3 台设备，其中 1 台为专业级别，其余两台为办公级，都采用 FDM 技术的打印原理。另外，还提供了三维扫描仪进行对实物的扫描来获取数据，辅助那些不会使用建模软件的读者。

3. 服务转型

创客新空间与产业图书馆各自侧重点不同，前者利用文献期刊激发创客人员的创意与思维模式，并提供创意实践所需要的工具；后者利用产业信息标准与专利，并结合科技查新服务为创客提供情报信息支持。虽然两者对创客创意产生到完成的出发点不同，但都是由图书馆为创客们提供人与人之间的交流与合作的场所。为了给创客及企业界人士提供交流平台，与情报学会及工业协会合作共同举办形式多样的产业沙龙与培训活动，为高校图书馆服务创新转型提供了新的思路。

（四）在线学习课程

在"互联网+"浪潮模式下时代发展迅速，我国图书馆应不断创新并开发出新的服务方式，顺应现代化互联网线上学习的需求，加强网络在线资源建设，建立网络学习平台丰富服务内容。因此，高校图书馆应该大力发挥社会教育的职能，为满足不同读者专业与知识需求，开设网络公益云课堂，让读者根据自己喜欢的课程来安排时间在线学习，同时在学习过程中与授课教师进行教学知识互动与疑难问题解答。

在线学习是指读者用户在网络环境中、在图书馆网站上获取各类视听资源，且在一个虚拟教室之中，教师在线进行网络授课的一种学习方式，读者可以任何时间、任何地点进行在线学习活动。这一活动明确指出了，试听学习是在线学习获得所需求信息的主要途径。与传统线下学习资源相比，在线学习课程具有很多新颖的特色。

1. 学习方式虚拟化

学习方式虚拟化是学员通过网上学习教育平台，使用互联网设备在线学习的一种新方式，是由在线学习社区、各种教程资源以及专业技术平台组成的网络学习环境。学员可以在线选择自己喜欢的学习内容，进行在线聆听所选课程教师的讲课等自主活动。

2. 学习时空泛在化

和数字资源在线阅读一样，在线网络课程学习也打破了时空限制，读者可以任意选择空闲的时间点、任意地点，在学习平台上根据自己的兴趣爱好去学习课程知识。

3. 互动讨论虚拟化

在线学习与传统线下学习相比，具有自主探究、互动互助，线上探讨的交流优势以学习资源为特征。学习者根据所学课程可以在线或离线对教师提出自己所遇到的问题或对问题独特的见解，还可以与其他兴趣爱好相同者进行互动交流，讨论所学到的知识内容。

学习类型资源包括知识学习型资源、职业技能学习、考试类别学习以及其他类型。在线教育课程建设过程中，高校图书馆开发可重点收集学术交流类、职业技能、应试网站、职业规划等学科的在线资料。这些资料的一部分来源可以通过文化讲座视频形式自建资源，也可以在其他公开课和免费学习网站上进行收集。但是，在学习资源建设方面要考虑针对特殊群体建设数字资源，如为离退休教师提供养生保健、预防疾病等。在信息时代高校图书馆要勇于跨界融合，加强与社会开展多元化合作，拓展服务内容，促进数字资源扩建，使高校图书馆服务更加便捷；加强与数字出版集团合作，共同协商合作过程中出现的问题，深度解决版权问题，加强信息安全，为读者提供更好的数字资源服务。

第五章　高校图书馆管理与服务创新

第一节　现代图书馆信息服务的类型和服务手段

一、高校图书馆信息服务工作

建立社会主义市场经济是我国一场重大的社会变革，这场变革给高校图书馆信息服务工作带来了重大影响。高校图书馆是重要的信息中心，它要求信息服务工作不仅要面对本校的科研和教学，而且要加强与社会主义市场经济的联系，促进社会主义市场经济向前发展。

（一）树立信息观念，强化信息意识

信息是一个社会概念，它是社会共享的资源，是人类的知识、学问、智慧及客观世界提炼出来的各种信息的组合。信息服务就是信息机构针对用户信息需要，及时地将整序后的文献信息以用户方便的形式传递给用户的活动。信息服务包括产品生产和提供服务两个方面，对高校图书馆来说，信息服务就是以高校的馆藏文献信息资源、数据库和计算机网络为中心，利用计算机等设施和二、三次文献加工等服务方式，为教学、科研和管理乃至面向社会提供的信息服务。高校图书馆要适应当今的信息社会，要改革、要发展，就必须更新观念，采取多种形式和采用多种功能，变被动服务为主动服务，将高校图书馆工作的重点转移到文献信息的开发利用和深化信息服务上来。

信息意识是优质服务的前提，它是高校图书馆信息服务工作得以深入开展的内在动力。高校图书馆是信息产业的一部分，它属于信息服务产业中的文献信息系统。它根据市场的需求，通过对本馆文献资源深层次的开发，加工成信息产品，传递出去，投放市场，提供给用户，从而将图书馆的信息服务工作纳入整个经济活动中去，成为信息产业的一部分，使图书馆的文献信息资源在市场经济中实现

它的价值。

（二）深入调查研究，满足用户需求

社会主义市场经济拓宽了高校图书馆为经济建设服务的领域。高校图书馆是一个重要的文献信息源，应顺应形势，开展深入细致的调查研究，把握社会各行各业对信息资源的需求，充分发挥图书馆信息量大的优势，开展信息服务，满足市场经济的需要。信息服务与用户需求之间是相互影响，相互促进的。用户需求的增长能够促使信息服务有效地开展，行之有效的信息服务则能增强用户的信息意识，激发用户的信息需求欲望。用户的信息需求决定着高校图书馆信息服务的形式和内容。因此，满足用户需求，是高校图书馆信息服务工作应当予以充分重视的关键问题。

高校图书馆是高校的信息中心，首先要服务于高校的教学、科研。高校中的广大师生和科研人员具有较高的文化素质和学术水平，有较深的专业知识和文献检索能力，这决定其信息需求具有深而广的特点。同时，新形势也赋予这些用户需求以新的内容。对教师和科研人员来说，创办校内、外科技产业，推销科技新产品，实行教学新举措，都会对信息的需求产生新的意向。对大学生来说，社会实践的广泛开展，知识结构的不断调整和双向选择机制的逐步实施，也增强了人才的竞争意识。这些需求方面的新变化给高校图书馆信息服务提出了新的更高的要求。

（三）深化服务，实现资源共享

文献是记录人类知识的载体，是重要的信息资源。它既是人类传递知识信息的工具，又是普及文化、促进经济发展的媒体。高校图书馆储藏有极其丰富的文献资源，开发出来就是物质财富。高校图书馆也只有对馆藏文献资源进行深层次开发、加工，编制出有高校特色的专题资料目录、文献信息，才能提高馆藏文献资源的利用率，才能为教学、科研以及广大社会用户提供高质量的信息服务。具体的操作方法如下：

要针对有参考价值的文献资料进行宣传、推荐。对文献信息进行深加工，编制出有高校特色的专题文献目录、专题题录、课题文摘、信息综述、专题索引及参考资料汇编等，向读者提供主动服务，指导阅读，提高文献服务效率，建立藏阅合一、书刊合一的专业阅览室，按照学科内容设立服务设施，最大限度地方便读者借阅。

对用户开展多形式、多层次的信息服务。如对用户开展代查原始资料、书刊编译指导、编制专题文献资料汇编等工作；对用户提供一、二、三次文献信息服务，充分体现高校图书馆对馆藏文献资源的开发和利用。

(四) 提供信息资源，创造服务效益

在社会主义市场经济体系中，高校图书馆也必须增强市场意识，深刻地认识市场规律，利用市场的调节作用协调自身的生存功能，实现与市场经济的接轨。高校图书馆可以在三个方面创造信息服务效益。

具有社会效益。在信息服务工作中，高校图书馆相应文献载体中的情报、知识、信息被人吸收，转化为千百万人的精神能力，这种精神能力的不断提高，为人类进行一切实践活动提供条件，从而产生相应的社会效益。

具有经济效益。图书馆在向用户提供信息服务的过程中可以得到实际的收益。信息服务的每项工作都耗费了信息工作人员大量的劳动，通过对文献进行高层次的加工，从不同的角度把文献加工成信息，将分散的信息加以分析、鉴别、筛选、浓缩，为信息用户提供多层次的服务，这些劳动成果具有商品性质，这些商品投入市场后，就可以获得相应的经济效益。

具有接受服务的信息用户效益。信息用户通过对图书馆提供的情报、知识、信息的吸收、消化，并运用到实践中去，树立一种人生观、世界观，形成一种认识事物的思想、方法，并在相应条件下，使这种精神动力转化为直接生产力，提高劳动生产率。

无论是社会效益、经济效益，还是接受服务的信息用户效益，都是图书馆通过文献信息媒介与用户发生交流后产生的。因此，有针对性地、积极主动地为社会的需求和发展服务是至关重要的。我们应强化信息观念，以战略的眼光、历史的责任感和时代的紧迫感，顺应社会信息化发展的趋势，深入探索，勇于实践，积极参与市场竞争，促进高校图书馆信息服务产业的完善和发展。

二、网络环境下图书馆的文献信息服务

随着信息时代的来临，信息网络的建设给图书馆提供了一个发展良机，也使图书馆的作用日渐突出，计算机技术可以使馆藏文献电子化，通信技术又使远隔

千里的各类型图书馆有可能结成一个网络，信息网络的建设又使信息的高速传递成为可能。因此，图书馆应加入对文献信息资源的开发利用深度，拓展服务渠道，使图书馆的地位和作用得以充分体现，这是时代的选择，也是时代的需要。

（一）利用网络系统提供馆藏信息服务

网络环境下的图书馆是一个以电子计算机和通信网络联系起来的图书馆集合。在这个集合中每个个体图书馆都是集合中的一个节点，即用户既是各个具体图书馆的读者，又是网络化图书馆的读者。他们既可以利用本馆的图书资源，又可利用网络上各图书馆的资源。在网络时代，文献仍将是一种重要的信息源，所不同的是文献存储的形式改变，即从纸质化的印刷到数字化的电子形式的转变。但无论如何，图书馆仍将是这部分信息资源的拥有者和提供者，在网络环境下搞好馆藏文献信息服务是我们不断探索和研究的课题。

馆藏目录机读化服务。传统图书馆目录的职能在于揭示馆藏信息，其工作方式基本是封闭的。图书馆工作人员对本馆馆藏目录进行编目加工，其相应的成果和各种目录及新书通报也仅为本馆使用。在网络环境下，多个图书馆成员根据各自的需求对新文献进行编目加工，并建立馆藏文献机读目录数据库，进而可建成信息交流系统被网上所有馆使用，这样我们不仅要揭示馆藏，搞好特有文献的编目，还要指导广大用户利用网上其他馆的编目成果。图书馆的自动化和网络化使传统图书馆丰富的馆藏经过了卡片式目录向 MARC 机读目录的转化。建立的书目数据库对文献的外在形式的描述，可实现对馆藏原始文献进行有效检索和利用。一是向用户提供文献的一般情况，如题名、责任者、出版者、出版年月等。二是向读者提供若干个检索入口。另外，还可根据图书馆的实力逐步建立特色的书目数据库、文摘数据库、全文数据库及各种面向市场的数据库。

馆藏资源的数字化服务。现阶段信息资源数字化的主导方式包括键盘录入和光学字符识别扫描输入两种。光学字符识别扫描技术是一种较为先进的自动化信息资料输入技术，是图书馆书本型、微型和图像类信息资源数字化的主要手段。图书馆可选择馆藏中的珍本、善本、孤本及特藏加工成数字化信息，供读者使用，馆际互借以及进入商业流通。馆藏文献数字化便于将国家的珍本、善本等珍贵资料用数字化形式保存起来，便于信息的检索与利用，使读者能以最快的速度获取所需资料信息，便于文献信息资源共享，大大扩充了信息的获取范围。

（二）图书馆网络信息服务

图书馆网络连入高速信息网后，虽有丰富的信息资源及快捷的信息通道，但用户需要的信息却不能自动到达其手中。图书馆在开发国际互联网、万维网信息资源时，应该以本馆用户为主，使本馆读者成为首要的受益者，为本馆用户使用信息网络提供便利的条件。

开展网上信息导航服务。图书馆除了网上提供本馆馆藏信息资源外，还要做好网上的信息资源导航工作。因特网具有非组织性及信息庞大等特点，用户如何迅速准确地得到自己所需要的信息并不是一件容易的事。图书馆工作人员应担当起导航员的任务，突破传统查询工具仅仅通过匹配来组织信息的弱点。通过信息导航，利用地理坐标、时间序列坐标和分类表等方法引导用户迅速定位信息，为教学科研人员查找网上信息，做好本图书馆主页中的资源检索服务。在网页上向用户介绍网络环境下信息利用与交流的方式方法，要引导用户充分利用网络资源，帮助和指导读者获取网上信息，以满足用户的信息需求。

信息资源开发服务。开发网上资源是图书馆信息服务的内容之一，也是网络环境下对用户服务的基础。图书馆要做到从不同侧面、不同层次满足用户的需求。因此，服务的内容要向纵深发展。

筛选和优化信息服务。信息技术的飞速发展、信息内容的日益丰富、信息交流手段的多样化使得信息空间不断拓展。网络环境下信息爆炸式的激增，尤其是信息传递的无序性和失控现象，导致了信息污染。网络环境下存在的信息超载、信息"垃圾"、信息"污垢"、信息"病毒"等是构成信息污染的主要形式。它们的存在不仅妨碍了人类对网络中有用信息的吸收和利用，而且还对整个社会的精神文明造成严重的危害。开展筛选和优化信息服务工作是信息服务领域中图书馆将面对的一个新课题。这是一项决策性服务。由于网络信息的多样化，图书馆工作人员要花费时间了解每个信息站的内容和特色，排除信息"垃圾"的干扰，提高决策判断能力，向读者介绍有价值的文献信息，担任好电子工程师、信息决策专家、信息教育家三种角色。

信息挖掘服务。信息挖掘已逐步成为网络时代信息服务的一个专用概念，它与传统的信息检索不同，能够在异构数据（如多媒体等）组成的信息库中，从概念及相关因素的延伸比较上找出用户需要的深层次的信息，既可进行数据挖掘，也可进行文本挖掘。网络上的任何一个信息库对特定的用户的特定需求来说，冗余信息总是大量存在的。信息库都是由异构数据组成的，如何从中将最有针对性的信息找出来，则只能用信息挖掘形式。信息挖掘还可以改革传统的定题服务、专题服务、委托服务等，保证信息的内容和形式，形成一个全新的适应网络时代要求的信息服务组合。任何一个图书馆都没有能力全面掌握庞大的网上信息。因此，完全满足用户的信息需求主要通过图书馆之间的分工协作和主动缩小信息服务的学科范围来实现。图书馆咨询人员应以一个学科或专业为主要研究对象，全面掌握学科专业知识和网络检索知识，熟悉专业为信息服务对象的信息专家，为用户提供个性化的信息服务。

三、高校图书馆的期刊资源建设与服务创新

高校图书馆是我国图书馆事业的一个重要组成部分，它不仅以其独特、丰富的馆藏文献信息满足教学、科研和技术开发等工作的文献信息需求，而且是我国科技发展的重要信息资源。在我国高校图书馆所能提供的各种信息资源中，期刊占有十分重要的地位。它以其快速传递、信息量大、篇幅短小、内容广泛、知识新颖、出版周期短、流通范围广、情报信息多样、时效性强等特点，在文献信息中占据十分重要的地位，并被公认为与时代同步的出版物。对高校图书馆来说，期刊文献资源建设工作的好坏，直接影响着图书馆提供文献资源信息服务的质量。所以，在网络时代的今天，期刊信息资源系统只有通过数据库的形式向用户提供情报信息服务，才能更好地发挥作用。

期刊是所有信息载体中最重要的信息资源，期刊内容新颖、出版快捷和信息量大，是了解各学科最新发展水平的重要信息工具。随着计算机技术、通信技术的飞速发展和社会信息化进程的加快，一个网络化的信息环境正在形成。电子期刊的出现和高校校园网的普及，使期刊工作内容更加丰富，种类更加繁多，给高校图书馆工作增添了新的内容和活力。在网络环境下，高校图书馆不仅要保持传统期刊服务，而且要实现由传统服务向网络信息服务的转变，开发网络期刊信息资源，提供网络期刊信息服务，最大限度地发挥期刊这一信息资源的作用，关键在于期刊资源的建设与服务创新。

（一）网络环境对期刊工作的影响

全新的管理方式——计算机被应用于图书馆以前，图书馆的期刊管理只是人

为的手工管理，但是网络环境下的今天，作为通过网络渠道密切联系起来的信息联合体中的一个节点、一座平台的图书馆，其期刊工作的管理进入了自动化管理阶段。另外，在时间管理方面也具有了无定时、无限量等随机性的优点。即计算机只要联网，工作人员就可以随时随地地对其进行管理。

服务观念及方法的转变。随着信息化、网络化过程的加快，用户的需求也发生了很大的变化。一方面，他们不满足于个别图书馆和信息机构所提供的有限资源，需要在全球范围内寻找信息；另一方面，用户的需求方式、内容千差万别，越来越多的潜在用户成为活跃用户，他们更经常更深入地使用信息系统和服务。这就需要高校图书馆充分了解学校教学科研与社会信息需求及其发展趋势，研究用户的需求特点，实行以教学、科研为中心的主动的、深层次服务，根据用户的现有需要和预测需求，迅速、及时、准确、有针对性地为不同层次的用户提供服务，突破本馆期刊文献的局限，对本馆和他馆的馆际文献和开放式的网络文献提供检索服务。

（二）网络环境下的期刊资源建设

更新观念，调整期刊资源的结构。由于期刊价格上涨及经费开支等原因，许多图书馆现有经费已无力应付上涨的期刊价格和各种不断变化的要求，迫使许多高校期刊品种削减，单靠馆藏无法满足读者的要求。因此，在网络环境下，期刊资源建设必须确立大资源观，"拥有"和"获取"并重，有形馆藏和虚拟馆藏并举，期刊馆藏的发展不但有赖于本馆资源建设经费投入，更有赖于拓展期刊信息来源渠道能力。

借助馆际互借和文献传递弥补馆藏不足。期刊是信息的重要载体，信息则是期刊的生命力。在网络环境下，怎样从本馆用户角度来挖掘网上的文献信息资源以补充馆藏和为读者提供服务，如何向网上提供具有特色的馆藏期刊信息资源用于资源共享，成为高校图书馆期刊资源建设的新课题。在网络环境下，各图书馆应改变全部以期刊载体为收藏单元的模式，改变部分期刊订购、保存为论文索取、传递的服务方式，变完全依赖自身馆藏为依赖合作馆和商业公司来检索并获得所需文献。这有利于图书馆从本校利用期刊实际出发，突破追求系统、连续、完整的观念束缚，有利于改变当前期刊高投入低利用的状况。

充分利用虚拟资源，突出本馆特色资源建设。网络环境下，更要充分利用网上丰富的期刊资源，加强网络期刊信息资源的开发和利用，扩大馆藏。根据学校教学和科研的信息需求，开展信息导航服务，开发期刊数据库，建立专业性期刊信息资源，在自己的网页上链接一些相关网址，方便用户在浩如烟海的信息海洋中查找自己需要的信息，充分利用网络资源。为确保各个层次的资源共享和文献的开发利用，各图书馆应着力建设以优势学科、特色专业为主导的馆藏信息资源，并应统一规划，加强合作。只有选定几个独具特色的专业方向，重点收集，使其专业方向的文献系统化，形成馆藏特色，才能在网络环境下体现自身优势和存在价值。

（三）读者及用户结构和需求发生了质的变化

用户需求的多元化。随着信息化的发展，人们的信息意识日益增强，社会上各行各业的人们都对信息有了迫切的需求。在网络环境下，用户对信息的需求与使用已成为日常行为的必需。因此，高校图书馆期刊信息需求用户变得更加复杂多样，呈现出多元化的特点，除了学校内教师、学生、科研人员外，校外的党政机关、企事业单位等也都成了高校图书馆的期刊信息用户。

用户需求的多样化。以前，高校图书馆期刊用户的信息需求主要集中在与教学有关的科技期刊上，需求单一并且专业性强。在网络环境下，信息概念已渗透到文化教育和科研领域，同时广泛应用于经济建设的各行各业以及人们生活的各个方面，体现出明显的多样化特征。

用户需求的多层次性。随着科技的发展，知识量的激增，学科的交叉渗透、综合化、整体化越来越强，用户对期刊信息的需求也是多方面的，既有动态的，也有回溯的；既有国内的，也有国外的；既有科学研究、生产应用方面的，又有社会娱乐方面的。在网络环境下，这种需求将更加突出，呈现出明显的多层次性。

（四）网络环境下期刊工作的改进与创新

随着网络不断深入图书馆服务工作中，图书馆期刊工作不足之处也慢慢显现了出来。一方面，期刊资源利用率不高，网络的无界性和共享性，将日益显现出印刷型期刊利用受时滞和馆舍影响的局限性，如何利用网络空间成为高校图书馆的当务之急。所以，图书馆期刊工作必须在这方面加大力度，提高期刊信息服务的能力与水平。另一方面，期刊馆际互借存在障碍。期刊馆际互借是图书馆之间互通有无、平等互惠、节省开支的好方法。目前，我国高校图书馆文献资源共享仍处于初级阶段，尚未形成真正的资源共享运行机制。高校馆际互借范围则更为有限，尚未出现馆际互借的文献传递作业。但是我们可以借鉴一些优秀图书馆在图书馆资源共享方面的经验。

开展主动服务、深层次服务。期刊被广泛利用，充分实现其价值，一个必不可少的条件是读者。因此，高校图书馆的期刊管理者要积极开展主动服务，吸引更多的师生利用期刊文献。期刊管理人员应破除重藏轻用的旧思想和被动服务的旧模式，树立"读者第一，服务至上"的新思想。

期刊资源的统一管理。在以知识为导向的今天，现代化的信息服务将成为期刊工作的主导。因此，以网络环境为基础的信息服务将成为读者服务的主流。为了加快高校期刊资源的网络化建设，各高校图书馆应瞄准本校专业优势和重点发展学科，建立本馆特色的电子期刊数据库。期刊资源的数字化能够使期刊信息的采集更为简便、快捷，使期刊信息能够借助计算机技术得到高效和高质量的整理、编码、标引，成为有序的可供随时存储和输出的信息。

改变传统的管理模式，适应新时代的要求。现代网络技术使期刊工作在文献的收集、整序、储存、传播、服务等方式上发生了变化，传统的期刊采访、典藏、流通、阅览、装订一条龙的期刊管理模式显得不够适应，必须进行重新调整，否则就会影响期刊管理功能的拓展。首先，摒弃传统的期刊管理模式，重新认识高校图书馆期刊信息服务工作的重要性，拓展期刊信息服务领域及信息传播的覆盖面，使高校图书馆期刊工作向着网络化、经营服务型转变。把人力、财力和管理精力从文献收集处理和阅览室管理中解放出来，投入更具挑战性和吸引力的服务中去。其次，在网络环境下，期刊工作应采取稳定性与灵活性相结合的原则，成立文献情报部或采用临时结构的组织方式，如采取建立工程组或特别行动小组等更灵活、更高效的组织形式。

开展网络化服务。网络环境下高校图书馆应充分利用现代化的条件开展网络化服务，不仅要提供各种馆藏信息，还要利用网络开展远程服务。高校图书馆期刊工作要改变过去那种封闭式的以借阅为主的服务方式，大力开发期刊信息资源。在网络环境下，高校图书馆还要利用网络开展电子邮件、电子公告、网络化信息检索、网上文献传输、网上文献订购等服务，充分发挥网络的优势。

加强网络期刊信息资源的开发和利用，开展深层次服务。在网络环境下，用户可以在网上获得丰富的期刊文献信息，但同时也面临一个难题，也就是信息量的激增。用户在浩如烟海的信息海洋中很难找到自己所需的信息。这就需要高校图书馆期刊管理部门充分发挥人才优势，加强对用户的调查研究，掌握用户信息需求的特点。根据他们的需求，开展网上信息导航服务，对网上特定领域内的期刊信息资源进行系统挖掘，并进行有效的组织、加工整理和分析鉴别。也可根据高校教学科研的信息需求以及社会发展需要，来确定信息收集的范围和重点以及开发利用网络资源的途径和方法。

（五）网络环境下图书馆发展趋势

现在我们已进入了信息时代，以信息技术为核心的新技术给图书馆带来了深远的影响，它包括微电子技术、电子计算机技术等。这些技术不仅改变了人们生产、收集、组织、传递和使用信息的方式，也影响着信息服务的机制、结构、方式以及人们对信息获取的行为。这些变化将对传统的图书馆的信息服务提出了更高的要求。在挑战与机遇并存的关键时刻，图书馆只有提供与时代发展相适应的现代化的信息服务，才能够得以生存与发展。

图书馆信息服务存在的问题和影响因素。图书馆是历史悠久的信息服务中心。但若干年来，形成了一种普遍的认识——图书馆的任务就是收集、保存文献，为读者提供借阅服务，并以提供一次文献为基本职责。这种服务方式受到了现代信息技术的严峻挑战。

期刊资源结构不合理，管理现代化程度不高。科技的发展使各类期刊急剧增加，由于印刷型出版物在现阶段的不可代替性，使有限的经费与无限的资源这对矛盾更加突出。因而，只有依靠计算机的现代化和网络化技术代替原有的服务方式和服务手段，才能满足读者需要。目前，大多数图书馆在期刊应用软件的开发上还不是很完善，而且重图书轻期刊，以致不能建立完整系统的期刊数据库，管理工作仍处于手工操作阶段，使其在网络的传输和利用上产生障碍。此外，期刊管理各个工作环节衔接得不科学、分编不规范、不及时也给读者造成困难，使读者满足率低。

传统图书馆信息服务手段落后。传统图书馆的运行机制是在计划经济体制下建立起来的，它的基本体制数十年来一直没有大的变化，从它的经费来源、用人模式、服务方式、技术手段乃至思维方式、为用户提供服务的质量等都存在明显的弊端。长期以来，由于图书馆工作条件较差，绝大多数工作靠手工操作，工作效率很低。工作人员从书刊的采编、加工、入库到管理，主要是从事重复性劳动，工作烦琐，劳动强度较大。如果说在以往的年代还不尽如人意的话，那么在以网络和信息为基础的时代，将显得明显落伍和不适应。

新时期信息服务的特点。信息高速公路的出现，也给图书馆的生存和发展空间带来了新的契机。社会生产对知识的需求越来越强烈，传统的图书馆服务方式受到严重冲击，促使传统的运行机制发生根本性的变化，新型服务模式的雏形已出现。图书馆服务工作从以满足书刊借阅的文献需求为主，转移到以满足知识信息需求和知识开发服务为主要功能的新模式。

馆藏资源电子化、虚拟化、特色化。信息时代下信息量急剧膨胀，图书馆将改变传统的自给自足的封闭状态，向开放式的分工合作、资源共享方向发展。未来的图书馆不再是一个个彼此独立的图书馆，而是注重利用网络资源建设的"虚拟书库"，成为全球"网络图书馆"中的一个节点。馆藏的虚拟化、网络化，使所有图书馆都拥有基本上相同的藏书，图书馆在藏书方面的差别将逐渐消失，各个图书馆的馆藏根据需要随时在网上下载，过时无用的将随时删除。面对众多的图书馆和其他信息服务机构，用户具有很大的选择余地。图书馆要想在激烈的竞争环境中生存，唯有提供高度个性化的服务，提供个性化的文献信息产品，追求鲜明的个性特征，才能立于不败之地。

服务手段自动化、智能化、便捷化。随着科学技术的发展，计算机在图书馆领域广泛地应用。过去完全依靠手工操作的采访、编目、流通、检索等日常工作正逐步被计算机替代，业务工作全面实行计算机化、自动化。未来图书馆服务手段智能化是客观发展的趋势，是时代的需要，是高科技发展的必然。智能计算机可以对知识进行工程化的处理，实现知识工程化，不仅能更有效地利用智力资源，还能调整处理成倍增长的知识。在文献检索方面，已经开始探索用自然语言进行标引和检索的新方法，以减少人为检索语言给用户带来的不便。随着全文存储和全文检索技术的发展，人工语言将让位于自然语言。

随着社会科学技术的飞速发展，一方面是科技信息以前所未有的速度增长；另一方面是社会对科学信息的需求更加迫切。加快计算机和现代通信技术等普遍应用将把图书馆推向一个完全崭新的、现代化与网络化相结合的、高水平的知识信息资源共享的阶段。

图书馆馆员不仅是图书文献的出纳员和馆员，而且更重要的是具有一定专业特点、学识渊博和社会交际广泛的信息专家。图书馆馆员一方面将继续担任文献信息采编、加工、处理等重任；另一方面还要扮演情报专家的角色，在终端用户和文献情报信息之间起搭桥铺路的中介作用，通过与用户联机对话，指导用户使用检索工具，使其能既快又准地从浩如烟海的网络信息中获取所需的情报和文献信息，通常网络进行用户教育、科技查新和定题情报检索。这些对图书馆馆员的在职培训和继续教育提出了紧迫的要求，更对未来的图书馆与情报学正规教育提出了很高的要求。不管如何，图书馆馆员必须接受挑战，勇于承担重任，必须敢于面对越来越激烈的竞争，为自己开创更美好的未来。

第二节　数字化时代图书馆的开放服务创新

在数字化时代，图书馆为读者提供的服务主要是数字资源及网络服务。为了在互联网环境下给读者提供一个远程使用图书馆的环境，数字图书馆应以现代信息技术为手段，以互联网为依托，设计相应的信息展示和服务平台，形成数字图书馆的开放服务体系。

一、图书馆门户网站服务

在数字化时代，图书馆的网上服务平台是图书馆形象的网络化体现，是图书馆为读者提供网络服务和进行网络交流的主要工具。它使图书馆读者不受时空的限制，直接通过网站了解图书馆，使用图书馆的资源和服务；同时，图书馆可以通过自己的网站了解读者的需求和网络学习行为习惯，引导读者充分利用丰富的网上资源，进一步提高服务质量，扩展服务的深度和广度。因此，在数字化时代图书馆网站的建设在图书馆服务工作中具有重要的地位和价值。

（一）图书馆门户网站

网站就是指在互联网上根据一定的规则使用 HTML 等语言工具制作的用于展示特定内容的相关网页的集合。网站是信息发布与交流的一种工具，人们通过网站可以发布信息，也可以查阅各种信息。

门户是指建筑的正门、入口，在网络中则是指提供某类综合性信息源并提供有关信息服务的应用系统。

图书馆门户（libraryportal）是一个界面友好，可以方便读者无缝、流畅、一站式地访问和使用图书馆所有的信息资源和服务的网络集成服务系统。

图书馆门户网站是现代图书馆为读者提供各类信息资源和信息服务的系统，是数字图书馆面向用户的统一服务入口，是以资源为基础，以服务为出发点的数字图书馆信息门户。它将数字图书馆网信息资源、工具和服务有效地组织、存储、整合起来，提供个性化、科学化的单点获取方式，实现资源和服务的无缝连接。通过门户网站，读者可以根据自己的喜好和兴趣方便地存取图书馆的数字资源，使用数字图书馆的服务。

图书馆通过门户网站在相当程度上突破了传统图书馆的时空以及物理条件制约，也突破了馆藏资源与馆外资源的界限。一方面，使图书馆从相对单向、传统、封闭的工作环境和工作方式，走向开放性、多元化的服务，有效提高了服务能力；另一方面，使图书馆的馆藏信息资源得到最大限度利用，实现了图书馆的社会价值。

相比较而言，我国数字图书馆建设起步晚，但发展较快，门户技术在数字图书馆建设中的应用日益广泛。目前，门户网站已成为现代图书馆提供服务、实现价值的最主要平台。

（二）图书馆门户网站的建设

1. 图书馆门户网站的定位

在网络环境下，图书馆门户网站是一个信息资源综合服务与管理系统平台，因此图书馆门户网站应该能够实现各种中外文异构数字资源的统一检索，并将这些原本相互孤立的数字资源及馆藏资源整合成相互关联的知识网络，构建一个统一、友好的访问环境，实现图书馆各类资源的一站式快速搜索、定位和获取服务。此外，图书馆门户网站作为一个与馆外资源交互共享服务的枢纽，通过这个服务站点，既可对外发布各种信息，又可将网上发布的图书馆资源统一集成到门户网站的资源搜索与获取共享体系，实现云图书馆门户建设的定位，即数字图书馆为读者提供的门户网站是一个内容丰富的用户界面。

2. 图书馆门户网站建设的内容

图书馆门户网站建设的内容应包括网站结构与界面设计、信息资源建设及发布、信息资源的统一检索平台、统一的身份认证及个性化服务、数字参考咨询平台、网站论坛、Web 站点内部内容管理等。同时，要实现以下功能：

第一，统一入口服务。通过一次登录访问一个站点入口，向读者提供各类资源和服务。

第二，统一检索服务。通过统一检索，检索所有中文、外文资源信息。

第三，全文获取服务。通过资源调度系统实现本馆及馆外资源的统一调度使用，有权限的直接获取阅读，无权限的通过云图书馆的传递系统进行文献传递服务。

第四，最新文献服务。通过及时的数据更新，使读者及时掌握最新的发展动向和获取最新文献。

第五，最全文献服务。向读者全面揭示各种内部和外部资源。

第六，优质个性服务。使用户获得优质个性化的定制与服务，并将公共检索系统功能全面拓展，实现公共目录检索和图书荐购系统定制功能的集成。

第七，强大的管理功能。为图书馆提供统一的内外资源管理、用户管理、特色资源制作等后台管理方法与工具。

3.图书馆门户网站服务平台的构建

图书馆门户网站的建设构成中，要集成各种应用子系统，构建门户网站服务平台。

（1）信息资源建设及发布子系统

信息资源不仅是数字图书馆服务的基础，也是读者最终所要获取的资源。各图书馆可根据自身所服务的对象，以本地域、本行业、本馆的馆藏特色为主，以方便不同读者的使用需求为目标，进行系统的信息源建设，并通过 Web 发布系统将本馆和共享资源以数据库列表或资源导航方式发布到门户网站上。

（2）信息资源的统一检索子系统

现在一些图书馆都有多个相互独立的信息资源系统，它们可能分布在不同的服务器上，运行在不同的系统环境中，读者要获取相关信息需要分别进入各资源信息系统进行逐个检索，这对读者来说十分不方便。因此，数字图书馆门户网站需要为读者提供一个可一次性检索并获取各数据源中所有相关信息的统一检索平台。现在，很多图书馆门户网站广泛采用了基于元数据整合的信息资源统一检索系统，为用户提供同时在所有资源中进行一站式检索的服务，避免了读者逐个登录的麻烦。

（3）统一的身份认证及用户管理子系统

为了保护数字图书馆中信息资源的知识产权，要通过系统认证的用户才能成为其合法用户。所以，数字图书馆应建立用户管理系统，构建知识产权保护体系。

当前，大多数数字图书馆是通过 IP 验证加防火墙隔离的方式来进行用户管理。这种模式方便、简单，系统运行效率高，能有效解决商用数字资源的知识产权保护问题，但不利于数字图书馆合法用户在馆外利用这些信息资源。

目前，图书馆门户网站的用户认证系统普遍采用了用户远程访问认证系统（VPN）加访问授权方式来控制使用安全，从而使得合法用户在馆内和馆外都能有效利用数字图书馆的服务。用户在统一身份认证系统中注册账号后，这个账号就可以使用门户网站上的所有服务。

（4）数字参考咨询子系统

这是为读者提供的一种通过计算机和网络在门户网站上进行交互式咨询的平台。读者可以通过网络与图书馆的参考咨询馆员进行交互式对话或通过电子邮件等方式进行联系，获得所需要的帮助。

（5）网站论坛子系统

作为门户网站的一个重要组成部分，网络论坛为读者提供一个交流的平台。读者可以通过论坛交流心得体会，发表意见和建议；图书馆也可以通过此论坛开设相关专题讨论组，以获取读者对图书馆服务或使用资源情况的信息反馈。

（三）数字图书馆门户网站的服务功能

1. 资源服务

图书馆门户网站中的信息资源包括各种纸质资源和数字资源的书目信息、收集和整理的符合本馆读者需求的网络信息资源等。门户网站以导航等形式对信息资源予以提示，通过建立站内搜索引擎，以符合读者使用习惯的分类体系提供分类浏览、检索等功能，并通过资源调度系统为读者提供查找和获取信息资源的便捷途径。

2. 宣传服务

传统图书馆常采用海报、板报、宣传单等平面二维的宣传媒体，而网络宣传则是多维的，网络宣传能将文字、图像和声音有机地组合在一起，传递多感官的信息，通过图、文、声、像相结合的宣传形式，增强宣传的实效，图书馆利用网络平台开展宣传教育，既可以利用网络技术宣传资源和服务，增强用户的网络意识和网络检索能力，又可以充分发挥网络传播及时、受众面广的优势，扩大图书馆的社会影响。

3. 交流咨询服务

数字图书馆门户网站能够为图书馆与读者之间的交流咨询建立其网络服务平台。图书馆可以通过调查引擎、电子邮件、BBS、留言本和虚拟参考咨询系统等模块进行消息发布、读者调查、答复读者意见、解答咨询、提供联系方式等服务，与读者进行双向交流，建立良好的互动关系，准确了解读者的需求，解决读者的问题，提高服务的质量。而读者则通过网站提交申请、反馈意见、咨询问题、定制个性化服务。

4. 信息导航服务

网络信息浩如烟海，而且良莠不齐，信息需求者要从网上查询到所需信息，既费时费力，又难以查全查准。所以，现代图书馆按照读者的使用习惯和需求，将各种载体、各种类型的信息资源进行合理的收集和科学的组织，并通过一定的服务方式，提供有效的网上资源导航服务是十分必要的。图书馆的信息导航服务包含以下几种形式：

搜索引擎导航。通过各种搜索引擎，图书馆门户网站可以帮助读者快速进入不同的引擎链接，通过这些搜索引擎获得所需的信息。

学科资源导航。这类导航系统对纷繁的数字信息资源进行收集、加工和整理，形成各学科的网上虚拟资源导航库。

链接导航服务。图书馆通过收集读者经常使用的网站链接地址，建立相应的链接导航服务，帮助用户直接链接到所需网站，并通过这些网站获得所需信息。

二、移动图书馆服务

进入 21 世纪，无线通信技术与互联网等多媒体通信技术有机结合，产生了新一代移动通信系统。移动终端是最方便、最大众化的通信工具，具有使用便捷、不受时空限制等特点。特别是基于移动互联网的移动终端服务，不仅可以通话、下载短信，还可以上网、阅读新闻、收发电子邮件等，为基于移动终端设备的移动图书馆应用奠定了良好的技术基础，也为现代图书馆开辟新的服务领域提供了契机。

（一）移动图书馆

移动图书馆服务就是基于通信网络平台，通过移动终端实现图书馆信息双向传播的服务，是通过手机、Kindle、iPad等移动终端设备（手持设备）访问图书馆资源，进行阅读和自助业务应用的一种服务方式。移动图书馆的信息内容可以是简单的文本信息，如手机短信息，也可以是复杂的图片、音频、视频信息，如电子书、彩信、音乐、移动电视等。

移动图书馆的基本构架包括移动终端、移动接入互联网和数字图书馆系统三个组成部分。它通过在图书馆部署的移动代理服务器接入图书馆集成管理系统，并充分发挥移动通信服务的优势，将移动互联网和数字图书馆系统结合起来，使图书馆的管理和服务延伸到移动终端客户。

移动图书馆的使用终端小巧玲珑、可移动性好，读者可以用移动终端主动点播和定制自己所需的各种信息，可以将信息随时随身携带到自己活动的每一个地方自由阅读，享受实时性和个性化的信息服务，使图书馆的服务由被动转向主动，实现真正意义上的不受时间和空间限制的全天候、个性化服务。这是图书馆与读者互动的一种新途径，是现代图书馆扩大服务外延的新尝试。

（二）移动图书馆的建设

移动图书馆的建设是根据移动应用环境和用户需求的特点，使图书馆的管理和服务延伸到移动终端客户，通过移动终端的移动性、定位性、联动性、确定性、交互性等特性，并结合现代图书馆服务的特点，发挥图书馆资源和服务的优势，开创性地探索出一系列以往无法实现的图书馆信息服务新功能。

1. 设计理念

移动图书馆的设计以移动无线通信网络为支撑，以图书馆集成管理系统平台和基于元数据的信息资源整合为基础，以适应移动终端的一站式信息搜索应用为核心，以云共享服务为保障。通过手机、iPad、Kindle、PSP等手持移动终端设备，为图书馆用户提供搜索和阅读数字信息资源、自助查询和借阅馆藏文献等服务，为读者在任何时间、任何地点获取所需要的任何信息而构建现代图书馆移动信息服务平台。

2. 设计原则

（1）以需求确立定位

读者运用移动终端主要是进行检索和阅读，其中检索是获取信息的基础，阅读特别是碎片化阅读是移动终端使用的主要形态。因此，移动图书馆设计时应特别重视平台的搜索功能，可以将在互联网上广泛应用的基于元数据整合的一站式搜索引擎移植到移动图书馆平台并紧紧围绕为读者检索、阅读所有文献的章节和主题片段提供支持，满足学术阅读的需要。

（2）以技术支持选择

移动终端的形式多种多样，在设计移动图书馆时应充分考虑应用终端的兼容性，让读者根据自己使用的普通手机、触摸屏手机、智能手机、iPhone、iPad 等各类移动终端自由选择适合自己的应用环境。

（3）以共享增强保障

图书馆与读者共同的出发点和归宿是找到并得到全部有用信息。图书馆可以把在互联网上已经高效运行的云服务架构共享体系嵌入移动图书馆平台，这样读者不但可以查找和访问本馆馆藏文献和数字资源，还可以一站式查找全国范围的资源分布情况，并使用图书馆强大的云服务能力获取馆外图书馆的文献资源传递服务。

（4）以空间满足个性

为了满足读者的个性化需求，移动图书馆设计时应让每位读者都可以定制一个个人中心。在这里，读者可以自主完成馆藏查询、续借、预约、借阅证挂失等自助服务；可以选择获得借书到期提醒、图书馆新闻、通告、专题新书通报、热门书推荐等短信提醒和信息推送服务；可以重新设置移动终端，修改基本信息，建立个人收藏，了解自己的检索历史、浏览历史、收藏历史等。

（三）移动图书馆的服务模式

移动图书馆目前提供的服务主要有基于短信的服务、基于 Wap 的服务和基于客户端应用程序的服务三种形式。

1. 基于短信的服务

基于短信的服务就是图书馆利用现代移动通信技术手段，通过定向或群发的方式，主动向读者及时发送图书馆文本信息的服务。在移动图书馆发展的初始阶段，由于受通信网络数据传输速度慢、手机功能弱等因素的影响，主要以基于短信的服务为主。

基于短信的服务是在图书馆原有的集成管理系统之上进行定制开发的，所需技术平台结构和功能相对较为简单，与图书馆的集成管理系统和数字资源平台交互联系较少，运行成本低廉，维护管理比较容易。由于短信通知、提醒、查询比较方便，而且技术也比较成熟，因而得到较广泛的应用，国内、外已建立投入运行的移动图书馆均具有这类服务功能。

2. 基于 Wap 的服务

现在，移动数据传输速度越来越快，通信资费也随之不断下调，基于 Wap 网站技术的移动图书馆网站开始出现。读者通过具有上网功能的终端，可以脱离计算机随时随地访问移动图书馆网站，在第一时间了解新到馆书刊和数字资源，自助办理续借、预约、借阅证挂失等手续，还可以在线咨询、在线阅读。同时，图书馆也可以利用这个平台及时、个性化地推荐、宣传图书馆资源和服务，开展信息发布、定题推送、超期提醒、参考咨询和读者意见调查工作，实现读者自助与图书馆自动化和数字化系统的交互操作。

3. 基于客户端应用程序的服务

随着移动通信技术日趋成熟和无线通信速度、带宽的不断增大，移动终端的信息处理能力和存储容量越来越大，操作越来越便利，移动阅读的报纸、杂志、图书、图像及电视等应用都有了有效的解决方案。移动图书馆系统由简单的文字短信到图文并茂的信息，再到图像、声音俱全的多媒体信息不断发展。移动图书馆的功能也由书目级信息服务向直接获取数字原文信息的原文阅读发展，向网页浏览、数字文献下载、视频参考咨询等服务发展。

三、其他服务

（一）QQ 服务

网络技术的迅猛发展使得网络交流从简单的 FAQ、电子邮件直线式思想传递、BBS 的群体交流，到现在最为大众化的 QQ 群聊，为图书馆建立更为有效地与读者沟通、交流与服务的机制创造了条件。

QQ 既可以是图书馆内部互动交流的平台，又可以作为信息发布的平台，还可以成为馆员与读者沟通，进行学术研究、数字化参考咨询的平台。

1. 信息报道

现代图书馆可以运用 QQ 独特的网络互动、动态更新等特点，面向图书馆公共服务 QQ 群开展信息报道服务。这样不仅可以让读者及时了解最新信息，还可让读者即兴发表自己对事件的看法和评论。

2. 资源推荐

通过 QQ 的技术平台，图书馆可以主动开展馆藏资源推荐、数据库介绍、信息检索方法和技巧展示以及定题情报推送等服务。利用网络和计算机的技术特点，还可将每批新到馆的图书、期刊和音像制品、电子资源等内容通过发送、发布推荐书目清单的方式即时介绍给读者。

3. 读者培训

QQ 也是一种有效开展用户教育和培训的手段。现代图书馆可以利用 QQ 的视频聊天、文档上传等功能，对用户进行数据库的使用方法、检索文献的途径、网络信息的搜索工具和使用方法等方面的视频培训；还可以用 Q&A 的形式，将读者在借阅时有可能遇到的问题汇总后，与解决答案一起发在空间内。借助 QQ 这一公共性和个性化相结合的综合沟通工具，可以在解决个人咨询问题的同时让更多的人了解问题的答案及解决问题的方法。

4. 文献的代查与借阅

读者只需登录到 QQ 或其相关附件，在聊天或相关页面提供需要查找、预约或续借的相关文献名称，馆员就可以为读者提供相应的服务。利用 QQ 开展文献的代查与借阅服务，可以使图书馆开展更有针对性的服务，并及时与读者进行交流，向读者反馈服务状态，让读者得到高质量的服务。

（二）图书馆 QQ 服务的特点

1. 使用便捷

对用户而言，只要在互联网上申请 QQ 号码，就可以使用 QQ 服务。对图书馆而言，只要在 QQ 官方主页上申请，就可以马上拥有 QQ 以及相关的组件。图书馆只需要在主页上公布服务项目的 QQ 号码，就能与读者开展交流, 简单、便捷。

2. 个性化

QQ 作为一个网络载体，可以简易迅速地发布信息, 轻松便捷地实现信息交流，提供高质量的信息服务。它具有高度的个性化和很强的人性化特征，同时兼具公共性，可以最大限度地使知识达到共享。

3. 低成本

图书馆使用 QQ 进行服务并不需要专门的设备，也不需要专业的技术人员和系统维护人员，只要在有网络和计算机的环境，就可以对 QQ 账户进行文字上的更新、资料的整理和模板的更换，就可以为读者提供服务，不受任何技术的限制，成本低廉。

（三）博客服务

随着网络交流方式的发展，博客（Blog）开始进入图书馆界，它不但为图书馆开辟了新的交流空间，也为现代图书馆的读者服务提供了更为广阔的平台。

博客是指通过网页和网站链接进行个人化信息发布和思想表达的一种方式，通常以时间为序组织其内容，以倒叙的方式不断更新。

博客就是一个网页，用户可以在博客上发表个人的思想，也可以在每条信息下发表评论和意见。还有许多博客是非个人的，是一群人基于某个特定主题或共同利益的集体创作。作为一种网络新宠，博客代表着新的生活方式和新的工作方式，更代表着新的学习方式，正日益影响和改变着我们的思维和生活。博客具有以下几个特点：

1. 即时性

博客可以即时发布和记录思想、观点，更新迅速而且频繁。

2. 个性化

博客的外观布局、写作风格和讨论主题都不拘一格。写博客是一个人自由状态的自发行为，博客网站往往是个人思想、个人创意、个人视角的体现，并由个人来维护管理。

3. 开放性

博客是一个开放的"个人门户"，利用博客来表达自己的思想观点是自由和开放的。任何人通过博客都可以很方便地用文字、链接、影音、图片建立起自己个性化的网络世界。

4. 共享性

在博客中，读者与博客之间或者博客与博客之间不仅可以进行传统意义上的信息共享，也可通过交流达到高度的思想共享。

5. 非商业性

博客是非商业性的个人或集体网站，不以盈利为目的，采取自由方式生产知识并以获取知识本身进行生产，没有商业目的和利润动机。通过共享使自己学到更多，也让别人学到更多。

（四）博客在图书馆开放服务中的应用

本质上而言，图书馆是人们获取知识、感受文明、塑造自我的场所，而博客是集个性化与共性化于一身的统一体。图书馆建立博客可以更好地为用户提供服务，实现信息资源共享。

图书馆建立自己的博客后，馆员们就可以把自己工作实践中的经验、想法、学术研究等记录到博客上与读者和其他图书馆馆员分享；读者可以把自己利用图书馆的心得、感悟、要求、建议记录到博客上与图书馆馆员和其他读者分享。图书馆博客几乎可以渗透到图书馆业务的各个领域，成为图书馆与用户交互的重要平台。

1. 读者服务

为了更好地服务读者，图书馆可以创建类似读者服务园地的读者博客。图书馆可以在上面发布相关的消息，便于读者了解图书馆，了解图书馆的服务内容和服务动态。通过博客，图书馆可以更直接地了解读者的反映和要求，及时给予解答，采纳读者的合理化建议，改进工作，使读者服务工作更有针对性。

2. 书目导读

通过微博，图书馆可以进行书目导读服务。通过博客将一些好的书刊、电子资源或者网络资源的内容及其使用方法等推荐给读者，还可以将书目按内容进行分类后再提供给读者，为不同专业的读者提供专门的书目链接。

3. 信息导航和知识过滤

通过微博，图书馆可以充当信息导航员和知识过滤器，通过博客将过滤后的信息传递给读者。可以通过建立信息导航博客，在梳理、过滤网上信息的基础上建立起方便实用的网上索引系统，在实现信息导航的过程中同时也实现知识的过滤，并利用博客所提供的简单易用的多种文档归类、检索查询与推送等功能，从多个信息源或博客站点搜集最新动态。

4.参考咨询服务

图书馆可以利用博客进行参考咨询服务，可以让每一位读者能够快速、准确、及时地获得图书馆的咨询服务，而咨询人员在解答一位读者的咨询时也能让更多的读者了解问题的答案及解决的途径和方法。

5.读者培训

图书馆还可以依托自身的设备、资源和技术力量，在图书馆局域网或者校园网范围内，自建一个基于博客技术的信息检索课网络教学平台，专门为信息检索课教学活动服务。基于博客的信息检索课网络教学平台可以实现教学信息的即时发布、资源和思想的共享，实现师生之间、学生之间的交互。

（五）微博

微博是微博客的简称，是一种允许用户及时更新简短文本（通常少于200字）并可以公开发布的博客形式。它是一种非正式的迷你型博客，是新兴起的一类互联网开放社交服务，一种可以即时发布消息的系统。

微博属于博客，但它们又有区别。微博和博客一样，都是发表用户的言论、感想、经历的地方。博客偏重梳理自己的所见、所闻、所感，微博则能表达出每时每刻的感想和最新动态。

微博具有时效性和随意性，因其对信息字数的严格限制，使得其使用门槛大幅度降低，从而使图书馆与读者的网络实时交流变得更具吸引力。而微博与手机的无缝连接使微博更加方便快捷，使图书馆为读者服务的网络平台拥有了一个更为动态、及时、可互动、充满弹性的空间。

现代图书馆可以通过微博实时跟进读者的最新需求，并以微博为平台，向读者及时发送一些诸如新书推荐、读者活动、参考咨询、讲座视频链接之类的信息，使图书馆在真正意义上做到主动为读者提供服务。

第三节 新时代下阅读与知识服务创新

一、阅读文化和图书管理的转型

(一) 文化需求与图书馆管理的转型

数字化环境直接造成了图书馆信息资源管理模式的转型。现代都市文化中阅读需求的革命性变化以及这种都市文化与人本角色的互动，对于社会科学信息资源的合理配置和深度开发利用有决定性影响。在都市文化建设中扮演重要角色的图书馆，同样承担着信息资源服务乃至知识服务的职能，同样要满足人民群众日益增长的物质文化的需求。

1. 都市文化需求的转变

都市文化对于塑造城市形象，具有重大的作用。在网络时代，人们不能不重新审视自己的文化环境，在丰富自己的文化创造能力的过程中，不断提升自己对都市文化的解读能力，乃至反思自己的文化使命。无论是作为都市文化的创造者还是享有者，人必须适应社会现代化进程的发展需要。因此，都市文化对信息资源合理配置的需求，直接促使图书馆界的信息资源管理模式转型。这种需求最直接的表露是都市阅读趣味的转变。

2. 图书馆的范型转变

进入21世纪后，一些新的技术与理念正在敲击着图书馆的大门，冲击着图书馆原有的管理模式和图书馆人的观念形态。面对变化的时代，图书馆人也在不断提升自己，有关图书馆范型转变的讨论，也在图书馆界展开。

图书馆"以人为本"的"范型转变"。"范型转变"是由美国科学哲学家库恩定义并被广泛使用的一个术语，指学术研究的整套方法及态度正在被另外一套方法及态度所取代。一门学科范型的转变，标志着该学科的革命性发展。新旧两种学科彻底决裂，新的范型容易对旧的范型产生归属和认同感，在这个意义上，"范型转变"是一个历时性的动态过程。

图书馆"范型转变"的实践。研究图书馆界范型转变的前提是要了解目前的读者信息需求状况。例如，以月度流通借书量和月度杂志阅读量为指标分析读者的类型、阅读取向等,用包括发放问卷、采访调查、发 E-mail、信函、网上交谈、网上定题聊天等方式了解读者的信息需求、所需服务方式及其对信息服务的建议和设想,回收、汇总调查结果,并进行统计分析,得出结论。借此,图书馆能比较客观地反映目前不同层次的读者信息需求状况和所能达到的满意程度,预测相应的信息服务开拓方向,并进行可行性考察和前瞻性研究。根据不同年龄层次读者的特点分别建立不同的调查统计表,建立分析模型,动态分析读者的信息需求状况,并以此为基础开展人性化的信息服务。

(二) 数字化时代都市阅读文化的转型

网络科技的发展,使得网络数字阅读资源空前丰富。这种文献载体的大规模转型,对都市阅读文化形态的根本性转换产生了不可估量的影响。当都市图书馆的阅读者身份由原先的"读者"向数字信息的"用户"转型时,都市的阅读文化形态也在产生不同程度的转换。

1. 阅读文化形态的迁移

人类在纸张发明并且用于书写和记录时,曾经历过一次文献载体的转型,在中国是从简册制度进入了卷子本时代。但是,那次文献载体的转型并没有改变阅读者的身份。而进入电子时代,特别是近年来,由电脑终端连接的互联网科技的发展,使得文献载体的本身发生了质的变化,即大规模地转向虚拟化与数字化,产生了 E-BOOK、光盘读物、数字图书馆等不同的文献载体。更为特殊的是,在这一文献载体的历史性转型过程中,传统意义上的"读者"成了数字信息的"用户"。

对都市阅读文化形态而言,这一文献载体物质形态转变带有根本的性质。文献信息的用户不仅能对文献进行阅读,而且通过个体的数据处理,包括下载或上传,甚至参与了文献的再传递和"书写"。这一转型对于图书馆界传统的"读者工作"所产生的影响是前所未有的。例如,文化形态的迁移,造成了文献流通过程的途径变异,都市图书馆传统概念的"读者"大量流失。在数字化时代,图书资料从文献形态到文献编排形式都发生了急剧的变化。各种形式的电子书籍以数据的形式呈现在网络上。检索工具从物质形态到编排格式以及检索的方法和技巧,都产生了质的变化。图书馆手工制作的卡片目录,已经转变成为完全数字化的书目数据。与此同时,各种数据库支持各种形态的"电子图书馆""数字图书馆"

在网络上数以万计地出现。出于商业利益目的的各种企业，甚至还有出于其他动机的个人或机构，也不断地将图书和资料推上网络以供使用。

在现代都市的校园或大中型都市图书馆中，电子资源已成为用户搜集信息的最主要来源。特别是大学生，撰写毕业论文的资料来源几乎大半依靠网络。近年来，类似于百度的商业搜索引擎，更将大量的图书"扫入"互联网，供下载或阅读。这使得更多的数字研究材料"点击"可得。未来提供的网上阅读图书数量巨大，而且大多用的是该公司著名的搜索引擎检索。所以，这其中的版权问题一定会是个有争议的话题。此外，关于数字化阅读技术的发展，近年来正在兴起的新的文献搜索技术还有很多。目前，这些阅读形式会怎样影响都市阅读方式的变化还有待观察。但是，数字化阅读已经彻底改变了大众文化阅读的传统，这已经是一个显而易见的事实。

2. 转型期的图书馆读者工作

目前，都市阅读文化一个潮流是科技的发展带来了文化形态的变化。在文献载体转向虚拟化与数字化的过程中，都市阅读文化也发生了很大的转型。传统意义上的图书馆"读者"，由于上述的技术发展而成了数字信息的"用户"。网络时代的读者，或许已经完全不需要端坐在图书馆阅览室内看书。他们可能在任何有着数据传输终端的地方，使用着网络提供的数字化资讯。这些变化，改变了今日都市的阅读文化形态，以至于近年来越来越多读者上网搜索资料，不是将其作为图书馆资料的补充，而是作为图书馆纸质文献的替代品。图书馆人应该承认，数字化文献群尤其是可供检索使用的公共文献数据库的出现，已经并且将在更大的程度上代替传统图书馆馆藏的部分功能。

图书出版业界也顺应这一潮流，顺水推舟地将网络数字化出版做得风生水起。由电子出版业推动的阅读文化的转型，对图书馆界而言，具有这样几个变化：①文献收藏进入了载体变化的阶段，纸质载体的文献开始大量地向虚拟的数字文献转移。②文献收藏和编目程序进入了迁移的阶段，规范化、数字化的文献编目成为图书资料编目的日常工作。③文献查询进入了使用数字化程序检索的阶段，搜索引擎的检索呈现出以往完全不能比拟的检准率和检全率，而且速度极大地提高。④读者工作进入了一个质变阶段，这包括服务对象和手段的变化。

绝大多数大型图书馆因其拥有巨大的纸质文献收藏，或许会显现出对阅读文化迁移的不以为然。目前的商业化搜索引擎对于某些文献，如善本、珍本古籍的使用还非常少见。但是，就图书馆为社会各界服务的目标而言，大型的、快捷的文献检索需求，显然是多于极为少量的古籍查阅专门服务的。

为读者寻求文献和提供文献是图书馆读者工作的根本。图书馆读者工作必须在这一传统的基础上做出相应的新的变革——从文献信息服务走向知识服务，从为读者提供一本书、一种文献转向为读者提供解决问题的方案；为读者创造一个更好的阅读环境，建立信息共享空间，提供读者共同学习的社会空间。这些都是在数字化环境下解决读者流失的良策，也是振兴图书馆的又一良机。图书馆读者工作仍大有可为。

3. 多媒体信息服务

目前，国内数字图书馆的研究与开发比较重要的一部分集中在文献信息的数字化与网络传输上。随着数字化阅读的普及，新的图书馆读者服务工作迫切需要解决的问题就是如何有效地从数字图书馆中获得用户需要的材料。全世界每年的科技文献以几十万、上百万的数量在递增，即使在某个特定领域，每年也要出现几万篇新文献。如何方便、有效、简捷而且是面向"个人"地获得这些文献，是提高科技研究效率的重要问题。这个问题的科学技术本质就是从多种媒体承载的信息中以面向"个人"的方式来挖掘知识。在具体的读者服务工作中，与读者一起成为互联网搜索引擎的"用户"，也许是阅读方式转型期图书馆馆员首要的职责。

图书馆工作人员与读者一样，也要成为数字化文献资源的"用户"。他们必须是数字化检索技术的专家，对搜索引擎的使用不仅要熟练，关键是要能够对数据的链接和搜索范围及深度表现出自身的专长。他们不仅能触及数字化资料最表面的一层，还要对搜索结果中的大部分没有链点的独立数据库提供搜索功能和深层的资源。简单地说，对于本馆专有或者拥有的各种文献数据库，特别是本馆的特色数据库，图书馆读者服务工作人员应该成为最权威的"用户"。

具体到大学图书馆，读者服务工作也经历了数字化阅读时代的两度转型。前一个转型由于互联网的发展以及读者工作的实际，大学图书馆将服务工作的主要对象由教师转为学生；而面对阅读文化的转型，则又将读者工作由借阅管理转向数字化服务。这包括提供师生科研选题资料以及数字化阅读带来的其他一些检索类的服务。具体来说，有这样几条是图书馆面对阅读文化转型时必须着手做的：①全员熟悉并且熟练使用数据库搜索引擎。对于常用文献数据库的检索，从事服务读者的工作人员首先应该做到熟练掌握操作技能，各种检索方法运用自如。

②全面提供书目文献检索工具。目前，图书馆除了要做到能提供较完备的书目数据库外，还应该大量地链接或者采购其他服务商提供的数据库。③利用图书馆信息技术的优势条件，为读者提供数字化资料，包括为读者提供有偿数据资源服务，如文献传递等。④加强参考咨询工作，做好知识服务。

此外，关于图书馆读者工作自身的建设以及关于图书馆文化的价值观的确定，也是数字化阅读时代服务的要素，无论面对的是传统的读者或者是网络的使用者。无论是国家级还是地区级、行业级、企业级的数据库以及科学研究数据库，其数据容量都是十分巨大的。图书馆工作者可以按照用户的需求对有关原始数据，通过专门的软件进行自动加工处理，以信息汇总的形式向他们呈交。一些重要的知识是隐藏或分散在很多信息源的数据之中的，通过对它们进行互相参照、互相补充，才可能分析出隐藏的知识。

二、我国高校图书馆网页状况分析

（一）高校图书馆网页页面的特点

高校图书馆网页设立的目的，除了提供一般的导读和书目检索以及通过校园网甚至互联网，在网络上解决"校内读者"图书借还的手续外，主要是提供电子文本书刊的检索和使用以及与互联网上其他电子期刊、网络数据库的链接，尤其是为"公共读者"提供本馆特藏数据库利用的服务，这样才符合信息时代数字图书馆建设的初衷。但是，就国内部分高校图书馆网页进行的一些初步调查表明，像以往的平面载体使用的情况一样，目前高校图书馆数字信息的使用，依然存在着"割据"和"门槛"；数字资源的建设和收藏，依然存在着低效和重复。高校图书馆网页的主体内容可以划分为功能性和非功能性两个方面。功能性主要体现在图书馆为用户提供具体的服务，用户可以交互式地操作；非功能性主要体现在向读者介绍图书馆的馆藏、服务、馆员等，图书馆是信息的发布者，读者是接受者，其间没有直接对话。

（二）一站式检索电子期刊、网络数据库服务

通过网络查询图书馆信息，用户可以很便捷地转换不同的信息资源。馆员可以利用网上检索系统和图书馆查询系统从主题角度找到所要检索的主题信息；利用超文本技术将网上高质量的信息筛选出来，通过主题指南加以组织和链接，建

立虚拟图书馆，扩大本馆资源，随时更新信息内容；通过网上图书馆检索，避免用户选择图书的盲目性。但是，高校数字化图书馆的建设，目前主要还是在比拼各自建设和购置数据库的能力。近年来，国内高校图书馆自建或者购买了一些电子文本数据库，订购的外文全文期刊数据库和文摘数据库数量越来越多，日益成为各馆重要的馆藏资源。这也是衡量各馆数字化信息收藏和建设规模的一个方面。

通常高校图书馆的页面都能反映馆藏数字资源的情况。数字资源的多少主要根据各校专业设置的状况和经费许可程度。高校图书馆一般都配置一些基本的数字资源。

目前，各大学图书馆网页所链接的各种数据库，通过校内网上的"校内读者"一般都可以访问，免费的或是收费的都有。很多高校也已采取技术措施，使得本校师生在校外也能访问自己学校图书馆的网页并查询资料。但是，对于不通过校内网上的"公共读者"，情况则普遍不乐观。这里，笔者特意提出了"校内读者"和"公共读者"这两个概念。从数字图书馆的建设本意看，数字化的使用本身是为了打破信息数据的"樊篱"，降低或者取消图书馆使用的"门槛"。但是就各大学图书馆的网页而言，这些"樊篱"和"门槛"又是客观存在的，而且准入的难度很高。这或者囿于各数据库的信息版权保护，或者因数据库之间的门户相异，造成了信息资源的共享成为幻影，读者使用图书馆网络资源时不得其门而入。但是，各个大学图书馆至少应该通过各自的网页，使读者能够检索到本馆收藏的全部目录，尤其是本馆特色收藏资源的目录。这应该是高校图书馆网页建设的最低目标。一些做得比较好的图书馆，已经能在主页上进行一站式跨库检索，即本馆的各类型文献资源（如纸质图书、电子图书和非书资料）的检索、各个数据库的检索可以一次完成。所以，各高校在图书馆的建设工作中应对自己有更高的要求。

（三）特色收藏的数据服务

一个高校图书馆网页是否能够提供有特色的信息与服务，是其区别于其他图书馆网页的特征，是其能否吸引用户的关键。所以，大学图书馆网页首先要结合本校的学科专业，开发、建设具有自身特色的信息资源，突出其学术专长。它可以建设学术信息、学术会议、学术论坛、参考书目、电子报刊、本校学位论文数据库、本学科论文数据库以及其他组织机构同类学科专业的链接，对光盘和网络数据库进行二次开发。这样，可以集中分散无序的文献，建立各学科的专题文献数据库，并建立学科专业导引库，使这个体系成为本校的辅助教学中心，以便于教学人员快捷地获取网络学术资源。此外，还可以根据热点信息或本校、本地区的特点自建专题数据库，提供文摘或全文检索及其他相关栏目。

（四）大学图书馆网页与用户服务

目前，高校图书馆网页的功能主要局限于书目查询和图书借还，网页中各部分功能的使用率很不均衡，而数据库资源的利用和开发还远远没有取得预期的效果。用户访问使用图书馆网页的情况调查显示，我国的大学图书馆网页的总体水平还不高，但发展前景很大。一个优秀的图书馆网页，主要体现在具备综合性的信息检索服务功能以及网上信息的筛选和组织机制。网上图书馆只有继承和扩展传统图书馆的功能，并且充分利用各类数据库的大量数字信息，其优势才能真正地显示出来。目前，虽然一些重点大学图书馆网页的水平已经很高，但从整体上看，我国大学图书馆网页的质量和数量仍有待于进一步提高。

对大学图书馆的用户来说，网络的优势在于跨越时间和空间障碍获取图书馆信息和服务，网上资源也大大补充了图书馆馆藏资源，图书馆成为根据用户需求筛选和组织网上信息的重要信息服务中介。从这个意义上说，图书馆网页设计中最关键的类目是信息检索（包括馆藏目录、光盘数据库、联机数据库、联合目录或其他检索系统）和网海导航（包括网上学科资源组织、电子期刊、重要机构和专家等，仅仅对一些站点进行采集和链接是不够的，更重要的是对信息的内容进行选择和评介）。通过对高校图书馆网页的调查，我们应在高校网上图书馆建设上更重视以下问题。

图书馆在优化网络环境和资源中的作用不容忽视。尽管信息网络的建立大大缩短了用户与信息源之间的距离，网络的检索系统在一定程度上解决了对信息的过滤和检索问题，可是仅仅依靠计算机检索系统，无法根据特定用户群的需要，有针对性地对网络信息进行筛选并提供相应的服务。从在网络环境中所处的地位和发挥的作用来看，高校图书馆应该在过滤、选择、组织管理、评价和传递网络信息方面发挥更大的作用。它应该注重自身提供数据的功能，即根据用户的需要，从互联网中筛选出高质量的信息，以减少用户在获取相关信息上耗费的时间和精力。

高校图书馆馆员应该是图书馆数字资源的提供者和指导者。图书馆馆员在优选网络资源上,应该发挥重要作用。根据特定用户群的需求,对某一领域的信息资源进行挖掘、采集、加工、整理和有序化的资源重组,建立一个为特定用户所需的信息资源指南系统,是实现网络信息资源快速查找和获取的捷径,也是现代网络环境下,高校图书馆信息服务的主要工作内容之一。图书馆馆员在对网络信息进行选择和评价的过程中,可利用数字化馆藏的资源优势,制定相对客观的信息评价指标,对网络信息提出客观的分析。在专业性评论的基础上,用户可以直接浏览和使用高质量的网址和主页,图书馆馆员也发挥了信息服务中介的作用,展示了一种新的服务职能。

借助网络优势,充分开发本馆信息资源和地方信息资源,实现网上图书馆的合作与共享,这是提高我国大学图书馆资源保障的发展方向。在网络环境下,应该将高校图书馆网页视为网络资源输出和输入的接口,即将本馆的馆藏资源也视为网络资源的一部分,而不应仅仅将高校图书馆的网页视为简单的图书借还工作的窗口。

第四节 高校读者工作与读者服务创新

一、影响服务质量的因素

(一)影响读者服务质量对策分析

高校图书馆面临前所未有的变革与挑战,在这种局面之下,我们无论采取什么措施与手段,归根结底,其效果最终都要反映在图书馆服务的质量上面,读者服务一直是图书馆界研究的重点课题。例如,美国的图书馆学家杜威曾提出了"三适当"原则,即在适当的时间给适当的读者提供适当的图书。他立足于读者的需求,这应该是"服务至上"的萌芽。列宁提出"图书馆要方便读者,吸收读者,满足读者的一切要求,帮助读者利用我们的每一本书"。其实质就是一切为了读者,准确、及时、主动、方便、灵活地向读者提供周到的服务。

为读者服务是图书馆界永恒的话题,如何提高读者服务质量,在信息时代的今天尤为重要。本书从理论起源出发,借鉴企业管理专家的研究方法,分析以下影响读者服务质量的几种因素,提出改善图书馆读者服务质量的几点建议。

1. 服务质量的特点

一般来说，服务的定义："服务是满足顾客的需求，在同顾客接触中，供方的活动及结果。"既然是一种产出结果，就必须与产品一样达到顾客的要求，但服务与有形产品相比又有以下特点：①服务具有无形性和不可触性。不能用数量、规格、性能、精确度来描述，只能通过顾客的体验、感受来评价。②服务的生产过程和消费过程是不可分的。产品质量可以在出厂前把关，而服务只能在顾客到达时"生产"，生产的同时顾客就消费了，所以服务质量不可能预先"把关"，这是一大难题。③服务具有不同效果。同一服务，不同顾客会有不同的评价。④顾客看重服务的过程，看重产品最终的好坏；而对服务不仅在意最终为他服务的结果，更看重服务过程中的态度、行为、语言、技术、能力等。鉴于上述服务的特点，确定服务质量的好坏具有许多困难。因此，为了进行有效的服务质量管理，就得对服务质量进行控制，把握和消除顾客和企业在服务质量认识上的差异。

2. 影响读者服务质量的因素

读者服务就其服务特点也和上述服务一样具有相同的性质，只是服务对象为读者而已。只有消除以下几种影响服务质量的因素，读者服务质量就上了一个新技术台阶。

图书馆没有真正了解读者。很多图书馆都认为自己知道读者需要什么服务，尽量地满足他们。比如，延长开放时间，全面实施开架借阅，启动检索系统，电子阅览室开放，加大管理力度，馆员也认为自己做得不错，可为什么读者还不满意呢？这是因为馆员和读者之间缺乏真正的交流，不了解读者到底希望图书馆为他们提供什么服务，读者到底对哪些服务不满意等。所以，图书馆应主动、热情和读者沟通，真正做到"以人为本"，以读者为中心，让读者有宾至如归的感觉。

馆员的角色还没有及时转变过来。信息、网络时代的到来，使得现代化图书馆的建设势在必行，图书馆职能的扩展使得馆员的角色也应随之改变。他们不应再是传统意义上的目录指导者，而更应是一位信息开发员、信息导航员和教育工作者，应提高自身的综合素质去迎接时代的挑战，接受读者的检验。

读者不了解也不理解图书馆制定的规章制度。图书馆在尽可能满足读者要求的同时，馆员也应改进工作方法，对读者进行耐心引导、解释，让读者逐渐了解、接受。

馆员没达到图书馆制定的岗位标准。馆员不愿意完全按标准来提供服务，或者是没有能力做到这一点，对图书馆而言，流通、阅览等一线部门工作繁重。馆员长时间做那些重复性的机械工作，往往会感到限制了其潜能的发挥，加上有些读者态度恶劣，就更让馆员心灰意冷。馆员应该始终树立"读者第一"的服务宗旨，调整自己的心态。图书馆应当采取有效的激励机制激发馆员的工作积极性，以便使馆员尽可能地以最佳服务水平为读者提供服务。

3. 图书馆服务质量的管理

构建科学的服务质量管理体系和服务质量保障体系。图书馆自行制定具体的方法来规定馆员"做什么"和"怎么做"。这样，馆员的服务才有追求和目的。服务质量的提高还必须做好以下工作：提高满足度、提高方便度、提高关心度、提高满意度。这是提高图书馆服务质量的最终目标。

加强组织文化建设，提高馆员的根本素质。美国管理学者彼得斯指出，企业要成功，最重要的不是制度和利润指标，也不是任何一种管理工具、方法等，而是企业文化。

明确职责、公正无私、适当奖惩。作为管理者，要把责任充分授权给下属，因为大部分人喜欢受人信任地完成工作，喜欢有自由做决定的权利。特别是与读者直接接触的阅览、流通等一线部门，应建立严密的奖惩制度，以适度的奖惩作为规范员工的有效杠杆，当然奖惩必须公正、无私、适度，方能让馆员心悦诚服。

重视员工服务质量的教育与培训。图书馆的服务创新，首先要致力于超出读者的愿望，提供超值服务，主要表现：①主动给读者提供咨询服务。②为读者提供信息。③注重感情投资。④实实在在地为读者做一些延伸服务。⑤在工作和道德允许范围内，为读者提供一些方便。图书馆除了完成基本的服务外，还要有意识地赢得读者的愉悦。

综上所述，图书馆服务质量管理是一项系统工程，任何一个小小的疏漏都会让读者不满意，特别是馆员的态度、行为、语言都会对读者产生极大影响。我们只有实施服务质量管理，找出差距，并不断进行服务创新和管理创新，才能使图书馆的读者服务质量迈上一个新的台阶。

（二）图书馆导读工作

图书馆导读工作是指图书馆的文献资料在流通过程中，结合图书馆自身的业务和服务工作，开展有目的的文献阅读指导工作，导读工作在读者中起着指引、导向作用，使馆藏资源得到充分的利用，为社会主义精神文明建设服务。

1. 导读的作用

导读可以强化图书馆的自身价值。图书馆的价值其本质是文献信息的价值、知识的价值，文献只有充分利用才能体现其价值。导读可以激发与培养读者阅读兴趣，帮助读者掌握科学的读书方法，使读者多读书、读好书，达到宣传、教育的目的。导读在读者专业教育、综合技能教育和一般文化教育中，也具有启发的作用，对读者阅读也有明显的导向作用。

2. 导读工作要适应社会主义精神文明建设

研究和掌握读者的心理特征是开展导读工作的基础。不同读者对图书种类的要求有所不同。图书馆馆员应多与读者联系，切实了解他们的需要。图书馆还可以通过借阅系统对读者的借阅行为进行统计分析，研究读者的阅读内容、阅读需求，针对不同情况，采取区别对待的原则，从入藏的图书内容的选择到推荐图书和组织阅读辅导活动，针对读者的特征开展导读工作，从而使读者对读书产生兴趣。

应用多种方式开展导读工作。图书馆在完善传统的导读方法体系的同时，要做多种尝试，总结经验。根据读者的不同要求，对其服务可分为个体导读和群体导读。个体导读是图书馆对单个读者进行个别帮助、指导服务，它适合于科教工作者，这些读者有较强的业务能力和较强的阅读与搜集资料能力。平时他们多是自己阅读，当接受新的科教任务时，他们需要导读的帮助，以便能及时、有效地获得基本资料。图书馆可通过咨询，提供书目、索引、文摘、综述等进行导读服务。群体导读是馆员对某一类的部分读者进行集体帮助、指导和服务，群体导读的对象是相同问题的读者，这些读者的问题通常是一般的阅读和搜集资料的技巧问题。

导读是图书馆工作的重要组成部分，图书馆导读是反映图书馆全部工作水平及自身形象的一面镜子，与图书馆的整体面貌和馆员的知识水平有直接的关系。如何引导读者借阅，提供大量行之有效的信息资料，提高读者的整体素质是导读工作的目的，也是导读工作的实质所在。导读的方法手段以及导读工作人员的素质也应不断增强提高，以适应社会成员自身发展的需要，适应社会主义精神文明建设的需要。

（三）图书馆读者服务的人性化管理

21世纪图书馆的管理模式正经历着由传统的科学型管理向现代人性化管理的转变。人性化管理就是在科学人生观的基础上"以人为中心"的管理。图书馆读者服务工作的人性化管理，其核心就是在服务观念和手段上必须抓住读者为本的思想，一切工作以实现与满足读者信息需求为根本目标。笔者结合本馆读者服务工作人性化管理的实践，从两个方面对图书馆读者服务工作人性化管理加以描述。

1. 运用人性化的服务理念服务于读者

美国心理学家马斯洛认为，人的需要分为七个层次，其中被尊重的需要是人最基本的四种需要之一。图书馆馆员要在对读者服务的过程中做到尊重读者、平等对待读者、相信读者。图书馆馆员服务工作要做到以下几点。

工作人员工作时要操作规范，业务精良，为读者提供优质服务。高校可以实行全面的网络管理，读者使用图书馆发放的借阅卡，可以实现"一卡通"。也就是持卡可以在图书馆的各个部门享受各项服务，方便省时。节省了读者借还书、阅览、上网的时间，提高了学习效率。要求工作人员的操作熟练规范，避免出现人为的错误，耐心解决读者提出的问题，减少拒借率，保证读者对图书馆资源的最大限度利用。

工作人员要用合适的方式教育读者。图书管理员肩负着教育读者的神圣责任，在为读者提供服务的同时，要随时随地对读者的违规行为加以指导，采取正面教育的方式，尽量避免生硬的惩罚。培养他们积极向上、勤奋学习的好作风。高校图书馆可以为各个部门安装由系统控制的音箱，在工作的各个时段播放轻松优美的音乐。不同的时段播放的音乐也不同，提醒读者图书馆开始工作、约束工作等时间。在优美的音乐声中，工作人员可以做一些语言说明。

成立读者服务部。高校图书馆之间进行交流学习，通过对传统部门的整合，成立了读者服务部。为读者提供复印、转录、书刊装订、小电器修理等服务项目；专人向读者介绍图书馆网页、新书、新的服务项目，指导读者利用图书馆资源。设置了图书馆论坛，听取读者对购书、对服务的建议和要求，给读者营造贴心的良好形象。

2. 为读者营造舒适的人性化环境

引入绿色植物，营造生机勃勃的生态美。绿色植物不仅有益于保护眼睛，消除疲劳,还具有防尘、灭菌、改善空气质量的作用。更能怡情悦性,安定人的情绪。图书馆的自然条件适宜摆放一些耐阴植物,以绿色观叶植物为好。如大厅、走廊、楼梯的拐角处可以摆放一些体形较大、姿态优美的绿萝柱、散尾葵等。在窗台、阅览台最好选用矮小、素雅的文竹、君子兰等。墙壁和书架可以悬吊蔓生植物,如吊兰、常春藤等。摆放时还要注意体现形式多样化,增强空间立体感,取得良好的绿化效果。

打破传统格局,营造多功能一体化的布局空间。当代图书馆建筑的一个显著特点就是各功能区的大空间、大容量。将传统的分割固定的小空间变为开放的、灵活的,以大厅为主的敞开式连贯的大空间。实现藏、借、阅及管理一体化。桌椅要符合人的阅读习惯,不高不矮,舒适方便。服务台要低矮,避免给读者冷漠的感觉,同时方便工作人员与读者交流。

研究表明,人在自由、轻松、充满信任与友爱的人性化环境下,往往会释放出数倍于相反环境下的能量。随着社会文明的不断进步,人性化管理会成为主流。图书馆读者服务工作的人性化管理具有积极和重要的意义,会让图书馆更好地发挥其功能,实现其价值。

二、高校读者服务工作的优化

(一) 高校图书馆读者服务工作

随着现代信息技术在图书馆的普及应用,传统图书馆的工作方式、管理手段、服务理念均发生了深刻的变革。网络环境下各馆应合理配置信息资源,打破馆际分割,实现信息共享。读者可利用信息网络、电子图书馆的支撑,从事文献信息交流、学习和科研活动。新时期图书馆的读者服务也必须在有限的馆藏资源和无限的网络资源中为各位用户提供所需的文献信息,充分体现现代化图书馆应有的服务效应,促进图书馆事业向前发展。

1.图书馆读者服务工作的基本特点

读者服务的社会化。网络下的每一个图书馆,都是地区、全国乃至全世界信息网络中的一个节点。对某一图书馆来说,其网络系统内任何一个使用本馆文献资源的人都是自己的读者,应该确保信息的畅通、正确,并给予读者指导和帮助。图书馆的信息资源、馆舍、先进的技术设备、开放的学习环境等应平等地向社会开放，供学习者自主使用。长期以来，作为高校建设三大支柱之一的图书馆，主要是为教学和科研服务，其读者一般为本校师生，馆内丰富的文献信息资源、人才资源、技术设备资源等不能为社会充分利用。高校图书馆向社会开放，主动向社会提供多方位、多层次的文献信息服务，既可开发利用自身的资源，造福社会，又可产生经济效益，一举两得。因此，高校图书馆走向社会，为科研、教学、经济、文化服务是图书馆发展的必然趋势。

读者服务的个性化。科学技术不断地发展，促使图书馆必须进行深层次的读者服务，按具体读者、读者群体所需，进行跟踪和个性化服务。提供个性化服务，主要包括三个方面：在用户希望的时间和地点服务；根据个人要求和特点开展服务；服务内容不是千篇一律，而是各取所需，各得其所。总的来说，服务方式和内容更加丰富多彩，并逐步摆脱传统手工操作为主的事务性服务，向依靠综合文献技术、提供智能型服务方向转变。

读者服务的有效性。现代图书馆在知识创新、实现深层次服务的同时，也应承担起将获取创新知识的方法传授给读者的教育职能，笔者认为这是一种更有意义、更有效的读者服务工作。除对读者进行正规的文献检索课教育外，在读者第一线的参考咨询中，注重启发引导读者培养获取知识的能力，帮助读者分析应从哪些途径、手段获得全文资料，切实解决问题，加之读者对本专业的熟悉，取得的效果远胜于馆员的包办代替。这种方式寓教育于服务，因此取得的知识效应是巨大的。

2.图书馆馆员应具备的信息素质

信息素质是人获取信息、利用信息的一种基本技能。提高图书馆馆员的信息素质，是社会信息化的客观需要，是未来图书馆自身发展的客观需要，是图书馆馆员完善自我、实现自我价值的需要，是为满足用户信息需求的客观需要。因此，要成为一名合格的信息时代的图书馆馆员，在计算机网络环境下顺利完成各项信息处理工作，为用户服务好至少应该具备如下必要的信息技术素质：①具备熟练操作计算机的基本技能；②掌握在因特网上浏览与搜索的技巧；③会利用电子信箱等；④具有通过多媒体获取和提供信息的能力；⑤具有评价和解释信息的能力；⑥具有分析和综合信息的能力；⑦具有组织和管理信息资源的能力；⑧掌握网页制作、网站的建立和管理等技术。

3.高校图书馆的信息服务

将图书馆信息网络伸展到社会,扩大服务范围。高校图书馆应废除以往那些限定读者范围的规章制度,打开馆门,服务对象由内向型向外向型转变,贴近最基层的社区群众,开展广泛的信息服务。

现在许多高校图书馆已实现信息网络化,图书馆可以将宽带网技术与社区图书馆有机地结合起来,利用校园网在馆内构建一个网络平台,采用宽带网技术,将丰富多彩的文化信息传输到社区图书馆,甚至居民家里,供社区群众检索、阅读,使社区内的用户加强与外界的信息沟通。这将成为未来高校图书馆读者服务的一种模式。

充分发挥电子阅览室的作用,扩大文献信息服务。电子阅览室通过图书馆局域网、校园网进入互联网,为高校学生、教研人员提供了一个良好的信息网络环境。在电子阅览室用户可以最大限度地利用馆里的所有文献信息资源,如果光盘检索不能满足用户的需求,读者还可以上因特网进行网络文献资料的检索。电子阅览室还购置了大量的多媒体光盘,为读者提供了各种视听教材,还可以上网聊天、打游戏、看各种经典名片、欣赏音乐等。此外,还有网上公共目录、网络期刊、最新期刊目次等,扩大了馆藏文献信息资源,让读者能更充分、更全面地利用本馆的信息资源,以便更好地为读者服务。

实现网络联采联编,方便读者网上查询书目。图书馆可直接从联采联编中心和书商的网站下载书目数据,或由联采联编中心通过电子邮件发送给图书馆采编人员使用。一方面,在新书加工完成的同时,这些新书的书目数据通过图书馆Web站点发布,读者在第一时间就可利用图书馆网页查询新书。另一方面,读者还可以将自己所需要而图书馆又暂时未买的新书在网上推荐给采访人员购买,从而达到让读者共同参与藏书建设的目的。

开辟网上读者指南,实行优质服务。随着网络学习的兴起,流通部门的工作内容也增多了。除了传统的借阅外,还应通过图书馆的Web站点开辟读者指南,将各项优质服务的内容和方法上网,使读者不受时空限制,只要打开图书馆的网页,便可以在网上预约自己所要借阅的图书,工作人员通过网络对将要超期的读者进行网上图书催还。当然,读者也可以通过网络查阅自己已借阅的图书及借还日期。期刊阅览部门可根据读者需求,将新刊的目次信息和文摘等通过 E-mail 等方式直接传递到读者指定的电子信箱。这种新型的服务方式可使读者通过查询电子信箱，便可知道所请求传递的文献信息内容刊登在何处，而不必像传统手工查阅那样，一期一期地去查找。

采用多种导航方式，揭示虚拟馆藏资源。目前，高校图书馆均抓住网络环境下图书馆发展的大好机遇，以"读者为中心"，积极做好虚拟馆藏资源的组织与揭示工作。为了满足读者的需要，图书馆要对那些只拥有使用权而不拥有所有权的网上资源，根据其分布在不同的数据库、缺少统一的分布体系和检索界面的现状，合理安排人员进行组织、优化、筛选，并按专业、专题建立起读者指引数据库，加大对网上资源的分类标引和主题标引的力度，让那些面对虚拟馆藏资源束手无策的读者顺利获得所需文献资料。

（二）信息时代下高校图书馆的主动服务

进入 21 世纪，高等教育改革不断深化。高校图书馆也面临机遇和挑战。近年来，由于电子图书馆、网络图书馆、数字图书馆等新概念、新理论层出不穷，信息服务领域正经受着一场全新的变革，传统的图书馆正向着数字图书馆、网络图书馆转变。但是，传统图书馆将与数字图书馆和网络图书馆在一个相当长的时期内互相依存，共同发展，从而形成一个多种形式混合存在的新的信息环境。在这种新的环境下，图书馆工作人员首先应该考虑的是如何更好地完成信息服务。其中最重要的就是实现由传统的被动服务向主动服务的转化，由单一的静态服务向多元的动态服务转化。面向信息时代的高校图书馆读者工作，需要我们去不断地探索、创新和开拓，以改善和提高为读者服务的水平。

1. 被动服务向主动服务转化的必要性

网络的冲击。随着计算机知识、网络知识的普及，国内上网条件的改善和消费的下调，越来越多的读者开始接触和认识网络，并着手开发和利用网上信息资源为自己服务。网上丰富的信息资源，使读者感到信息唾手可得，因而由"被动享受"信息服务转而倾向于"自我服务"。读者对现实图书馆的依赖减弱，造成图书馆资源的浪费。图书馆工作人员有责任通过主动服务使图书馆现有资源发挥应有的作用，实现其价值。

读者的因素。一些持"网络万能论"的读者计算机知识较丰富，驾驭网络的能力很强，但他们欠缺的恰恰是信息检索方面的基本知识和技能。他们找到的网络信息，可能在权威性和准确性上尚存疑问，信息的查全率和查准率是远远达不到要求的。这些读者需要图书馆工作人员给予帮助和指导。另一类读者计算机知识欠缺，网络运用能力差，外语水平不过关，面对 Internet 这个庞大、复杂、无序的信息源，感到力不从心。他们在网上花费了大量的时间和精力，却收效甚微。他们同样需要图书馆工作人员的帮助，或直接提供信息服务。

2. 主动服务的内容

由信息的收藏者变为信息的生产者。开发有特色、实用的数据库以及馆藏资源网上公开查询和浏览系统，大馆有实力可以自行建立，小馆可与相关做信息资源数字化的公司合作。适应新环境，把自己的东西以最佳方式主动提供给大家使用，使馆藏得以充分利用，图书馆也成为积极主动的多媒体信息源的提供者。

网上资源导航。众所周知，网络上的信息浩如烟海，要从中找到所需的信息，并非易事。尽管现在有大量的、方便的网络搜索引擎和指南提供给大家使用，但是，针对不同的专业，不同的信息需求，采用什么样的搜索引擎，到哪里去找，找到的东西有多少，是否真正有利用价值，仍然是叫人头痛的事情。图书馆工作人员可利用自身搜索、综合、分析、判断与整理信息能力的专业优势，开发利用网上资源，深入拓展图书馆服务，将网上信息分门别类地加以整理，提供给读者，担负起组织加工、探索导航的职责。在具体实践时，可立足本单位学科特色、主研方向、重点课题及读者特点等进行收集归类。例如，中国医科大学图书馆将网上信息分为一般主题指南、医学专业性指南、一般查询引擎与医学查询引擎、免费网址、电子期刊、数据库、国内热门站点等，深受读者欢迎。

开展读者培训。在信息环境下，图书馆的教育职能与情报服务职能可以更好地结合，如在教师与学生当中举办讲座和培训班、普及网络知识和检索技能、介绍上网常见问题及其解决办法、推荐优秀网络搜索引擎等，图书馆完成教育职能的直接结果就是提高了读者自我服务的能力，图书馆的情报服务职能因此得以实现。

追踪读者需求的变化，做好机动性主动服务。高校图书馆在馆藏建设方面可配合当前素质教育，围绕学校具体举措进行文献采集，如将学生认为必读书目与教师课堂教学和课外辅导参考书目列入采访范围，并尽快进入流通；与一线教师及科研人员定期沟通，借助他们对专业知识和新动态比较了解，有较高的借鉴能力，及时采集新的学术著作。还可围绕给学生提出的必须阅读的艺术作品，举办一些展览与讲座等。

3. 对图书馆工作人员的要求

树立信心，正确定位。在以"科教兴国"为战略指导的今天，在全社会都在倡导和弘扬科学精神、宣传科学思想、传播科学方法的大环境下，图书馆作为信息枢纽，精神文明建设基地、科研支撑系统、教育支撑系统，其作用越来越受到重视，图书馆工作人员的作用也必将得到更好的发挥，即使在网络化、数字化信息环境里，其作用也应进一步加强，而不是削弱。因此，图书馆工作人员应树立信心，将自己定位于信息时代的导航员。

转变思想，增强主动服务意识。新信息环境下，图书馆工作人员不能再自视清高，坐等读者上门，应积极转变思想，增强主动服务意识，凭借自己的实力与能力，结合运用现实与虚拟馆藏，挖掘与提高主动服务的层次与深度，在服务中求生存与发展。

补充知识，勇于向新事物挑战。现有的图书馆人员知识结构不太合理，图书情报专业和其他非计算机专业人员占绝大多数，对网络技术、数字化技术、多媒体技术及数据库技术等新技术、新事物不能得心应手，甚至感到陌生。他们有一种危机感，害怕被新的信息大潮淹没。图书馆工作人员作为信息领域的带头人，应该有终身学习的信心和拼搏奋斗的精神。我们知道，现在国内的网络弄潮儿也曾经对网络几乎一无所知，这又一次说明了"世上无难事，只怕有心人"。就让图书馆人首先做一个信息时代的"有心人"，紧密追踪学科新发展，把新信息环境下的主动服务做得更好。

（三）优化读者服务工作

在信息时代来临的今天，计算机和通信网络的高速发展、信息高速公路的建设，使得读者获取文献信息的渠道更加丰富，图书馆已不再是他们获取文献资料的唯一场所。因此，直接反映着图书馆管理水平和学术水平的读者服务工作，已成为决定图书馆未来发展的关键，甚至决定着图书馆的生死存亡。好的读者服务工作将会吸引更多的读者，特别是一些有影响的学者及各行业的专家，从而促进图书馆的发展，反之则会失去越来越多的读者，使图书馆陷入困境。那么，怎样才能搞好读者服务工作呢？笔者认为，应做好以下几个方面：

开展"以人为本"服务，改进服务方式。图书馆的主动服务就是要突破传统的"为人找书"的模式，积极主动地开展多种形式的服务，争取做到"为书找人"，让图书馆发挥更大的效益。主动服务，贵在主动。针对不同的读者及其在利用图书馆时不同的心理活动，提供适当形式的主动服务，这样可以帮助读者提高利用图书馆的效率，满足读者的省时要求。另外，随着图书馆事业不断发展，图书馆读者服务工作的方式也要随之不断地改进和完善。从心理上讲，一成不变的服务方式会使读者产生漠视感，以致厌恶感。反之，形式新颖的服务则可达到很好的吸引读者的效果。因此，我们必须主动改进自身的服务方式。

充分利用现代化技术，提高服务深度。随着科学技术的发展，大部分图书馆在传统管理模式的基础上实现了现代化。我们要充分利用现代化高新技术的优势，提高工作效率和管理水平，实现以前不能实现的功能，提供效率更高、形式更新的服务，最大限度地满足读者需求。

第五节　人脸识别技术与图书馆管理创新

近年来，虽然指纹识别技术已经普及，但是随着人脸识别技术的发展，越来越多基于生物特征识别的应用走进我们的生活。若将人脸识别技术引入图书馆，尤其是将其应用于图书馆的门禁管理、借阅管理和座位管理等方面，将会提高图书馆管理的智能化、人性化及高效性，有助于实现读者与图书馆系统的精准交互。

一、人脸识别技术概述

人脸识别技术是指对人的面部生物特征进行采集，通过某种算法，将其与已知的人脸库进行对比，从而确认或辨认其身份甚至更多的关联信息，是生物识别技术的一种，具有友好性、易获取性、非接触性和直接性等突出特点，是近年来识别技术的热点。人脸技术包括人脸检测、人脸追踪、人脸比对三个阶段。人脸检测，即确认图像中是否有人脸；人脸追踪，即在人脸检测后追踪提取人脸特征；人脸对比，即将提取的特征与已经建立的数据库进行对比确认。

二、人脸识别技术的应用现状

人脸识别技术是由美国首先提出的，所以国外人脸识别技术公司的分布以美国、日本、德国为主。我国的相关研究虽然起步较晚，但发展迅速，奥运会、世博会、二代身份证等领域已经验证了人脸识别技术的优势。

其中，身份认证和安全防护是人脸识别技术最主要的应用领域，在很多安全级别较高的区域，如银行、运动场、政府机关、机场、档案馆和图书馆等均采用了基于人脸识别的门禁系统来进行身份验证，甚至手机和笔记本等保存着重要机密的私人用品也需要安全验证。2017年9月13日苹果公司发布了新一代手机iPhoneX，其取消了指纹识别，而应用了人脸识别，通过刷脸解锁手机，并运用到ApplePay以及各种需要验证的APP中。

在公安破案领域，美国标准局NIST在2006年举办了Face Recognition Vendor Test，表明人脸识别技术的准确性已经可以运用到实际工作中；2014年，美国推出了投入金额为10亿美元的电子识别系统，通过监控来锁定嫌疑人；2015年，日本引进了智能人脸识别系统推进入境审查的无人化。虽然人脸识别技术越来越受到重视，但它只是AI技术的一部分，在实际侦查中还会与其他技术相结合。除此之外，人都是活动的，需要将人脸识别与其行为识别进行动态结合，例如，通过骨骼空间的几个角度进行动作识别。

目前，人脸识别在应用领域上已经有了很大的突破，不仅局限于考勤、门禁上的简单应用，还应用到其他领域。例如，在医疗领域，张勐、刘哲等人创新性地将人脸识别应用到医院，杜绝了乱开药和开错药的现象，并将人脸识别初步应用于内分泌疾病的辅助诊断，通过提取患者脸部的特征数据，分析比对从而确定患者的疾病类型。随着IT技术、AI技术、机器学习的不断发展完善，未来人脸识别技术将会应用到更多的领域中，并且向三维、多技术、远距离、完全自动化等方向发展。

三、人脸识别技术在图书馆管理中的应用

1.门禁系统

目前，国内高校采用的门禁管理方式，主要以门锁、门禁卡和对出入人员（读者或外来人员）进行身份登记方式为主，这种管理方式虽然成本低，技术要求性不高，但是大量增加了工作人员的工作量，不够灵活且容易出错，造成许多不必要的经济损失与麻烦，安全性低。由于图书馆的馆藏库对门禁控制系统的安全性要求较高，如涉及权限问题，需求也越来越复杂。因此，人脸技术和门禁系统的结合将有效地解决这一问题。对用户方面，当学生从图书馆大门进入时，启动带有人脸识别的视频摄像机采集定位人脸特征，上传至门禁控制器，门禁控制器将

采集的图像与后台数据库进行对比辨识,当匹配到一致的特征时,则大门自动开启;在内部管理方面,系统记录下人像、馆员进入时间等信息与后台的馆内工作人员信息相结合,对工作人员进行人脸识别,从而实现自动考勤,还可以进行实时监管,防止出现刷完卡就离开工作岗位的现象。

高校图书馆是学生主要活动的场所之一,通过人脸识别技术和门禁技术的结合,可以准确地掌握进入图书馆的人员身份,即只有在学校系统注册过的人员才可以通行,保证了读者身份的有效性和数据的准确性。因此,图书馆人员通过人脸识别门禁系统获取的数据进行统计时,能准确获取出入图书馆学生的所在学院、专业、时间、次数和借阅信息等数据,为日后图书馆研究奠定了良好的基础。

2. 借阅系统

在传统图书馆借阅模式中,学生办理校园一卡通后,即可享有利用图书馆资源的权限。传统借阅模式主要流程:在借阅读书时,需要在磁卡器上放置校园卡确认借阅者身份,同时将所借的图书放置到红外线扫描设备上扫描书本条形码信息,确保图书借阅信息的准确性。如果将人脸识别技术和RFID技术相结合,既保证了阅读器能自动同时读取多本图书信息,又保证了人员信息验证的正确性,即读者可以直接"刷脸"借阅书籍,极大地减少了读者等待的时间,从根本上解决了重复劳动的问题。

校园一卡通是学生进入图书馆和借阅书籍的凭证,只限于本人使用,学生必须保管好借阅证,如果丢失甚至被盗用,会造成不必要的损失。但是人脸识别技术可以有效地避免防范不及时,减少图书馆书籍的丢失率,确保人员信息的准确性。进行文献阅读率的相关研究时,在保证人员信息准确性的基础上,可以围绕借阅人员的专业、年级、性别和频次等信息进行分析,根据学生的文献利用情况,为其提供个性化的定向服务,并为图书馆采购部门提供建议。

3. 座位管理系统

现代图书馆不仅为学生提供文献资料、网络资源等信息,而且是同学们自习的重要场所之一。虽然图书馆的自习环境相对于普通自习教室更加优越,但资源有限导致图书馆的座位越来越短缺,图书馆提供的座位数量与学生需求之间经常出现不匹配现象。

国内许多高校开始运用微信公众平台提供在线预约座位的服务,并具有现场刷卡确认和取消座位的功能,实时监测模块是保证座位得到充分利用的有力保证,但是还有待提高，国内各大高校使用了适合自身的方法进行图书馆的座位监管，主要方法有以下几种。

（1）基于硬件的监管方法。主要是通过传感器实时监控学生是否在座位上，例如，使用单片机和红外接近开关相结合的监控管理系统来减少图书馆乱占座的现象；通过座位下压力数值来分辨使用状态的座位管理系统来防止他人抢座或帮忙占座现象；结合 GIS 与图书馆座位系统有效解决占座不合理现象。虽然这种方法可以完全实现自动化管理，但是硬件初始成本和后续维护成本极高，对技术水平的要求也比较高。

（2）基于软件的监管方法。主要是通过使用根据自身要求构建的图书馆座位管理系统来实现部分自动化管理，但是它仍然需要馆员定时巡查来提高利用率。该方法适应性高，技术成本低，但是管理成本高，增加了馆员的工作量。

（3）基于软硬件结合的管理方法。随着技术的不断发展，两者相结合成为主要趋势，在此基础上还可以不断进行优化。

在国内将人脸结合技术运用在座位管理系统中并不多见，徐海东曾在苏州大学图书馆座位管理系统的基础上，引入人脸识别模块的新型管理系统；在辽宁大学图书馆已有系统的基础上，构建了微环境下通过人脸识别技术优化的入馆选座系统。在自习区域设置人脸识别器，将接收到的人脸与预约信息或后台学生数据库进行比对，匹配成功才可进入自习教室，杜绝了一人通过刷多张校园卡占据多位的现象。同时，将视频监控功能与人脸识别系统相结合，在监控中对进出人员进行身份识别和座位使用情况识别，可以保证座位的利用率。

第六节　"互联网+"与图书馆管理创新

微观图书馆管理是指图书馆对馆员和读者、图书文献资源、数据资源、各种软硬件设施、观念和服务方法等进行组织、协调、分配和决策的活动，以实现图书馆建设的目标，是图书馆建设的核心。它的管理水平和质量，不仅直接决定着图书馆各项职能的发挥，而且直接影响了图书馆在读者乃至全社会中的角色。因此，"互联网+"不仅彻底颠覆了人们对图书馆的固有知识，创新了图书馆的服务模式，而且给图书馆的管理带来了前所未有的变化。

一、"互联网+"对传统图书馆管理的深刻变革

1. 管理对象从图书向读者转移

传统的图书馆文献资源大多以纸质文献为基础，其主要管理工作以图书为中心。虽然图书馆也开展讲座、展览、咨询等活动，但并没有从根本上改变图书馆进行图书管理的本质。随着"互联网+"时代的到来，它拓展了读者获取信息的渠道，这是由于其连接的便利性和广泛性。此外，读者阅读的碎片化时间也给图书馆带来了即时的、满足的要求。如果图书馆不能跟上时代的步伐，必然会远离读者，从而失去为读者服务的价值。

2. 管理理念由重藏轻用向重用轻藏转变

文献资源匮乏、获取渠道有限以及购置成本高是过去传统图书馆普遍存在的现象。这导致传统图书馆普遍的管理理念认为，图书馆的主要功能就是收藏，重藏轻用，重管轻用。在"互联网+"这个大背景下，读者可以通过移动互联网，在任意的时间和地点随意获取所需的文献信息。倘若图书馆急需坚持保守的传统管理理念，一味地重藏轻用，不根据读者的需要做出适当的改变，就会面临被读者抛弃的危机。

3. 管理态势由静态向动态转变

传统图书馆的管理是一种静态的管理方式，即以图书借阅为主的服务方式和"以书为本"的管理理念进行图书管理的。在"互联网+"背景下，图书馆的边界逐渐变得模糊，因为图书馆相对独立且封闭的环境被打破，这要求图书馆除了要对其内部系统进行静态管理之外，更要注重对其外部环境的动态管理，包括对读者各种信息的管理、对各种网络文献资源的管理、对图书馆特色数据库的管理、对读者交互平台的管理，以及对图书馆合作项目的管理等。

4. 管理层面由单一性向多元化转变

传统图书馆由于受到服务手段和馆藏资源单一性的影响，其管理也仅仅局限于对图书及馆员等的管理。在"互联网+"背景下，由于图书馆管理涉及信息资源方面和业务的扩大，逐渐由单一向多元化转变。在文献资源管理中，除了纸质图书资源外，还增加了电子信息等资源；在对图书馆馆员管理中，不仅是对工作效率和学科的评价，更是对提高馆员的知识、能力、专业素质和技术的重点更加关注；在财物管理中，不仅要管理图书，如防止盗窃、霉菌、昆虫等，还要维护

设备和更新技术。

5. 管理架构由金字塔层级向扁平化转变

传统的图书馆管理呈现出金字塔模式：馆长、副馆长—办公室、信息部—编辑部、流通部、阅览部—馆员等逐级管理。这种分层模式速度慢、效率低，远远不能适应"互联网+"背景下图书馆以读者为中心的管理理念，也不能适应满足读者及时获取需求的服务模式。因此，在管理中必须减少层次和中间环节，从而实现读者与图书馆的"零距离"接触的扁平化管理模式。

二、"互联网+"背景下图书馆管理的创新路径

在"互联网+"的背景下，读者可以基于互联网的交互性，通过图书馆平台主动寻求自己所需的服务，从而更加方便快捷地获取各种信息。这就要求图书馆要对传统的管理模式进行突破和创新，真正走进"互联网+"，适应新形势的发展步伐，进行全方位的创新性管理，成为智慧图书馆。

1. 创新管理理念——R2L 的管理

R2L 是读者驱动图书馆的理念。这种管理模式意味着读者可以随时随地以任何方式满足自己的阅读需求。"互联网+图书馆"颠覆的不是图书馆本身，而是图书馆服务中低效的过程和环节，从而实现提高效率的目的。从某种意义上说，R2L 管理是图书馆核心要素的重新分配，即读者与图书馆关系的重构。

树立以读者需求为中心的管理理念，以读者需求为导向，推动图书馆资源的优化配置，就必须加强图书馆应用智能技术、网络技术和软件应用技术的综合能力，从而使图书馆面对读者需求时，表现出反应最快，过程最简单，距离最短的特征。可见，"互联网+"背景下的图书馆管理必须以 R2L 的管理理念为指导，才能真正实现图书馆的网络化。

2. 创新管理方法——物联式的管理

所谓物联网(IOT)技术是指利用各种信息传感装置，如射频识别装置(RFID)、红外传感器和激光扫描技术形成的互联网连接网络系统，从而实现人与物和物与物之间的连接沟通。虽然在"互联网+图书馆"的时代下，纸质图书资源在图书馆中的主导地位已经弱化，但它仍然是图书馆生存和发展的重要物质基础。因此，基于物联网的技术、智能、感性等特点，物联式管理成为图书馆纸质图书资源管理方法创新的必然选择。

（1）物联网技术与典藏管理。现代图书馆普遍采用借阅存储一体化的服务管理模式，导致图书、期刊的混乱和错位较严重，使得图书的整架和清点变得困难。物联网RFID技术的应用，只需要图书馆馆员手持RFID阅读器扫描书架，就能够读取带有电子标签的书籍的所有数据；同时，馆员只需在RFID阅读器中输入需要检查的书刊信息和号码，沿着书架一次扫描，那些乱放、错放的书刊就能通过声光报警及时被发现；还能对贴有EPC（产品电子码）的图书进行信息交换和识别，将其结果传回数据库中，并建立相应的分配清单，馆员可以快速便捷地完成图书的清点和整理工作，大大提高了馆员的工作效率。

（2）物联网技术与图书流通。物联网RFID技术具有储存数量大、读取距离远和储存信息更改方便等优点。通过RFID技术，可以对相关图书文献的信息、借阅书籍、馆藏数目书籍以及图书当前的位置进行十分精确的寻找和定位。同时，读者还可以通过物联网下的自助借阅系统，自助办理借阅和归还等操作，这不但节省了图书馆的人力资源，也节约了读者的时间，从而使借还效率得到大大提高。

（3）物联网技术与安全管理。图书馆安全管理主要包括图书文献资源、数字信息资源和系统的安全管理。RFID技术可以精确定位和跟踪贴有EPC的每本书，有效地防止图书被盗或销毁。物联网RFID技术访问控制管理系统，不仅能够控制图书馆馆员和读者的进出馆，还能够实现读者数据的采集和统计以及信息的查询等，有利于图书馆实现自动化管理。

综上所述，物联网技术的应用，特别是RFID技术的应用，为图书馆节省了大量的管理成本，简化了管理流程，提高了管理效率，有利于实现图书馆管理效率的提高、自动化和智能化，从而成为"互联网＋图书馆"管理方法创新的路径之一。

3. 创新管理模式——柔性化管理

（1）柔性管理的一般概述。相对于刚性管理，柔性管理是以人为中心，是对组织成员进行人性化管理的一种模式，其关注的重点是内在重于外在，激励重于控制，心理重于物理。充分发挥管理人员的积极性和创造性，从而提高管理的质量和管理效率是柔性管理的重要特征。相较于刚性管理，柔性管理在管理决策、组织机构及激励机制上，都有很大优势，具体体现在如下几点。①在组织结构上，高度集权式的管理组织结构是传统刚性管理所采取的方式，它注重职能部门的分工以及决策执行的统一性。灵活性差、反馈速度慢，难以适应信息环境下企业快速发展的需要是传统刚性管理的最大弊端。柔性管理则强调组织结构的扁平化，对信息传递中不必要的环节进行削减，基层职能部门掌握决策权力，赋予基层管理人员更大的管理自主权，适应性也更强。②在管理决策上，领导层做决策，下级职能部门负责执行是传统刚性管理的主要特征，管理决策推行也是自上而下地强制执行，高层主观色彩在决策中有明显体现。而柔性管理决策是在充分尊重和信任组织成员的基础上，广泛征求基层管理人员和职能部门的意见，通过民主讨论形成决策，使决策有更加广泛的执行力。③在激励机制上，控制是传统刚性管理的主要方法，没有激励机制。激励机制是对组织成员的关心和奖励，也是对组织成员的尊重和信任。在激励方式上，更加注重非物质的激励方法，从而满足组织成员对实现自我的高层次需求。这是柔性管理所提倡的激励机制。

（2）柔性管理模式的构建。①建立刚柔并济的图书馆管理模式。柔性管理作为一种非强制性的管理模式，其缺点在于强制力不足、约束性较差。尤其是对于那些责任心和进取心不强以及工作作风涣散的员工，柔性管理可能会使管理无法起到很好的管理效果。这表明，在"互联网＋图书馆"建设中，必须实行刚柔并济的图书馆管理模式。柔性管理，一方面可以为管理者营造一种轻松、平等、相互尊重、相互信任的工作氛围，激发高素质员工的积极性和创造性，使高素质员工能够影响低素质员工；另一方面强化刚性管理的惩罚性措施，可以消除低素质员工的懒惰和消极心理，从而有意识地适应灵活的管理。在具有柔性和刚性的图书馆管理系统中，柔性管理是主要的，而刚性管理则作为补充。②健康的、充满正能量的图书馆文化环境，对转变馆员慵懒、消极的工作作风，帮助馆员克服自卑的职业心理具有很大的作用，也对图书馆馆员的思想和行为有着重要的导向和约束作用。良好的图书馆文化的形成，会使馆员在服务模式、管理模式方面形成共鸣和达成共识，会产生强大的向心力和凝聚力，从而提升管理能力，最终使管理效果得到提高。图书馆文化建设以人的管理为中心，把尊重人、信任人作为中心内容，是馆员实现自我激励的灯塔。因此，图书馆文化建设直接关系到图书馆柔性管理模式的构建，对"互联网＋图书馆"目标的实现也有重要影响。

柔性管理倡导的"人尽其才"的管理思想，可以使相关职能部门或员工能够快速准确地做出决策，从而使馆员应变能力以及适应性变得更好，也能更加充分地执行决策。所以，柔性管理是图书馆管理的必然要求，也是"互联网＋图书馆"管理模式的最佳选择。

4. 创新管理结构——扁平化管理

（1）扁平化管理的一般原理。扁平化管理是指通过拓展管理的幅度，减少中间管理的层次，使管理信息和管理决策进行更加快速的传递，从而提高管理的效率。它是一种富有弹性的新型管理模式，是区别于传统金字塔层级结构的一种管理模式。

扁平化管理成为现代企业管理模式的主要原因包括三点：第一，传统的金字塔式管理模式过于冗长和缓慢，无法适应"互联网+"时代不断变化的市场环境；第二，互联网新技术的发展和广泛应用，不仅能够使企业方便地实现对大量数据信息的集中、快速处理，而且能够实现决策者和基层管理者之间的信息快速传输；第三，扁平化管理模式能有效地为许多企业带来事半功倍的管理效率。

在"互联网+"背景下，图书馆管理发生了一系列的根本性变化：管理观念从"图书"向"读者"转变；管理对象由"图书"向"知识"转变；管理主体由管理者向服务提供者或指导者转变；图书馆的竞争力由传统的藏书数量转变为对服务环境的快速反应能力和应变能力；网络信息技术从单一的信息处理（数字）功能转变为具有组织信息共享、协作、快速沟通和快速响应的平台；馆员从被动接受到积极参与管理。这种深刻的变革影响着图书馆组织结构，即必须从金字塔式层次结构向分权式扁平化管理结构转变。

（2）图书馆扁平化管理结构建立的路径。①创新扁平化管理观念。当前，采取传统金字塔式管理模式依然是我国图书馆管理的主要方式。这种管理模式强调以行政权力进行控制，注重管理层级之间的等级关系。由于传统金字塔式的管理模式反应不灵活、决策执行力弱等特点，不但不能充分调动员工工作的积极性和主动性，而且不能满足"互联网+"时代发展的需要。这就要求图书馆的高层决策者以及基层管理者，都应该清楚地认识到扁平化的管理模式对于"互联网+图书馆"的重要意义。作为决策层要坚持"以读者为中心"的原则，更多地关注读者的个性化需求，并减少管理层级，进行合理规划，拓展管理幅度。②创建扁平化管理队伍。一支专业的扁平化管理队伍是图书馆扁平化管理模式成功运作的必要条件。这就要求图书馆要尊重馆员的个人价值，坚持以人为本的思想，帮助馆员树立良好的职业心理，对馆员的职业素养和职业道德进行培养，从而实现馆员的个人价值与图书馆整体目标的有机结合。同时，根据馆员在业务能力需求上的差异性，为他们制订相应的职业教育规划，力争实现专业技术培训与继续教育培训的常态化，使全体馆员都能平等地获取知识，并提升自身的专业素养，增强馆员的自信心，增加馆员对图书馆的归属感，从而提高馆员的积极性和创造性。
③确立扁平化管理结构的核心。读者是图书馆管理的核心。对读者需求的敏感度和满足度是"互联网+"时代图书馆的核心竞争优势来源，即图书馆要在为读者提供服务中创造更多的价值。扁平化的管理结构要真正实现以最短的时间、最短的距离响应读者的信息需求，从而实现最优的管理效率，就要努力适应这种变化的需要。当前，有些图书馆通过设置"三部一室"［文献资源建设部、读者（信息）服务部、技术支持部和办公室］或"四部一室"（文献资源建设部、流通阅览部、信息咨询部、技术支持部和办公室）的扁平化管理结构来彰显以读者服务为中心的管理理念；有的图书馆则根据自己的实际情况，合并了采访编目、流通阅览、咨询检索等部门，或合并大部分大部门。由此可见，削减管理层级将是图书馆管理模式创新的趋势。

扁平化管理模式作为一种图书馆内部管理模式，减少管理的层级可以更好地提升信息传递的效率，而扩大管理的幅度可以更好地提高管理的强度和效果。为读者提供更优质的服务，满足读者及时获取的个性化需求是实施扁平化管理的最终目的。所以，无论是强化图书馆队伍的建设还是对管理层级的削减，扁平化管理都必须"以读者为中心"。

第六章　高校图书馆的用户与安全管理创新

第一节　图书馆用户教育管理体系的构建

用户与安全管理也是大数据时代下图书馆管理的重要方面。本章主要围绕大数据时代图书馆用户教育管理体系的构建、图书馆的安全保卫与消防安全管理、图书馆集成管理系统的安全管理及维护以及网络环境下高校图书馆的信息安全及对策展开研究。

一、图书馆用户教育管理体系的构建

（一）图书馆用户教育的含义

目前，有相当一部分人认为图书馆用户教育是以图书馆为教学基地，以图书馆用户为教学对象，以如何检索和利用文献为教学内容的各种教育培训活动。教育的实施一般是以图书馆的专职教师或兼职教师对用户授课或办培训班的形式进行的。这种活动在国外一般称为图书馆利用教育、文献教育或用户教育。国内则通常称为文献检索与利用课情报检索课、情报学普及教育等。其实，这是对图书馆用户教育的狭义理解。其实质一方面只把"图书馆用户教育"作为科学名词来理解，正如家庭教育应是在家庭受到的教育一样，图书馆用户教育是用户在图书馆受到的图书情报知识的教育；另一方面把教育只界定在有计划的教学活动中。

中国学者刘松甫认为："读者教育广义的是指图书情报单位对潜在的和现实的读者所实施的图书情报及其开发手段的使用教育；狭义的是指图书馆对其使用者进行的图书馆的使用教育。读者教育主要是在高校图书馆进行的，教育的对象绝大部分是大学生和研究生。在我国，许多人把读者教育称为读者培训。我们不妨这样加以区分，针对读者进行全面规划的、系统的、定期的指导和授课叫作读者教育，而把无全面规划的、零星的、短期的，也有某种组织形式的指导或授课

叫作读者培训。"

虞志方在《图书馆工作》中发表论文指出："所谓普及文献情报利用知识，就是通过普及工作使读者掌握文献情报的基本知识，了解各种检索方法和途径，懂得他所从事的专业有关的几类文献的检索方法，熟悉有关的检索刊物，知道如何获取和利用情报，了解国内外有关的图书情报机构，以及掌握科研论文的撰写规则、方法和文摘、述评的编写规则。这里的核心是如何学会文献情报检索的问题。"

图书馆用户教育的本质含义应当是图书馆等信息服务机构，为增强用户的信息意识，提高用户的信息能力、信息道德水平而开展的有组织的各种形式的教育。

（二）图书馆用户教育的任务

1. 培养用户敏锐的信息意识

信息意识，即有效地发现自我的信息需求，并具有获取信息、判断信息、组织信息、利用信息的能力。通过教育培养，使用户了解熟悉包括文化信息、技术信息、需求信息的各种信息状态、来源渠道，从而能够鉴别信息、捕捉最佳信息、利用最有效信息。

2. 培养用户的创新意识

联合国对新一代"文盲"的界定中包括这些内容："看不懂现代信息符号、图表的人是文盲；不能用计算机进行交流与管理的人是文盲。"我们要从"扫盲"的高度去认识、重视提高用户使用计算机、网络、多媒体等现代信息工具能力的重要性，教会用户利用这些现代化工具去获取、整合、评价和利用信息。

3. 提高用户利用信息文献的能力

信息是最重要的资源，现代生产力的进步很大程度上依赖于对信息的占有和处理。图书馆是信息文献中心，不仅有大量的纸质文献信息，而且有丰富的光学、电子载体的文献信息，同时能查询网络提供的海量文献信息。要利用这些资源，教育用户了解信息资源的种类、形态和查找检索方法，掌握各类资源的特点、分布状态及利用价值等，使用户在利用信息时能够得心应手。

4. 提高用户遵纪守法的自我约束能力

随着信息文献的日益丰富和获取知识信息渠道的逐渐扩大，在知识信息领域内剽窃、非法使用他人专利以及诱人上当受骗现象屡见不鲜。对用户开展信息素质教育的一个重要内容就是让用户了解信息使用的经济、法律和社会问题,在信息获取和利用时自觉遵守道德规范和有关的法律。

(三)图书馆用户教育的意义

1. 用户教育有利于使更多的潜在用户成为当前用户

如果图书馆开阔视野,用户教育应该不只局限于当前用户。因此,用户教育有助于将社会中潜在用户变成图书馆的当前用户。而潜在用户变为当前用户是图书馆利用率提高的最快途径和最有效方法。只有激起更多社会大众的读书热情,向他们宣传图书馆,使更多的人成为图书馆的用户,图书馆事业才能进入良性循环。

2. 用户教育有利于文献信息资源的开发利用

图书馆在提供给用户使用时,向用户提供了一次文献,是图书馆的重要工作之一,但不是图书馆的全部工作。图书馆对馆藏文献的深度开发,如开展专题服务,编制文摘、索引,撰写综述、评论提供给用户,在现代社会更能凸显图书馆的价值。通过读者教育可以让读者充分了解图书馆所具有的功能、服务项目,使图书馆在社会中发挥更大的作用。

3. 用户教育有利于用户与图书馆之间的沟通

用户教育是建立用户和图书馆沟通桥梁的一种有效方式。对当前用户来说,用户对图书馆的了解越多,利用越主动,阅读兴趣越广泛,文献需求越多样,反过来会促进图书馆服务方式的多样化、服务领域的扩展、服务效益的提高。建立在良好的沟通方式基础上的图书馆用户教育必定会对图书馆读者工作产生深远、积极的影响。

4. 用户教育有利于培养高素质的人才

为了培养高素质的人才,建立世界先进水平的一流大学是必要的。但是,全民教育如果只利用少数的大学来承担是远远不能满足的。图书馆可以说是培养高素质人才的一个重要阵地。图书馆的用户教育,可以提高用户获取信息、处理信息、利用信息、交流信息的能力,使用户达到对信息进行开发应用的效果。

(四)图书馆用户教育的特征

1. 传统图书馆用户教育的特征

传统图书馆用户教育具有面积限制、距离限制和时间限制。并且培训模式集中，教育主体具有单向性，学习存在被动性，学生在学习过程中只是被动接受老师传授的知识，这样不利于培养学生的自主创新能力。

2. 网络环境下图书馆用户教育的特征

随着网络信息技术的发展和普及，图书馆用户教育，特别是高校图书馆的用户教育出现了新的特征，主要有以下几点：①高校图书馆用户教育对象呈多样性；②用户教育形式呈多样性；③用户教育呈开放性与交互性；④用户教育内容呈层次性；⑤用户教育呈高技术性；⑥用户教育呈实践性。

（五）图书馆用户教育的原则

为了做好用户教育工作，使用户教育取得良好的效果，在开展用户教育时应遵循以下七个原则。

1. 目标性原则

目标性原则是指应紧紧围绕图书馆用户教育的目标来确定图书馆用户教育的内容。凡有利于图书馆用户教育目标实现的内容都可考虑选用，但最终是否选用还需结合下列原则进行衡量。目标性原则是确定图书馆用户教育内容首要遵循的原则。

2. 计划性原则

读者教育是一个长期的工作，是一项育人工程，应按照国家、地区图书馆的实际需要和具体情况，根据不同读者、用户的实际需求，制订出相应的长期和短期用户培训计划，并且应该认真按照目标，有计划、有步骤地组织实施，并根据工作效果及时反馈，调整工作措施和手段，提高用户教育的工作效率。

3. 普及性原则

图书馆等文献信息部门作为一种社会教育机构，具有明显的社会教育职能，它的教育职能的发挥在于提高全民族的素质水平。因此，图书馆等文献信息部门开展用户教育其范围应该是全体公民，从而形成普及式的教育。在开展具体教育活动时，应注意宣传，不但要对现实的读者进行教育，还应加强对潜在读者进行教育，从而使全社会的信息素质都得到增强。

4. 针对性原则

图书馆等文献信息部门进行读者教育的对象是具体的读者和用户，而用户的内在差异是错综复杂的。年龄、性别、文化教育水平、职业、工作经验等个人因素的差异，影响着读者对文献信息的利用能力和利用效果。因此，读者教育的内容以及方式、方法，不仅会受到一定时期内科技发展水平的制约，也受到读者个人因素影响。在具体开展用户教育活动时，除了考虑当前的经济条件和图书馆信息部门的承受能力外，还应根据读者的个人素质，对读者进行必要的分类，并按不同类型用户的基本需求确定教育内容、组织教育活动，力求有的放矢，取得较好的教育效果。

5.实用性原则

图书馆用户教育内容在设置上要结合教育对象的实际情况，即应根据图书馆用户的智力结构，具体说就是应根据广大用户的知识结构、认识规律、思维习惯、理解能力等来设置用户教育内容。

6.灵活性原则

用户教育的方式多种多样，如个别辅导、集中培训、参观讲解、发放辅助资料等。采取什么样的方式，最终取决于读者的数量、文化程度、个人素质等个体差异，以及图书馆信息部门教育的方便程度。在具体实施时，有时可以采用一种方式，也可以采用多种方式组合的形式进行用户教育。总之，灵活运用各种方法，可以达到强化教育效果的目的。

7.系统性原则

系统性是由科学本身的特点决定的。任何科学知识都具有一定的逻辑性，图书情报信息科学也不例外。因此，在安排读者教育的内容时，应以相应的学科体系为基础，使读者获得系统的知识与技能。在采用具体的教育教学方法时，则要考虑循序渐进的要求，由浅入深，由易到难，从而使用户所得到的知识不断加深。

以上各个原则是相互联系的统一体系。各类型图书馆在确定图书馆用户教育内容时，要善于把它们有机地结合起来运用。

二、大数据时代下的图书馆用户教育

随着大数据时代的快速发展和信息资源的海量增长，人们在信息海洋和个体的特定需求之间无所适从。显然，掌握如何检索信息、如何累积并组织信息、如何评估利用信息等的知识和技巧则是图书馆用户的迫切需求，也是图书馆用户教育的重要内容。这一切也对图书馆用户教育工作提出了一个新的、更高的要求。它要求图书馆的用户教育应走出传统方式，将教育的目标调整到为满足用户日益增加的信息需求，培养用户的信息意识、信息能力和信息道德，提升用户的信息素养的现代教育水平上。

（一）大数据时代下用户教育的内容

1. 信息意识

意识是人脑的机能和属性，是哲学和心理学的研究对象。它是人的头脑对客观物质世界的反映，是感觉、思维等各种心理过程的总和。它包括感觉、知觉、表象等感性认识形式和概念、判断、推理以及形象思维等理性认识形式，在感性形式的基础上产生理性形式。信息意识是社会意识的一种特殊形式，是意识术语在情报科学领域中的具体运用。

信息意识表象为人们对信息的敏感性和重视程度，以及对信息所采取的态度及处理方法。信息意识是在人们的工作和生活中形成的，并通过实践而不断强化。培养用户的信息意识是图书馆用户教育的初级目标，也是培养高信息素养人才的基础。只有不断强化信息意识，才能实现更高的目标——培养出高信息素养人才。

2. 信息素养

信息素养指的是在信息社会理解以及和外界做有意义沟通所需要的能力。具体而言，信息素养即有效地发现自己的信息需求，并据此检验、判断和组织信息以及使用信息的能力。

3. 信息能力

信息能力是复合性、综合性的能力，在人的能力构成中属于特殊能力的范畴。信息能力按表现程度，可分为以下几种。

直接信息能力又分为专业信息能力和普通信息能力。

专业信息能力：信息收集能力、信息加工能力、信息传递能力、信息研究能力。

普通信息能力：信息识别能力、信息检索能力、信息获取能力、信息利用能力。

相关信息能力：语言能力、思维能力、观察能力、判断能力、公关能力。

潜在信息能力：指人们具备一定的知识和能力，通过诱导教育，方能发挥或显现出来。

对图书馆用户教育来说，培养用户的信息能力主要是指培养用户的普通信息能力。一般的用户都具有一定的潜在信息能力，如何开发、诱导，使之成为普通信息能力，就是用户教育需要解决的问题。

4.信息道德

信息道德是指在信息的采集、加工、存贮、传播和利用等信息活动各个环节中，用来规范其间产生的各种社会关系的道德意识、道德规范和道德行为的总和。它通过社会舆论、传统习俗等，使人们形成一定的信念、价值观和习惯，从而使人们自觉地通过自己的判断规范自己的信息行为。

信息意识、信息能力、信息道德和信息素养是网络环境下用户教育的主题，各类型图书馆应该从这几方面加强用户培训。

（二）大数据时代下用户教育的方式

理想的用户教育是由两个单元组成，即导向教育和授课教育组成的一个连续的过程。导向主要是指引导读者了解使用图书馆的一般方法和有关的服务项目，以及某一图书馆的组织、结构和设施。授课是指让用户学会使用专门的学科范围内的可取得的情报源。如有必要，这两个单元也可结合起来。具体的实施方法主要有以下几种。

1.宣传教育法

宣传教育的内容多为普及性的知识，主要形式有群众性读者活动、图书馆服务宣传周（如举办展览会、报告会、座谈会、信息发布会、知识讲座、业务咨询等）。

2.媒介教育法

媒介教育法的特点是运用某种媒介向用户宣传教育。媒介教育法因其影响面广，对某方面知识普及和用户图书馆意识的增强很有效，但实施起来比较困难，需要与新闻媒体等诸多方面进行沟通、安排。

3.当面辅导教育法

当面的辅导教育是指图书馆服务人员、咨询人员在向用户提供服务、咨询时结合当时情况，当面给用户讲解有关知识和使用方法，举一反三，让用户在得到服务的同时得到图书馆知识和技能的教育。

4.办班集中教育

分别举办专门的短期学习班、讲习班、训练班、强化班等各种形式的培训班。这种方法的优势是能够在短期内有效地培训更多的用户，但不方便读者接受系统化的教育。

5. 资料法印发

资料是一种书面教育形式，适用于无法集中参加培训的读者，也可以作为参观图书馆或讲座形式的补充。这种导读性的资料对用户能起到事半功倍的效果。与此同时，这种方式依赖于读者本身的积极性和阅读能力等，也容易因为读者的某种原因及材料的设计不当而达不到理想的效果。

6. 网络多媒体教育法

网络作为一种教育手段，丰富了教育内容，拓宽了教育途径。由于网络具有不受时间、空间限制的特性，使得用户教育更加灵活方便。同时，受教育者也能突出个性的要求，选择适合自己的学习内容，有利于提高教育效果。

网络技术的普及也使利用网络开展用户教育成为可能。开展网络多媒体教育需要做好以下四方面工作。

（1）精心设计主页

图书馆主页是图书馆网上服务的门面，读者也是从主页开始接触图书馆的信息服务的。因此，图书馆主页可以说是图书馆直接面对读者服务的窗口，是网络信息资源的平台。它是吸引网上用户注意力的关键，设计非常重要。

（2）在线咨询的设立

现代化的管理手段为图书馆服务的开展提供了更为便利的方式。图书馆可以有针对性地开展信息导航、在线咨询、文献传递等在线的信息服务。这也是用户在线教育的一个有效方式。在线咨询可以解答用户随时的提问，交互性强。另外，对于不能马上予以解决的问题或者工作时间以外的提问，图书馆可以采取留言箱、网上论坛等形式，请用户将问题留下，咨询员尽快予以解答。

（3）开展在线讲座

课堂互联网的最大优点就是不受时间、空间的限制。公共图书馆可以利用互联网的这一优点开展在线讲座。图书馆可以根据用户平时疑问比较多的领域或专题，利用录制或制作课件的方式将讲座内容放在网上。这样，用户就可以根据自己的需要，任意选择培训的内容和培训时间。

（4）注重网络信息检索的讲解

当今社会，新的信息技术、信息网络、电子出版物大量涌现，因此图书馆的用户教育也应从网络、通信、数据库检索三个方面讲授信息检索的新知识。其包括讲解门户网站的检索使用技术和搜索引擎的使用方法。在网络检索培训中，还应重视对读者实际操作能力的培训，可采取演示和读者上机实践相结合的方式，尽可能使读者有实际的感性认识。

第二节 图书馆的安全保卫与消防安全管理

安全保卫与消防管理工作是当前图书馆管理中十分容易忽视的地方，但其也是至关重要的一环，需要引起管理者的足够重视。

一、图书馆的安全保卫

（一）图书馆安全保卫的特点

第一，文献馆藏量大，贵重仪器设备多，价值高，随着社会的发展，图书馆逐渐迈向现代化，图书馆文献累积量逐步增加，多种网络设备和贵重仪器设备越来越多。这些文献资料和仪器设备等价值高，且大多是可燃物品，经常对外开放，一旦发生火情，将会产生无法挽回的损失，甚至威胁读者和工作人员的生命安全。

第二，读者流量大且具有相对不稳定性，安全教育及管理难度大，图书馆作为文献资料和文化信息的中心，读者流量大，阅览室人口密度大。大中型图书馆每天要接待大量的读者，平均每天在1000人次以上。读者种类繁杂，且具有不稳定性，对其安全教育及管理难度较大。

（二）图书馆的安全隐患

第一，图书馆对安全缺乏足够重视，建设投入不到位，如没有安全防范装备、设施老化缺损等，读者安全教育和安全防范知识学习、宣传不够。

第二，图书馆安全管理缺乏责任细则。部分图书馆安全管理责任没有真正落实，内部安全管理制度不够严格。

第三，图书馆馆舍面积不能达标而造成安全隐患。供需矛盾突出，以至于学生因占座位引发的纠纷乃至治安案件时有发生。

第四，读者集中，流动量大，容易传染疾病。图书馆由于读者集中，一旦出现传染疾病，很容易扩散。特别是如病毒性肝炎、肠道疾病、流行性感冒等传染病。

第五，图书馆安全体制有待系统化、规范化。目前，图书馆专兼职保卫队伍不稳定，人员缺乏专门训练，工作积极性受到挫伤，安全防范装备老化不足。

(三) 图书馆安全防范的措施

1. 提高对安全预防工作的认识，强化安全宣传教育

针对新形势下图书馆安全管理特点和存在的问题，提高认识，重视安全预防工作，采取多种形式和措施，广泛深入地开展防火、防盗、防事故和防泄密等宣传教育工作，对做好图书馆安全管理工作非常重要。

图书馆各级领导提高认识并重视安全预防工作，图书馆各职能部门开展多种活动对工作人员及读者进行安全教育。

2. 完善制度，明确任务，落实责任制

图书馆安全包括用水、用电、防火、防盗、防泄密、防混乱、防传染病、防疫情等安全工作。完善制度、明确任务、落实责任制是规范管理、保障其安全的有效手段。

3. 定期进行安全检查，消除安全隐患

定期进行安全检查，尽早消除隐患，落实整改责任，定人、定时、定措施整改，及时汇报进展，防患于未然。

4. 加大投入力度，构建立体监控防范体系

重视健全技术防范措施，加大技防、人防、物防投入力度；给图书馆购配防火和自动防盗报警系统。通过加大投入力度等措施，构建一个安全的学习环境和图书馆立体防范体系，强化图书馆的安全管理，提高其安全防范能力。

5. 建立专职与专兼职相结合的安全保卫队伍

目前，图书馆安全管理的特点和存在的问题，要求安全保卫队伍要掌握各种安全系统的操作。因此，要保持队伍稳定，尽快提高全体人员素质。安全保卫人员要了解图书馆各个部位的环境，学习好安全防范知识，掌握好抢险技能。图书馆每一位工作人员都要有安全防范意识，每个部门要有指定的工作人员兼任安全保卫。为了实现图书馆的长治久安，应建立一支训练有素、稳定、能快速反应的安全保卫队伍。

二、图书馆的消防安全管理

(一) 图书馆消防安全的现状

图书馆收藏有大量的印刷文献、电子文献，并配备有较多的服务器、网络设

备、计算机、储存设备、电视机、扫描仪、打印机等现代设备。纸张、电器、电脑等物品的消防要求和防范措施是存在一定差异的。目前，各类图书馆在灭火器配置中，还普遍存在一些不科学、不合理的现象。

1. 灭火器配置问题

图书馆应根据书库、阅览室的收藏对象、建筑面积、消防等级、应急措施等情况来配置灭火器的数量、品种。对灭火器配置的设计计算，原则上应先确定配置场所的危险等级、火灾种类以及要保护面积所需的总灭火级别，然后根据各设置点的具体要求、所应选的灭火器种类、灭火器规格，确定配置数量，并根据配置场所的固定消防设施情况进行修正。但在某些图书馆，在灭火器配置计算工作中，主观随意性较强，不遵守国家技术规范，或是降低标准，偌大的配置场所只有寥寥数具；或是认为多多益善，超标准配置，即使配置场所设有消防栓喷淋等灭火系统，也不按《建筑灭火器配置设计规范》规定的修正参数进行酌减，造成单位资金不必要的支出，发生变相浪费现象，加重图书馆负担。

2. 报警系统问题

火灾探测报警系统的种类较多，其主要产品有探测器、控制器、功能模块、显示设备、通信广播五大类。据某省消防设施检测中心的报告，报警系统的问题相当突出，有60%的探测器失灵，存在误报或不报警的现象。这种情况各类图书馆都存在。

3. 消防设施落后

目前，大多数图书馆对纸质文献的消防设施较为齐全，消防措施相对到位。但对数字资源，对计算机机房和电子阅览室等处的消防安全存在较大的隐患。随着现代技术的应用和对数字资源信息需求的日益增加，许多图书馆的计算机服务器提供24小时不间断的服务，而在这些重要部位，存在晚间无人值班，缺少消防监控系统、自动灭火设施的现象，给图书馆埋下了很大的火险隐患。

4. 消防安全意识薄弱

许多图书馆的领导、职工消防意识淡薄，制度不全，管理不严，缺乏消防设施，或有之也形同虚设，无消防功能可言。图书馆消防栓无水，灭火器过期失效，书库、配电间内有易燃品、烟蒂等情况普遍存在；更有甚者，特别是一些木结构的古籍库房隔壁开设娱乐场所。

（二）图书馆防火管理

《机关团体、企业、事业单位消防安全管理规定》指出，图书馆是消防安全重点单位，因此图书馆的消防安全管理尤为重要。

1. 实行防火安全责任制

图书馆馆长为消防安全第一责任人，对图书馆的消防安全工作全面负责。明确逐级和岗位消防安全职责，确定分管消防安全的领导，落实各级防火责任制，并成立义务消防队，组织全馆职工定期（至少每年一次）开展消防知识的学习和培训，使职工了解基本消防常识，掌握消防灭火基本技能，学会逃生的几种方法等。

图书馆各部室由部室主任担任消防安全负责人，建成消防安全管理立体网络。保卫部门应明确专兼职消防管理人员，进行日常消防安全管理工作，每日负责检查馆内消防设施、器材、疏散通道安全出口以及其他隐患并做好检查记录。各部室、岗位的安全负责人应对本岗位、本部门进行安全检查，对私接乱拉电线、违章使用电器等行为进行检查。发现的问题应逐级上报，并消除火灾隐患。

2. 建立健全规章制度

图书馆必须建立健全各项消防安全管理制度和保障消防安全的操作规程并公布执行。单位消防安全管理制度应包括以下方面：消防安全教育、培训；防火巡查、检查；安全疏散设施管理；消防（控制室）值班；消防器材设施维护管理；用火用电安全管理；燃气、电气设备的检查管理。

3. 电气设备的消防安全管理

据统计，55%以上的火灾是由电气短路、故障等因素引起的，因此规范地设计和安装电气设备是预防和减少火灾的重要因素，平时还应按照法律法规加强对电气设备的管理。

（1）遵循"四个严禁"，确保用电安全

在书库内设置配电盘，书库的电闸下不得堆放可燃、易燃物品，以防打火时溅落的火星引发火灾。严禁电气设备带病运转，防止漏电、短路超负荷等情况发生。严禁多台大功率电器连接在同一线路上，不准私接乱拉各种临时线，电插座不能接力使用，如需长时间使用，应考虑布置固定线路，同时电插座应远离火源水源。严禁在书库内使用碘钨灯等高温发热照明设施以及在书库内使用电炉等家用电器。

（2）重点部位，重点防范

书库是图书馆的重点防火部位，库房的电器线路应采用金属套管保护的铜芯线，书库内照明灯应采用吸顶的白炽灯照明，且距可燃物保持50厘米以上的距离，灯座尽量布置在走廊上方，采用荧光灯时，灯座不得直接固定在可燃物上。电器用完后应及时拔掉插头，人离开库房，必须切断电源。不能彻底断电的设备要经常派人检查。

（3）注意季节特点，采取相应措施

冬季天寒、物燥，馆内应严禁使用火炉等明火取暖，严禁使用电炉等电气设施取暖；夏季潮湿、多雨，下班后关好门窗，防止设备淋雨发生短路，引发火灾；电插座用完后，应及时拔掉插头，同时插座应用不燃、难燃物品垫离。

4. 火源管理

（1）加强烟火管理

图书馆内应严格控制一切明火，不准把火种带入书库、阅览室等场所。每天应派专人巡逻检查，防止遗留火种等诱发火灾，并加强晚上的值班巡逻，设置明显的禁烟禁火标志。消防控制室应落实24小时值班备勤，值班人员不得少于两人，对火灾自动报警系统发出的警报，一人留守值班，另一人应迅速实地察看并查明原因，进行报警登记，对误报的火警应及时消除警报；对实报的火警，应立即拨打119火灾报警电话报警，并通知有关领导，组织灭火自救。

（2）建立动火申请制度

为确保馆内的焊接、切割等施工的安全，图书馆应建立动火申请制度，施工前施工单位应按照用火管理制度办理审批手续，保卫部门应对施工人员的资质进行审查，杜绝无证上岗，同时制定相应的防范措施，如清除现场周围的可燃物、配备足够数量的灭火器，并派两名以上保卫人员现场盯护直至施工结束。现场保卫人员还应对动火施工人员是否遵守消防安全规定进行监督，如发现违规操作应立即制止，防止事故发生。

（三）图书馆消防设施管理

对室内外消防栓、水泵接合器、水枪、火灾自动报警系统、自动灭火系统要加强保养，按要求进行检测，如果有损坏、锈蚀、丢失应及早进行修复更新。灭火器还要定期检测、换药，确保灭火器材设施完整好用。灭火器、自动消防设施、室内外消防栓等对扑救火灾十分有用，因为消防队从接到报警到到达火灾现场展开行动，需要一定的时间，在这段时间内小火可能变大酿成大灾。在报警的同时单位组织人员利用现有设施器材进行灭火自救，控制甚至扑灭火焰，将火灾损失降到最低。注重消防器材的管理，单位设置灭火器材管理档案、绘制消防设施方位图。每组灭火器、每个消防栓都有附近部室专人负责保养，如果有损坏、丢失及时向保卫部门报告。保卫部门还要定期对这些消防器材进行全面检查并对过期失效、压力不足、损坏锈蚀等情况进行登记，及早进行维修更换。

（四）火灾应急方案图

书馆应会同当地消防部门共同制订灭火和火灾应急疏散预案，并定期（至少每半年一次）实施演练，结合实际，不断完善预案。灭火和火灾应急方案应包括重点部位的布置和人员的位置，初期火灾灭火作战方案，疏散措施，火灾前、中、后图书资料的抢救转移方案，火灾现场的医护抢救等。应使工作人员明确自己的职责，并且按程序实施应急方案，使职工们在演练中感受实战氛围，不至于临阵惊慌失措，同时在演练中熟悉掌握正确报火警的方法、灭火器材设施的操作以及如何逃生等。

第三节　图书馆集成管理系统的安全管理及维护

图书馆集成管理系统的安全管理，就是指为保证系统中各环节能够发挥正常作用，避免各种偶然事故和人为破坏所采取的技术和管理性保护措施。

一、集成管理系统的安全构建

（一）服务器安全策略及管理

服务器的安全策略是针对集成管理系统服务器及其相关重要文件而制定的，以避免网络上的不安全因素对它们产生影响，导致系统故障。

1. 服务器的安全配置

安装 WindowsServer 以及所有的硬件、软件驱动程序和系统补丁，然后对服务器做最基本的安全配置。关闭不必要的服务，少装软件，少装协议（TCP/IP 必须装）。

2. 设定管理口令

设置复杂的管理口令并定期更换，防止口令泄露和被窃取，将系统 Administrators（超级管理员）账号改名，尽量伪装成普通用户名称，名称不要带 Admin 字样，不让系统显示上次登录的用户名。管理员要将修改的口令记录在维护日志里，防止遗失。

3. 设置文件访问权限

对重要的文件和数据，在文件夹和文件的层次上设定用户的访问权限。对匿名连接的用户不允许枚举 SAM 账号和共享。Windows 安装好后，系统会创建一些隐藏的默认共享，应禁止这些共享。因为现在的病毒和黑客程序大多利用共享目录进行传播和攻击。要定期检查和核定各用户的访问权限，以防止黑客更改，使其拥有系统管理员的身份。

4. 装配防火墙，安装防病毒软件

防火墙是位于两个网络系统之间执行控制策略的系统，用于限制外部非法用户通过网络访问内部网络资源，或内部向外部非法传递信息。防火墙的关键是确定隔离和连通的程度，系统管理员必须根据自身系统的应用环境和安全级别选择防火墙配置方案。同时要安装防毒防火墙软件，彻底保证网络安全。

5. 硬件或软件保护

对服务器资源保护的处理上，有纯软件保护和硬件保护两大类型。纯软件保护方式的特点是有较好的兼容性、处理速度快、不占用机器槽口等。缺点是直接通过 IO 端口进行写操作不能完全防范，使用中有一定的局限，优点是投资小。硬件保护是将保护软件固化到卡上或主板 BIOS 中，对硬盘端口的写操作采用了特殊软技术屏蔽，可防止软件破坏。

6. 定期升级补丁程序

由于操作系统存在漏洞，因此必须不断地打补丁，才能保证服务器不被攻击。

（二）系统运行的安全保障

为了保证图书馆集成管理系统安全、可靠，实时不间断地提供服务，根据图书馆的资金情况可选用以下两种系统配置。

1. 双机热备份系统

一台服务器为工作机，另一台服务器为备份机。系统正常时，工作机为网络系统提供服务，备份机与工作机相互监视彼此的运行情况。当备份机出现异常时，工作机会立刻通知系统管理员进行检修。当工作机出现异常时，备份机接管工作机的工作。在故障排除后，通过命令将备份机担当的原工作机的工作切换回工作机，也可将原备份机升为工作机，修复好的原工作机降为备份机。

2. 磁盘阵列与双机容错系统

可将双机容错与磁盘阵列结合在一起使用。这样可以将两者的优势同时发挥出来，确保数据的安全及数据查询和写入的高速性。

目前，在图书馆网络系统中经常使用的是双机互备援架构，两台服务器中只装操作系统和双机互备援的监控软件。业务数据、虚拟资源全部装在磁盘阵列中，磁盘阵列中的数据由两台服务器共享。这样做的好处有两点：一是在服务器级别上再提高数据处理的并行性，进一步挖掘双机容错和磁盘阵列的速度潜能；二是系统软件和数据分开，使系统软件的错误不会影响到数据的安全。在检修时只需查找系统方面的故障，大大降低了故障排除的复杂性。此外，还不会因为服务器的停机检修，而影响部分数据的使用。

不同规模和性质的图书馆，存储数据的侧重点有所不同，具体应用也不同。应根据不同的实际应用和资金情况，选择最合适的磁盘阵列存储模式和双机容错架构。一旦按某种模式和架构配置好后，就不能再改动了，因此在建设前应充分考虑好。

（三）终端机的安全策略及管理

对各业务口终端机安装设置应参考服务器，终端机应安装保护卡或还原软件，对系统盘进行保护，并安装网络版杀病毒软件。管理软件及数据安装在 D 盘，以便于升级和保存数据。应都关闭软盘驱动器，公共查询站则使用无盘工作站，这样将系统适当封闭，可有效减少感染病毒的机会。

二、图书馆集成管理系统运行安全措施

（一）用户口令识别系统与权限设置

登录密码技术是目前使用最广泛的系统安全保护手段，对图书馆网络系统而言应建立以下三个层次的用户登录口令。

1. 开机口令

通过计算机主板上的 CMOS 设置一个开机口令，只有正确回答口令后，才能完成系统引导，确认该用户有使用权。

2. 网络用户登录口令

网络系统管理员根据网络运行需要，可以建立或取消业务用户的登录口令，并利用 WindowsNT 提供的对注册口令的限制，设定账户使用的有效期限。

3. 应用系统用户登录口令

对各业务工作站的用户设置用户账户及口令，以加密状态存贮于文件服务器中。只有注册了正确的用户名及口令后，才能使用系统进行有效的工作。

系统管理员通过对应用系统用户权限的设置，可控制用户对图书馆集成管理系统各功能模块的访问权限。特别是不常用的权限、容易产生错误的操作，平时应关闭，临时使用时再开放。

系统管理员在服务器上读写外来磁盘前，必须严格检查后才能进行。

（二）系统的维护日志和技术资料的管理

无论多么完善的图书馆检查管理系统在实际的应用中都会存在一定的缺陷，分析、克服、弥补系统的不足是系统管理员经常要做的事情，因此系统管理人员在管理的过程中一定要遵循必要的操作规范。在系统运行过程中涉及数据交送、数据备份、参数设置、权限更改、用户使用系统时遇到的疑难问题时，一定要坚持每天做好书面日志，通过总结书面日志能发现系统的薄弱环节并进行适当改进，制订出一套适合于本馆切实可行的处理方案。

三、数据备份策略

要维护系统文件和数据文件的安全，最重要也是最简单的方法是对数据进行备份，一旦系统遭到损坏，便可使用备份文件快速恢复系统的正常运行。

（一）服务器的备份

服务器备份是将整个系统和应用程序所在的分区中所有信息制成镜像文件，存储在其他计算机上或刻录到光盘上，一般将应用程序和系统文件放在一个 C 盘中，由于应用程序生成的文件，默认保存位置是该程序所在的目录下。当我们恢复镜像文件时，就会产生这样一个问题，应用程序生成的文件遭到覆盖，解决的办法是将应用程序默认保存文件位置，改成其他盘的某目录。注册表备份也是工作站备份的一个重要组成部分。注册表是目前被广泛使用的基于 Windows 系统平台中的一个数据库。该数据库中存贮着所有包括系统引导、配置和基于 Windows 应用程序的数据等信点。在实际工作中注册表出现问题的情况最多，而一旦出现问题，轻则导致性能下降，重则死机。因此，注册表的备份十分重要。

（二）备份的工具

目前，使用的各种数据库系统都带有自己的备份程序，如 SQLServer 就具有强大的备份功能。主模块包括数据库选件、自动备份选件、智能灾难恢复选件、远程智能灾难恢复选件、远程代理加速包，能实现年、月、日、小时的全备及差备。

（三）备份的策略

由于电子阅览室上机读者多，数据变化快，必须要有完善的备份策略。常用的数据库备份操作可通过设置的备份日志自动完成，包括完全备份、差异备份、事务日记备份和数据库文件以及文件组备份四种方式。

1. 完全备份

完全备份是对所有数据库操作和事务日记中事务进行备份，需占用较多的时间和空间，最好不要频繁地进行。一般针对月备、周备、日备完全备份，可用做系统失败时恢复数据库的基础。

2. 差异备份

差异备份是对最近一次数据库备份以来发生的数据变化进行备份。对于一个经常进行数据操作的数据库进行备份，需要在完全备份的基础上进行差异备份。差异备份的优点是速度快，占用较小的时间和空间，一般设置半小时或一小时一次。

3. 事务日记备份

事务日记备份是对数据库发生的事务进行备份，同差异备份一样速度快，占用较小的时间和空间，但能备份自上次备份以来对数据库进行的所有修改，而差异备份仅能恢复到最后一次修改。

4. 数据库文件和文件组备份

数据库文件和文件组备份是在数据库非常庞大、文件组包含了一个或多个数据库下进行的备份。

（四）备份的方式

两种以上的备份互补。为了防止系统误差和操作失误，应采用两种以上的备份方式，一是利用数据库及操作系统本身的备份功能，二是利用专门的备份软件对数据进行备份。本地与异地备份相结合，为了防止物理损伤及灾难，除在本机及其他储存设备做备份外，还应在图书馆以外的地方建立远程备份数据，可防止毁灭性破坏。

（五）备份的检查

建立规章制度，确保数据的安全性及完整性。制定备份数据日志检查表，每天定期对备份数据进行检查，查看系统是否完成备份，如出现问题及时解决。每隔一段时间将备份的数据在其他服务器进行一次恢复，查看数据是否完整。

（六）建立应急机制

由于电子阅览室是连续不间断服务，没有永远不坏的设备，如果服务器的软件及硬件出现故障将中断服务。为了保证在最短的时间恢复服务，应建立一套应急机制，对可能出现的问题制订处理预案。关键的服务器应有备用机，备用机可采用配置较高的 PC 机做备用服务器，一旦出现故障可尽快恢复运行。

四、明确岗位职责，细化安全管理目标

加强图书馆管理系统的运行与管理，最重要的是实行岗位目标责任制。对系统管理员而言，就是要根据硬件管理、软件应用、维护、监控、数据控制、读者培训等不同的岗位或职责范围，将安全目标细化。例如，硬件管理岗位强调设备的配套、兼容和日常维护。软件应用岗位强调数据流动中的控制管理，特别是交送数据、设置参数及权限、备份数据等工作的安全保障。读者与用户培训教育或管理岗位，需要明确正确指导读者使用、保证读者或用户安全使用的责任。日常值班监控管理的人员则需要高度的责任心和赏罚分明的管理制度，强调严密监控，防止突发事故并制定各种补救措施与办法。只有将安全目标层层分解到相应的岗位上，量化为具体的岗位责任目标，图书馆管理系统的安全管理才可能落到实处。

第四节　网络环境下图书馆的信息安全及其对策

由于我国的信息化建设起步相对较晚，信息安全技术比较滞后，法律法规还不健全，由此产生的信息安全问题直接影响着我国经济、政治和社会的健康发展，高校图书馆信息安全也面临着威胁。

一、网络环境下高校图书馆面临的安全威胁

（一）数据结构、存储、处理等问题

第一，数据的异构性和不完备性。图书馆信息服务中的数据分析、数据处理和数据挖掘等大数据技术的实现也需要大量的大数据资源支持，而这些数据不仅数量巨大且来源多样，越来越多地分散在不同的管理系统中。例如，存在于图书馆数据库中的"行数据"，即可以用二维表结构来逻辑表达实现的结构化数据，如书目信息、电子资源数据库等；也可能是自动化系统中蕴含的大量丰富的读者利用图书馆借阅图书资源的信息和历史以及在其他社会场所，如商业中心、社会服务中心、娱乐中心和工作空间等的信息行为等非结构化和半结构化数据。数据的不完备性主要是指所获取的大数据常常包含一些不完整信息，甚至错误的数据。因此，在进行大数据分析处理之前，有必要对这种数据的异构、不完备性进行加工、重组，转换为规律的、集中的、有序的数据，为图书馆将来的信息服务提供坚实的数据保障。

第二，对数据的存储、处理。传统的数据仓库是通过ETI工具将数字资源中的数据抽取到数据仓库进行集中存储和管理，然后根据用户端向服务器发出请求，由服务器应答，从数据仓库中读取及访问数据，并进行数据分析，返回结果给用户的垂直结构。大数据时代，由于数据量猛增，有可能一天之内就要多次处理PB级的数据，而且主要是非结构型的数据，是水平结构的横向请求服务。传统的关系型或柱状数据库不能处理非结构数据库类型，现有IT构架无法高效处理这些复杂数据结构的数据，需要不同的解决方案来满足这方面的业务需求。云端广泛的平台使得高校图书馆的界限变得模糊。移动办公、云端服务让高校图书馆的形态发生了质的变化，只要有智能终端设备，馆员就可以在任何地点与读者

或用户沟通，一线文献采访、服务现场可以及时返回数据。由于大量数据云端化，它甚至使图书馆馆员与读者的边界消失了，这时图书馆变成了一个广泛社会化结构。

（二）不良信息大量传播问题

尤其是计算机网络和国际互联网的出现，使信息网络化、全球化，信息文明的浪潮正席卷全球。互联网用虚拟手段为人类开启了一方全新的文化空间，网络文化以其无可抵挡的魅力对人们特别是青少年的教育、生活和工作方式以及价值观产生着巨大的影响。然而，虚拟的网络世界烦冗复杂，网络文化往往混杂着种种不良信息，严重污染高校图书馆信息安全环境。不良信息的大量涌入，给高校图书馆带来了大量的负面影响。高校图书馆的信息发布功能被大量的不良信息所利用，成为其传播的媒介和平台。这种情形严重干扰了图书馆正常的信息发布工作。

（三）数据网络安全问题

由于大数据更多的是基于一种网络数据服务的模式，网络节点的不断增加，网络安全对其将是一个严峻挑战。不同区域的数据、资源的快速整合、动态配置、共建共享为用户提供快速推送和便捷化、个性化网络服务的同时，IT网络构架、服务平台的开放、暴露，蕴含着海量数据和潜在价值的大数据更容易吸引外来的攻击，而且攻击者的工具和手段呈现平台化、集成化和自动化的特点，具有更强的隐蔽性，攻击时间和潜伏时间更长，攻击目标更加明确。应用程序编程接口（API）访问权限控制以及密钥生成、存储和管理方面的不足都可能造成数据泄露，甚至将恶意软件和病毒代码隐藏在大数据中，使之成为一个可持续攻击的载体，利用大数据技术进行攻击。一旦数据遭受攻击，由此引发的后续危害也是不可预测的。

二、网络环境下加强高校图书馆安全的对策

（一）培养大数据思维，树立数据意识

大数据不仅是一种应用性很强的实用工具，更是一种重要的思维方法。重视大数据，也是一次思维方式的变革。从对大数据的认识中，掌握工作重点，探索工作规律，提升工作的自觉性与主动性。读者的需求，有时并不总是看得见摸得

着的。因此，在大数据时代，高校图书馆要想在竞争中立于不败之地，就必须先培养大数据的思维。更要树立数据意识，认识到数字的重要性以及数字是最准确的语言，学会用数据来阐释事实，揭示关系，厘清脉络，证明观点，适应时代的变化，跟上时代的步伐。大数据思维有如下四个维度。

1. 定量思维

一切皆可测。对图书馆业来说，大数据的来源，不仅包括嵌入在图书馆相关资源中，实现资源的跟踪及分析的RFID射频数据，分布在图书馆不同位置或环境中的传感器对所处环境和资源进行的感知，不断生成、长时间积累所产生的巨大数据，还有社交网络交互数据。随着社交网络应用的逐步推广，社交网络所产生的数据量远远超过以往任何一个信息传播媒介，毫无疑问，将会成为未来很长一段时间内，大数据最为主要的来源之一，特别是随着移动互联网及移动互联技术的不断完善，使得图书馆可以灵活获取移动电子设备、人员、资源、用户行为和需求等信息，对这些移动互联数据信息进行实时分析，可以帮助我们开展有效的智能辅助决策。

2. 跨界思维

一切或可联。跨界有不同媒介、渠道间的跨界，也有信息服务模式、数据应用的跨界，如和企业用户的竞争情报系统、公共图书馆、社交媒体、其他信息咨询机构、掌握相关技术的公司企业进行跨界合作。

3. 操作思维

一切要可行。其一，应用大数据，不等于非要有高大上的设备和硬件投入。其二，要把数据和用户心理结合起来，营销精准但不要引起用户的反感。其三，大数据管理要与关键绩效指标法（KPI）结合起来，协调各个部门的利益，否则大家对数据采集不积极甚至不合作。

4. 实验思维

一切应可试。比如，要想知道推荐的效果，可以做一个实验。一半读者或用户有推荐，一半没有。从短期看，推荐效果并不明显，但长期效果非常明显。因为推荐是读者体验的一部分。短时间内，读者或用户对所推荐的信息或服务可能没有需求，但到有需求时就会想起来，尤其是当推荐的信息服务符合他们的品位和个性化需求时。

（二）重视队伍建设，强化人才储备

面对大数据时代和信息网络化的发展，人才在业界竞争力中的基础性、战略性、决定性作用日益凸显。只有具备相关学科背景和技术基础的人，才有可能胜任大数据分析的重担。高校图书馆要着眼于长远发展目标，树立战略性、系统性和整体性的人才建设理念，加强高校图书馆人才队伍建设。

1. 创新图书馆人才管理机制

把人才队伍建设作为一项重要的战略任务，放到图书馆议事日程上。真正认识到人才是资源，必须抓紧开发；人才是资本，必须要运作；人才是资产，必须要增值。机制是当前影响人才资源开发的重要因素。打破论资排辈和"大锅饭"的条条框框，按照效率优先、兼顾公平的原则，实行聘任制、竞争制、淘汰制等工作机制。图书馆应以人性化的制度管理人、激励人，注意激励制度的合理利用。注重对培训实际效果考核考评的同时抓好培养人和使用人的机制。奖惩分明，注意调动职工的积极性，并有意识、有计划地培养一些有发展前途与潜力的馆员。创造机会与空间使馆员才能得到充分发挥，加快培养技术创新人才，提升现有人才素质，倡导和加强人才终身教育，从而吸引、稳定和壮大人才队伍。

2. 有针对性地引进人才

大数据时代图书馆馆员除需具备传统馆员的基本素养外，还需要具备对数据做出预测性的、有价值的分析的重要素养。因此，高校图书馆在发展的进程中要打破传统用人标准，除了招聘具有图书情报学专业背景的馆员外，还应该聘用具有其他学科背景，如数学、统计学、计算机、心理学、管理学等其他专业背景的优秀人才。通过多学科的知识聚合和智力支撑解决自身的发展困难，更通过具有不同学科背景的智慧群体开展大数据研究。当然，也可与专业的数据、信息处理公司合作，外包或租用其成熟的技术人员也不失为一种现实的选择。

（三）健全保障机制，确保数据安全

大数据研究在提升高校图书馆读者服务质量方面具有广阔的前景，大数据资源将成为高校图书馆的核心资产。图书馆在利用数据处理、数据挖掘、数据分析等技术获取大数据蕴藏的高价值，创新服务模式，提高服务质量的同时，其中事关国计民生，具有自主知识产权的重要数据，以及大量涉及个人隐私的读者数据需要保护。高校图书馆要想实现双赢，就必须重点考虑如何确保各类数据资源存储安全，如何降低网络安全威胁，如何防止隐私泄露等问题，建立一套科学健全的安全、保密措施；从技术层面保障存储安全，提高网络安全防范技术；建立数据监管体系，对读者和图书馆的重要数据、敏感数据、隐私数据进行监管；加强图书馆信息安全制度建设，建立完善的保障体系，对于数据的开放程度、范围等要进行明确划分，严格的监管、执行以及惩处措施也不可或缺。这样才能确保我国高校图书馆进行合理、合法的数据信息利用和传播，从而实现既充分发挥大数据的优势，又不侵犯用户隐私的共赢目标。

第七章　高校图书馆管理服务体系构建

第一节　信息资源共享服务体系

信息资源建设和信息资源服务是图书馆的基本职责和任务，其最终目的就是实现信息资源共享，以最大限度地满足用户的信息资源需求。构建图书馆信息资源共享，可以有效整合图书馆之间的各种数据资源，使各种文献资源在各个图书馆之间得到合理分配，从而能够为不同用户提供不同层次的信息服务。

一、图书馆信息资源共享

虽然自人类社会产生图书馆和图书馆馆员以后，信息资源共享的实践活动就已经开始了，但信息资源共享只是近年来比较流行的一个新的专业术语。这个新的专业术语的产生大致经历了图书馆资源共享、文献资源共享、信息资源共享等几个概念发展阶段。

信息资源共享（Information Resource Sharing）是指图书馆在自愿、平等、互惠的基础上，通过建立图书馆与图书馆之间和图书馆与其他机构之间的各种合作、协作、相互协调关系，利用各种技术、方法和途径，开展共同提示、共同建设和共同利用信息资源，以最大限度地满足用户信息资源需求的全部活动。

基于信息网络通信技术，通过图书馆信息资源共享，可以实现各类文献信息资料在各个图书馆之间的传递，这样用户就能通过一定的公共网络信息服务平台，快速获取自身所需的信息服务。促进图书馆信息资源共享，最终目的是促进信息资源共享，提升服务层次，降低信息费用，提高图书馆的经济效益和社会效益，从而最大限度地满足众多用户不同层次的信息需求。现代文献信息资源已经泛指到生活的各个领域的文字、数字、文化资源类科目的分享和共用。

信息资源共享的宗旨是使用户的信息需求得到最大限度满足，信息服务机构的社会效益和经济效益发挥巨大的效用，努力对信息资源进行合理配置，以最少的投入提供优质的信息服务。信息资源共享的实质是使信息资源在各主体间的布局更加合理,在空间上的配置更加优化,在有限的信息资源条件下,最大限度地满足用户的需要,提高信息资源的效用。不少作者从共享对象出发阐述信息资源共享的实质。

如马费成先生认为:信息资源共享的信息是公共的信息,是可以租让的信息,是潜在的信息。正是其多样性,将它与一般经济区别开来。李蓉同志认为:信息资源共享代表了现实社会公众的利益,只有在信息开放、扩大流通的基础上,建立低成本或无偿的信息使用,才能使公众的利益得到保障。查先进同志认为:信息资源的共享在减少资源浪费的基础上,还充分体现了合作的精神。通过对信息资源共享对象的分析,使我们更加明确了信息共享的实质是为社会公众服务的。

(一)图书馆信息资源的构成

图书馆历来被公认为是信息知识的收集、加工、利用与传播中心,在信息社会图书馆信息资源的构成发生了翻天覆地的变化,主要包括:图书馆 MARC 格式目录库所反映的现实馆藏资源;图书馆自建的学位论文数据库、特藏资源数据库;图书馆购买的拥有使用权限的联机数据库或者安装在馆内的镜像站点;图书馆订购的光盘数据库;图书馆通过网络获取的电子虚拟馆藏。这些资源载体不同、类型不同,既包括印刷型又包括电子型,既有一次文献,又有二、三次文献。不同类型的资源有不同的检索程序,不同的电子资源数据库也有不同的口令、密码及使用方法,给读者的使用带来方便的同时也增添了许多不便。

(二)图书馆信息资源建设

随着计算机网络技术的不断发展,信息资源已成为图书馆的重要组成部分,信息资源建设成为衡量图书馆实力的重要指标。信息资源建设是图书馆赖以存在的物质基础和保证,信息资源的质量和体系建设的优劣直接影响着图书馆信息服务的水平和效率,现阶段,信息资源建设主要包括文献资源建设、数据库建设和网络信息资源的开发与组织等。因此,研究图书馆信息资源建设对于图书馆的建设非常有必要。图书馆的信息资源建设主要包括三个方面:

1. 纸质文献资源建设是基础

传统的纸质文献资源是图书馆长期发展而积累下来的重要资源,具有很好的稳定性、准确性、权威性,是所有信息资源发展和建设的重要基础。为了实现纸质文献的最大化利用，应促进馆际合作，针对各馆原有馆藏特色或者用户需求，在资源建设过程中有针对性地进行采购，必要时可以在馆际间实行馆藏流动合作，避免馆藏资源的重复建设。为了达到优化馆藏资源的目的，应组织传统图书馆成员统一进行文献采访，就用户偏好、学历背景、学术背景、文献质量等多个方面向学科专家广泛征求意见，以保证资源采访准确性，增强资源采购的针对性，满足用户群的个性需求。

2. 数字资源建设是重点

数字文献资源包括书目数据库、数字化纸质馆藏数据库、各类数字出版物（音像制品、电子图书、电子期刊、电子报纸等）多种资源类型，其中数字出版物采购过程中同样需要严格准确地把握资源的针对性、可靠性、权威性、兼容性，统一调配采购，既要避免资源的重复建设，也要保证数字资源的系统性、完整性。区域图书馆联盟在参考传统图书馆管理体系以及国家相关技术规范的基础上，制订本地化数字资源的建设方案，特别是书目分类标引体系、纸质文献数字化标准、数据库建设规范、数据库安全管理规范、数字资源共享传输协议等，以实现区域数据库联网建设及共享。同时要统一协调数字文献资源选配，根据成员馆资源建设需求，经过充分论证、共同协商，集中采购商业数据库或者数字文献资源，实现资源优化配置。

3. 网络信息资源为补充

网络信息资源具有分布广、增长快、数据标准不一、信息源不规范、内容丰富繁杂、检索方便快捷、时效性与实效性强等特点，想要准确、快速、高效地搜集、整理和分类权威可靠的网络资源特别是网络学术资源，对图书馆来说是一个庞大而艰巨的任务。因此，应合理安排各成员馆的资源与任务，实行分工协作，共同建设可靠的网络信息资源数据库。

二、资源共享是图书馆发展的根本

（一）图书馆信息资源共享必要性

1. 使图书馆的有限信息资源无限化

随着网络和信息技术的飞速发展，面对海量信息，面对读者需求的多元化，面对眼前有限的经费，每个图书馆馆藏能力有限，为了满足各种类型的读者需求并提供个性化的服务，图书馆只能采取合作和信息资源共享的重要手段应对管理机制进行革新、对管理观念进行转变。闭门造车的模式早应该被淘汰，开启门户才是硬道理。图书馆间只有利用网络联系世界各地的信息资源，加强与国际的交流与合作，真正参与到资源的共享活动中以实现信息资源的共享，使有限的文献信息资源扩展到无限，从而更加丰富图书馆的文献信息资源。

2. 有利于图书馆信息对称最大化

用信息的行为和方式，成为人们生活的一部分。网络信息量与日俱增，海量信息在丰富了人们的信息来源的同时，也给人们获取信息造成了困扰：信息的不对称，用户信息需求与所得之间，存在着严重的错位，使得用户信息需求的特定性与信息资源分布的无限分散性之间的矛盾日益加剧。用户被信息的汪洋大海所包围，在使用中人们发现要准确、快速地查找自己所需的信息已变得越来越困难。单靠自身的力量，很难采集全面的文献信息资源，更谈不上进行有序的加工，满足读者的需求更是难上加难。只有充分地联合图书馆，分工协作，信息资源共享才能提高图书馆信息服务效率，才能个性化地服务读者。

3. 有利于图书馆的有限信息资源产生无限效益

图书馆投入馆藏建设的资金和资源是有限的，"共享"可使得资金的利益最大化，资源的浪费最小化。对图书馆的利益来说，"共享"不仅能缓解单个图书馆在资金和经费方面的压力，也弥补了本馆书刊资源不足的缺陷，意味着可以用较少的付出就能获得满足读者的需求的回报。在这种情况下，馆际间的资源共享让有限的文献信息资源产生无限的效益，这种可行性比较高的方法在一些经济利益冲突不大的图书馆之间十分可靠，可谓"性价比"较高。

4. 有利于合理配置图书馆信息资源

目前，重复订购、资源冗余的现象在各个图书馆之间普遍存在，尤其是对某些重要文献的重复订购。众所周知，各个图书馆的购书经费有限，解决的方案可采取通过协调合作，多方位、多渠道、统一筹划、立体化的合理构建，同时进行联合采购和编目建立，构建联合电子信息资源数据库。这样带来的好处是不言而喻的，协调采购的办法就可在一定程度上避免重复订购现象，避免浪费。馆际资源共享使各图书馆间有效地避免了文献资源的重复建设。图书馆需要调整馆藏格局从而降低收藏功能，突出服务功能。

（二）信息资源共享的意义

信息资源共享的建设将成为图书馆当前及未来的主要工作中心及发展方向，对其发展具有不可替代的重要意义。

信息资源共享可以解决文献量和价格的激增，带来的购书经费不足的问题，合理配置资金，减少图书管理的工作量。随着经济的发展，科技的进步，各学科领域中的文献量和价格以迅猛的态势增长。据联合国教科文组织的报告，目前全世界每年以 80 多种文字出版的文献超过 60 万种。其中图书 30 万种、期刊 15 万种，其他形式的出版物（报告、专利、论文）15 万种。在我国，仅期刊资源每年增长率为 5%~7%，每 10-15 年翻一番，发表论文增长率为 8%~9%。中文期刊的价格也曾以每年 23% 的速度上涨，外文期刊价格的涨幅也十分可观，然而同期文献购置经费平均年递增率却不到 10%，有的甚至是零增长。面临如此严峻的资金短缺问题，为了更加合理地配置资金，促进图书馆的发展，优化图书馆资源，就必然要选择走信息资源共享的道路。如此就能保证在文献量入藏不足的情况下，满足人们对信息资源日益增长的需要，避免重复浪费。

信息资源共享可以提高文献的利用率，经调查研究发现，图书馆中的大部分文献资料都没有被合理的利用，用户的大部分需求通常集中在馆藏 20% 的资料中。从某种程度上来说，馆藏 80% 的资源无形中造成了浪费，这样不仅大大降低了文献的利用率，而且造成资金的浪费。通过信息资源的共享就能有效解决此问题，使他馆的用户可以通过共享模式查找到别馆的所需信息资源，扩大了信息来源的途径，增加了信息资源的利用，使各图书馆之间的沟通加强了，资源得到有效利用。

信息资源共享可以提高用户使用的满意度，解决文献分布不合理所带来的问题。随着科研水平的不断提高，信息资源的种类不断细化，用户对信息资源的需求越来越强烈，要求越来越高，但各地的文献分布并不是十分合理，越是发达的国家其馆藏资源越是丰富，所以各图书馆已不再可能凭借自身的力量满足用户多样化的需求。这就要求各图书馆要有信息资源共享的意识，如此才能在有限的资源条件下，优势互补，最大限度满足用户的信息需要。

二、信息资源的整合

(一) 信息资源整合

1. 整合

整合是整理、汇合、聚合、融合的意思,一般理解为将看似无关、实则有关的东西整理为一个有机整体的过程或结果,形成一个有效的系统。由此看来,整合的结果是形成规模更大的事物的集合,这个集合形成的整体效益、效率大于单个事物单独状态发挥的效益、效率,更要大于各单独状态之简单叠加的效益、效率。整合的实质就是各个单独事物共同遵循统一的原则、标准、规定,打破原有的界限形成有机的统一体。其内涵充分验证了部分之和大于整体的系统论观点。简言之,整合后发挥的是整体效率,体现的是整体效益。

2. 信息资源整合

信息资源整合是指信息资源优化组合的一种存在状态,是根据系统的原则,依据一定的需要,对各个相对独立系统中的数据对象、功能结构及其互动关系进行融合、类聚和重组,重新结成一个新的有机整体,形成一个效能更好的、效率更高的新的信息资源体系。从而全方位地为科学研究、决策提供信息保障。这里的信息资源指的是经过一定程度加工整序过的,一个个相对独立的、不同类型、不同学科的数字资源系统,不包括网上无序的和自身没有控制的数字信息资源。这个概念逻辑性强,组织严密,目标明确。全面、完整、准确地揭示了信息资源整合的丰富内涵。

(二) 图书馆信息资源整合

图书馆信息资源整合可以概括为遵循一定的原则、规范、标准,把图书馆范围内的资源无论是网上虚拟资源还是馆藏书目资源,或是自建数据库等多种载体、多种形式、分散异构的信息资源有机地结合在一起,实现图书馆所有资源分编流通工作的融合,使用户能够在统一的数据存取模式下通过统一的用户界面完成对不同数据库和网络资源的检索。若要更好地实现图书馆信息资源的共享,首先要对图书馆信息资源进行合理整合。信息资源整合的目标就是将各种载体、各种来源的信息资源,依据一定的需要,进行评价、类聚、排序、建库等加工,重新组合成一个效能更高的信息资源体系,使人们能够通过统一的检索平台查找和浏览相关信息资源，更有效地利用信息资源。信息资源整合对各种渠道信息的收集整理以提高读者检索效率以及对资源的统一管理有着非常重要的作用；通过信息资源整合还能很大程度上节省资源购置经费；满足读者对信息共享和个性化的需求，提高读者的信息利用率；有效地避免资源重复浪费，更好地为读者服务。

图书馆信息资源整合包括数据整合和知识整合。数据整合就是指信息资源在逻辑上或物理上的合并。这种形式仅表现为信息资源数量上的变化，数据之间并没有关联，为表层的整合。数据资源整合的许多数据资源仅仅是经过了简单的汇聚而成，并有形成真正的知识源以供研究人员利用。图书馆承担着提供知识查询的手段和知识组织整理的责任。知识整合就是在数据整合的基础上对信息资源的更进一步、更深层次的优化、整合，也称为应用层整合。它是通过对某学科数字资源的分解重组，按知识体系的关联性、主体性组织成网状相互联系的知识资源整合系统。这种整合模式能使不同领域的知识体系化、结构化，能被多个知识发现、重新组结成为一个新的共享的有机整体，形成一个效能更好、效率更高的新的信息资源体系，为实现资源的整体化、一体化的共享奠定基础，以达到信息资源共享的目的。

图书馆从传统的纸质文献为主的采集策略逐渐转向面向用户需求、以数字资源为主体的多元化、开放性知识保障格局，其内涵和外延已经发生了深刻变化，不断加强知识服务功能是图书馆面向未来的新的挑战。如何使异构的知识能够互通有无、交换共享，这就需要进行对现有信息资源中的隐性知识进行知识发现和知识的组织、改造、挖掘，包括深层次的数据挖掘、文本数据挖掘、文档数据挖掘等。基于知识体系的资源整合，就是创新知识的过程，就是对信息资源进行科学的计划、组织、协调和揭示，从而有效地保证知识组织目标的顺利实现。

三、信息资源整合的分类和内容

（一）整合的分类

1. 按照图书馆信息资源整合的区域位置划分

（1）国家范围内图书馆界信息资源整合。这种整合类型也可称为宏观意义上的图书馆信息资源整合，涉及全国范围内各个地区图书馆界广泛意义的协作，信息资源从采购到利用各个环节统一协调、统一标准，实现国内图书馆界的互通有无、资源共享。

（2）地区范围内图书馆信息资源整合。在信息内容和信息服务方面，由于缺乏统一的领导和协调，造成很多地区出现了在同一区域内各个图书馆网络系统间资源开发分散、重复现象严重，处于互不相同、相互独立的局面。

（3）单个图书馆范围内的信息资源整合。指的是图书馆作为独立的个体进行的信息资源整合，这种整合具体表现为跨库检索、学科导航、学科馆员制等。

2. 按图书馆信息资源整合深度划分

（1）浅度信息资源整合，指的是多个馆藏的简单相加，没有进行深度融合。

（2）中度信息资源整合，即对相关数据库内的数据对象去除重复信息的整合，提供用户的不单是统一的查询界面，而且是不重复和高质量的信息。

（3）深度信息资源整合，这是图书馆基于知识管理理念的深层次用户服务。打破各个数据库数据资源的分割局面，按照知识单元组织信息提供给用户。信息资源整合程度越深，用户吸收和利用信息的效率就越高。

3. 按资源涵盖范围划分

（1）学科综合性信息资源整合包括自然科学信息资源整合、社会科学信息资源整合、人文科学信息资源整合、工程技术信息资源整合等；

（2）学科分散性信息资源整合包括几个专业信息资源的整合；

（3）学科专业性信息资源整合仅包括一个学科专业的信息资源整合。

4. 按文献加工程度划分

（1）全文型信息资源整合，即一次文献的整合；

（2）检索工具型信息资源整合，即二次文献的整合、三次文献的整合；

（3）混合型信息资源整合包括一次文献、二次文献、三次文献的混合整合。

5. 按资源类型划分

（1）图书资源的整合；

（2）期刊资源的整合；

（3）报纸资源的整合；

（4）会议论文的整合；

（5）各种资源混合型整合等。

（二）整合的内容

1. 馆藏信息资源与各类信息资源的整合

（1）加强馆藏信息资源与网络信息资源的整合。网络信息资源是指以电子数据形式把文字、图像、声音、动画等多种形式的信息存储在光、磁等非纸介质的载体中，并通过网络通信、计算机或终端等方式再现出来的资源。网络信息资源的出现，打破了图书馆传统的信息组织与加工的形式，信息资源的构成类型也由此发生了根本性变化。网络资源不受空间、时间的限制，能随时随地满足读者获取信息的需要，也使得图书馆在信息资源建设上更加丰富多彩，现已成为重要的信息资源来源。因此，只有对馆藏信息资源与网络信息资源整合，才能满足读者对信息资源的全方位、综合化需求，才能使图书馆的信息资源建设朝着现代化、科学化发展。

（2）注重对数字信息资源的整合。对馆藏纸质文献资源进行 MARC 编目，形成馆藏书目，通过 OPAC 系统，把馆内信息资源与网络信息组建起馆藏文献资源数据库，使各种类型的文献资源实现纵向整合，构成为系统化、整体的信息资源数据库，为读者提供检索服务，把图书馆局部资源优势转变为整体优势，方便读者获取自己所需要的信息，不断满足学校教学、科研发展需求，发挥出图书馆信息资源的最大优势。

（3）要以学科、专业建设来组织信息资源整合。建立学科、专业信息门户，通过收集某一领域学科、专业中研究机构、实验室、图书、期刊、工具书、会议论坛、专家学者、科研报告等信息资源。根据读者的兴趣、层次、类型等变化，结合馆藏文献资源的结构，为读者提供更专业、更深入的数据检索，为读者获取相关信息提供便利。

2. 高校图书馆信息资源与公共图书馆文献信息资源建设的整合

积极参与信息资源建设，为经济文化服务，是推动图书馆信息资源建设，实现图书馆文献信息资源的共建与共享，提高图书馆文献服务价值的必然之路。建立高校图书馆与地方文献资源共建共享协调服务体系，成立以地方文化服务机构为主管，以省市图书馆牵头的高校图书馆等单位的联合机构，明确分工，以资源共享，优化基于书目管理系统 OPAC 的资源整合。OPAC 系统是图书馆检查系统中最基础的检索工具。OPAC 全称 Online Public Access Catalogue，在图书馆学上被称作"联机公共目录查询系统"，读者通过万维网实现图书的查找和借阅，是传统图书馆读者熟练掌握的检索工具。OPAC可以通过在MARC856字段中记录电子文献的URL，方便读者能够方便、快捷地查询实体馆藏资源和数字资源信息，实现馆内信息资源的整合。还可以通过Z39.50协议实现与外部数据的整合，生成联合馆藏书目查询系统。OPAC通过这两种形式的整合，不受馆内资源和书目服务的限制，方便地使用到馆外的或数字化的文献资源。它是一种目录级的整合，根据整合的对象可以划分为馆内资源整合与馆外资源整合。读者可以一站式查询和获取所需的信息资源。

（三）图书馆信息资源整合的模式

1. 跨库检索技术模式

跨库检索也被称为联邦检索，多数据库检索，集成检索，统一检索等。但究其原理，都是基于跨库检索系统的整合，以多个分布式异构数据库为整合的对象，整合后系统为用户提供统一的检索界面和信息反馈，从而实现多个数据库的同时检索。整合后的界面没有自己的资源数据库，它仅仅是建立一个代理界面来接受用户的检索请求，并将这些请求转换成相应的数字资源系统方法和检索语言，并将各个资源系统返回的检索结果进行排序和整合。这种整合方式避免用户逐个登录数据库、输入检索条件，提高了用户获取信息资源的效率；检索的结果以统一的格式、统一的标准排序，方便了用户的浏览和选择。但是由于技术的原因，检索时只能利用源数据库"共同"或相似的检索模式，源数据库有特色的检索模式可能不能利用，不支持高级检索，查准率和查全率较低。当前在跨库检索系统开发方面，全球都有一些实践推进，如美国加利福尼亚大学的数字开发的跨库检索系统、Searchlight开发的OCLC Search、ISI Web of Knowledge开发的Cross Search等。国内也有很多研究机构和图书馆开发了跨库检索系统，如中国科学院国家科学图书馆的"找科学数据"跨界检索系统、CALIS统一检索系统等。

2. OPAC技术模式

OPAC技术模式简单而言可以理解成数字化的网络图书文献资源目录，这往往是用户利用图书馆资源最常见的方式。这样的整合模式以联合目录为基础构架，依托于图书馆管理系统，显示所有本馆书目和其他馆、机构所藏书目资源，并以统一检索入口的方式向用户提供服务。从技术原理来看，往往是通过Z39.50协议实现馆际OPAC数据库的整合，利用MARC记录里的856字段揭示信息条目实现资源贯通。这种整合模式解决了实体馆藏资源和数字资源的对接问题；用户不需要熟悉新的系统和检索方式就可以利用外馆的数字信息资源。但是对于数据结构和通信协议存在差异的数据库之间的整合无能为力；由于人力、物力和知识产权等问题的限制，实现全面信息资源整合的可能性较小；电子资源的链接地址也不能随意更改，系统维护成本较高。国外本领域的实践已经进入新的多媒体跨库整合的层面，我国也在这方面进行很多有益的探索。我国国家图书馆的联机公共目录查询系统，也是基于OPAC开发的统一检索平台，整合了馆藏的中文、特藏、外文文献数据库，向用户提供便捷的服务。

3. 资源导航技术模式

资源导航是由专业人员利用相关信息方法、软件、系统和平台，对网上开放存取的有价值资源进行收集、描述、分类、重新组合，开发出更方便利用的方式，甚至还可以提炼出更有价值的深层次信息。从流程上而言，以学科学术资源导航为例，首先是通过网络信息搜索工具获得相关的信息条目，依照学科主题进行分类，再依据分类从目标开发存取数据源抓取信息，经过过滤整合存储，依照一定的格式，形成网络学术资源导航库，提供给用户使用。当前还有学者就CIT在信息资源导航中的应用和网络灰色文献资源导航等方面进行了深入研究。国内的大型资源导航门户以CALIS开发的重点学科网络资源导航门户为代表，其整合了国内哲学、经济学、法学、教育学、文学、历史学、理学、工学、农学、医学和管理学等重点学科重要研究机构和高校的网络资源，提供分学科门类和一站式检索服务。

4. 动态信息链接技术模式

信息链接，即采用一定的技术手段如超文本链接技术，将信息实体间及信息实体基本属性间的内在关系组成一个有机统一体的资源整合方式。基于信息链接的整合是通过超文本链接机制，将存在于异构资源系统中的信息实体及信息实体基本属性间的内在关系整合起来，组成一个有机的信息网络。链接技术有静态和动态两种，动态链接由于能够随着链接环境的改变而做出调整，避免了死链接问题，在当前引发了大量的探索。如基于美国国家信息标准组织标准为由提出的开放链接标准研发相对应的资源链接模块，采用ExLibris公司推出的网络数字资源无缝链接软件系统SFX进行图书馆数据库整合。

5.学科信息门户应用模式

学科信息门户是一种网络信息组织工具，也是图书馆实现学术信息资源整合的一种重要方式。它是在网络信息资源飞速增长的情况下，将特定的一个或多个学科领域的自由、工具盒服务集成，为学科信息用户提供更为方便和快捷的检索和服务接口。目前，国内外大量的学术研究机构和图书馆都已经构建了自己的学科信息门户。学科信息门户根据 T.Koch 的观点，具有以下特点：一是以学科信息为主要服务内容的服务体系；二是高度集成和更新迅速的服务体系；三是以有针对性地提供关于学科信息资源方面的解决方案为目的的服务体系；四是以智能化为重要特征的服务体系。我国最具代表性的就是中国科学院国家科学图书馆按照学科特色并参照相关的国际标准分类开发的"图书情报学科信息门户"等五个学科信息门户。

6.合作数字参考咨询应用模式（CDRS）

合作数字参考咨询服务是一种以用户为导向的信息资源整合和服务模式，它是在多媒体技术、网络技术等信息技术高速发展的背景下，依托网络基础设施，由多个图书馆和情报机构共同协作，在各个部门资源和服务优化重组的基础上，突破时间、地域、语言、系统等外界障碍，通过网络数字参考咨询平台为用户提供的一种分布式的虚拟参考咨询服务。这种整合方式大大增加了服务系统后台的学术资源，形成了成员馆之间的优势互补；最大限度地提高了信息资源的利用率，实现了信息资源、智力和服务的共享；由于克服了时间、地点和语言的限制，服务的领域更加广泛；用户能和咨询专家实时交互，需求得到充分表达，使得咨询更具时效性和针对性。但是由于平台相对简单、回复速度较慢、参考咨询人员素质不齐、宣传力度不够等问题，为用户对系统的使用带来一定的不便。

四、图书馆信息资源共享平台建设

（一）图书馆信息资源共享的模式

1.文献传递模式

早期出现的文献资源共享活动主要是合作藏书和馆际互借，它们虽然是有效的，但无法解决文献资源共享活动中一些非常现实的问题，例如，在馆际互借活动中，用户如何克服空间距离障碍方便地获取文献？在网络时代，人们找到了解决这个问题的方法，这就是文献传递。文献传递可以包括图书馆传统服务，但主要是指那些新的服务，如远程的传递、结算或收费，传递者对传递物不具有所有权。在信息技术不够发达的情况下，馆际互借是最好的模式，但随着信息技术的不断进步，尤其是网络化、数字化技术的发展，文献传递所具有的更加灵活，更加高效的优点显现出来，并成为当代文献信息资源共享的主流模式。如果没有文献传递系统，用户通过文献存取系统检索到文献的信息后，或者无法得到原始文献，或者必须以很高的成本获取原始信息，这样存取的价值就会大大降低。

网络技术的发展大大改善了文献传递的环境，文献传递的商业运作成为可能，商业化文献传递（CDD）出现了。CDD 的出现对图书馆服务的冲击是显而易见的。CDD 出现后。它们以良好的服务质量、灵活的影响策略为读者提供快速便捷的优质信息服务。CDD 的服务为图书馆提供了多种选择。图书馆积极探索利用 CDD 拓广文献资源的同时也向 CDD 学习，在读者服务中引入 CDD 机制，使得图书馆在网络化环境利用 CDD 成为必然。

2. 存取与拥有模式

解决读者获取馆藏文献信息的问题，直接导致了"存取"概念的出现及其在文献资源共享理论体系中地位的上升。在现代文献信息共享活动中，人们对各种文献包括异地文献或虚拟文献的存取能力看得比拥有文献更为重要。存取是文献资源建设这一应用图书馆学领域产生的概念，但它却对理论图书馆学产生了很大的影响。Kane 在为《图书馆学情报学百科全书》撰写的词条"存取 vs 拥有"中，更是将拥有和存取这两个概念分别当作传统模式与现代模式的代名词。存取思想建立了更加积极的图书馆发展观念，改变了图书馆学的藏用馆，也改变了图书馆合作或协作的模式。

3. 书目信息模式

随着 MARC 格式的应用和推广，书目数据共享成为传统图书馆自动化过程中的迫切需要。图书馆自动化管理系统的普及使得这种资源共享方式迅速发展，联机编目的发展能促进图书馆自动化工作的开展及文献编目数据的标准化，为使图书馆间基于 Z39.50 协议、OPAC 系统开展馆际数据传输及文献互借服务提供方便。书目共同体是一种新型的文献资源共享协作组织。与传统的图书馆相比，它有两个基本特点：第一，以现代信息技术为基础。在信息资源共享中保持高的效率。利用计算机网络提供高效的书目查询，同时利用现代物流技术传送图书，使图书馆协作达到了前所未有的水平。第二，实行自愿的、互利互惠的协作原则。书目利用共同体则以经济结算制度形成对协作馆的一种约束。一个馆对一种文献，选择购入还是利用互借，也许取决于该馆对该文献的利用率。利用率高的文献，多次向他馆互借的话，成本可能高于自我购入。这就很好地解决了以往馆际互借过程中大馆"吃亏"的问题。

4. 区域协作模式

区域协作是一个地理概念，包括区域内协作和区域间协作。区域内协作即图书情报及信息机构之间的合作；区域间协作是指国与国之间、地区与地区之间、城市与城市之间通过合作的方式达到功能互补和资源互补的目标。除通过省际、行业集团购买数字资源外，一些图书馆通过参与 CALIS 特色全文数据库、学科资源导航、教学参考资源建设等项目，实现共建共享；一些服务能力强、资源较为丰富的图书馆通过 OPAC 提供馆藏资源检索，并提供用户网页表单发送文献需求信息，利用 E-mail 或文件传递协议等方式将用户所需信息发送到用户指定的接收地址。随着开放式互联协议（OAI）的应用。各图书馆不同的电子资源可通过联合检索方式实现不同数据库同一检索，文献共享的范围也从单一的传统纸本文献扩展到数字化文档。

5. 协调采购模式

协调采购是图书馆面对书刊价格上涨而采取的协作措施。这种协调主要以地区联盟方式进行。自 CALIS 对引进数据库实施集团采购以来，以数字资源采购为主的资源共享成为一些高校图书馆引进数据库的一种主要方式。为避免数字图书馆建设中的资源重复和浪费，促进高校图书馆整体效益的提高，通过政府行政投入等方式，以省、地区、行业集团采购的方式也日渐增加。由于市场竞争格局的不同，采购协调主要集中于价格较高、用量较大、出版商或经营者具有垄断地位的外文期刊和数据库产品。通过买方市场联合，图书馆增加了与代理商谈判的实力，有效地抑制了文献资源供应价格的上涨，提高了服务的质量。

（二）图书馆信息资源共享平台建设

通过图书馆数字信息资源服务与共享平台建设，搭建馆藏信息资源数字化、数字信息资源服务和数字信息资源共享三个平台，不断加强信息资源数字化建设、数字图书馆应用系统建设、数字信息服务体系建设，构建现代化数字信息资源服务与共享平台，最大限度实现资源共享以及对用户个性化服务和信息资源主动服务，将图书馆建设成为没有馆舍限制，没有服务时间限制的一站式统一检索的现代化数字图书馆。首先，对馆藏信息资源进行整合和深层次挖掘，使之数字化、系统化，为进一步开发利用信息资源，提供优质的信息服务与共享奠定物质基础。其次，转变传统被动低层次的服务为主动知识增值的服务，并促进图书馆服务意识和观念的根本转变。最后，将信息资源数字化，利用信息网络打破图书馆自我封闭的状态，加强横向联系和纵向联系，实现信息资源的共享。

1. 馆藏信息资源数字化平台建设

依托图书馆现有馆藏图书书目数据库，加强馆藏纸本信息资源数字化建设，逐步实现馆藏纸本资源的数字化，建立馆藏图书、期刊等信息资源全文数据库。同时，实现馆藏其他非数字化特色资源的数字化建设，包括检索科技成果全文数据库、非书资料（音频视频）数据库、数字档案信息数据库、教师著作数据库、学生学位论文全文数据库等。通过馆藏信息资源数字化建设，将馆藏非数字化纸本信息资源数字化，使得用户不用到图书馆也可以直接得到所需文献信息全文。引进专业信息资源数字化加工软件及大容量存储设备，采用元数据索引技术，加强数字信息资源的整合与利用，提高资源加工标准，保证信息资源数字化建设的高标准高质量，建立高标准的数字信息资源加工基地。

2. 数字信息资源服务平台建设

围绕数字信息资源，加强数字信息资源服务体系建设，健全和完善数字信息资源服务的制度，拓宽数字信息资源服务范围，改革数字信息资源服务模式，彻底淘汰传统的坐等用户上门的被动服务。将图书馆各类型信息资源进行整合，构建图书馆统一检索平台，开发馆藏信息资源统一分类导航，实行一站式跨库检索，使得用户可以一次完成不同类型、不同数据库的文献信息资源检索，代替用户逐个登录数据库检索的烦琐，大大节省用户检索时间。通过构建个性化服务平台，可以针对性地为单一用户开展个性化专业服务，如学科热点前沿问题报道，最新定制学科一次、二次文献推送，本学科会议展览召开信息等，为用户构建个人数字图书馆，用户通过个人数字图书馆就可以全面掌握本学科专业相关最新专业信息。采用移动云计算的架构，构建图书馆移动服务平台，与现有数字图书馆保持一致性和无缝性，实现用户利用手机等移动上网设备对各类信息资源进行统一检索和全文访问。通过图书馆移动服务平台还可以设置个人空间与图书馆 OPAC 系统的对接，实现了馆藏查询、续借、预约、挂失、到期提醒、热门书排行榜、咨询等自助式移动服务。并可以自由选择咨询问答、新闻发布、新书推荐、借书到期提醒、热门书推荐、预约取书通知等信息交流功能。随着图书馆数字化进程的深入，用户利用图书馆信息资源不再需要到图书馆才能检索，图书馆如何能及时掌握用户的文献信息需求，了解用户使用图书馆过程中的疑难困惑，这就需要建立图书馆咨询服务平台，随时和用户沟通在利用数字图书馆时所遇到的各种问题。让用户体会到虽然没有到图书馆，但是图书馆服务随时伴随其左右。

3.数字信息资源共享平台建设

在尊重知识产权的基础上，充分利用数字信息资源的无限复制性，构建数字信息资源共享平台并开展数字信息资源共享服务。通过远程登录、实时咨询、代办代查等方式，开展参考咨询、定题服务、文献传递、馆际互借等共享服务，为用户提供信息服务。

第二节 图书馆自动化系统服务体系

一、图书馆自动化集成系统

图书馆自动化集成系统即是由图书馆馆员、管理者、读者、采访、编目、典藏、期刊、流通、查询、管理决策等部件组成，这些部件相互关联、相互依存，为实现图书馆业务自动化、科学管理和服务读者的目标而联系在一起的、合理有序的组合。使用集成系统以后，各个部门的图书馆馆员可以随时了解一种图书馆藏品的状态（订购、加工、外借、预约等），读者也可以随时检索图书馆馆藏，大大地提高了图书馆业务工作的效率。

虽然管理信息系统概念起源于20世纪30年代，但作为一个专门的术语却是出现在20世纪70年代，直到20世纪80年代才有了较为完整的定义。也正是在20世纪70年代末80年代初，图书馆自动化系统才随着管理信息系统的发展，由单一功能性系统转向图书馆集成管理系统。"图书馆自动化管理系统""图书馆自动化集成系统"等都是图书馆自动化系统随着图书馆需求的变化而不断发展，在一定时期内更为贴切的一种名称或说法。

20世纪80年代，美国国家医学图书馆对这个名词的解释：以一个单独书目主文档为基础，实现图书馆各种功能的自动化的计算机系统。

1982年10月，美国研究图书馆协会给"图书馆集成系统"的定义：由一个共同的数据库，以及其他为实现图书馆自动化而需要的和相互关联的各个功能模块组成的系统。

1983年，PatBarkalow在图书馆与情报技术协会上给"图书馆集成系统"下的定义：把一种以上图书馆功能或一个以上具体图书馆组合在一起的自动化系统。

1984年，DavidC·Genaway在 *Integrated Online Library Systems：Principles, Planning and Implementation* 一书中给出的定义：它是一种使用一个共同机读数据库，有两个或两个以上作业子系统并能联机存取的图书馆系统。

尽管对图书馆集成系统的定义或解释各不相同，但都强调了具有图书馆一种以上的功能和共享数据库资源这两个方面。我们认为，图书馆自动化集成系统是以电子计算机为手段，能实现图书馆的采购、编目、检索、流通、期刊管理等多种功能，各子系统能独立运行又能相互联系，并由在逻辑上属于一个公共数据库所支持的，能充分共享数据资源的图书馆自动化系统。

二、图书馆自动化系统的主要模块

（一）文献采访管理子系统

文献采访管理子系统，是指由计算机参与处理图书馆的采访事务，系统功能是订购文献业务处理，如查重、建立订单文件、打印催书单等；文献账目的打印及各种经费使用报告单等。它包括订购管理、验收登记、经费管理、赠送交换、统计及报表生成等功能模块。

1.订购管理

订购管理包括馆藏与订购文献的查重、订购管理等功能。查重是利用存储在计算机系统中的本馆馆藏目录数据库中的数据，并应建立文献采购数据库，文献采购数据库的主要字段包括订单号、题名、著者、出版社、ISBN（国际标准书号）、价格、订购的数量、供应者、订购日期等。采购数据库的建立可以采用自行录入、外部源资料的套录、从网上下载数据等。查重时，将馆藏目录数据库中的记录与订单上欲订购的文献加以对照，以确定本馆是否已购该文献。订购查重时可从文献的题名、责任者、ISBN等途径入手检索。对于"在订购"文献，提供订购号、发行者、订购日期、出版日期等字段的查询功能。可以打印订单、订购催询，进行发行者的管理等。

2. 验收登记

验收登记总括验收、个别登记、总括登记、打印总括登记表、增加和修改订购信息和记录、自动录入条形码号等子功能。

3. 经费管理

经费管理有预付款管理、实付款管理、经费使用报告等子功能。控制、管理经费使用情况及有关单据，以及与发行者的财务往来，对经费支出做出有效记载。采访管理人员可以及时了解经费使用情况，并及时进行调整。

4. 赠送交换

对交换往来与各种无偿赠送的文献进行登记、移交、签订交换关系及管理。

5. 统计及报表生成

统计及报表生成包括预订文献、到馆文献统计、接收统计、赠送统计，并生成上述各种统计报表。系统还可以进行预订图书的分类统计、书商统计、语种统计、文献类型统计、财产统计、经费统计等。采访管理子系统对于印刷图书、录音、录像带、电子出版物等的处理方法大致相同，根据图书馆的习惯，可按文献类型分别处理。

（二）文献编目子系统

编目管理子系统是依照机读目录标准及有关规范，建立图书馆中央书目数据库和预编库，提供编目过程中有关查重、数据输入、卡片输出等功能环境。

1. 编目查重

在分编库、中央书目数据库中，核查待分编文献是新文献，还是复本。如果该文献为复本，则对旧有书目数据库中该文献件数、财产号、条形码号等进行修改；如为新书，则进入编目程序。

2. 编目建库

按照机读目录格式与著录格式，在预编库中对新文献分批进行编目。一般采用窗口形式向编目人员提供有关著录字段（相当于手工卡片中的著录项目）的标识（如"题名""责任者""出版社"等字段名），图书编目的字段应能提供标准的 CN–MARC（中国机读书目格式）供使用者选择。编目人员将待编文献的信息，著在相关字段的空格中。每一种文献的信息，构成目录库中的一条书目记录；众多的文献目录信息记录，构成图书馆的书目数据库（相当于传统的图书馆卡片目录）。预编库的书目记录在该批分编文献移交典藏部门验收后，即可添加到中央书目数据库中去。

3. 编目查询

从文献目录编号、ISBN、分类号、题名、责任者、主题词、索取号等途径，以全屏幕机读格式显示查询结果，辅助编目人员的编目工作。

4. 输出目录产品

目录产品包括卡片目录、书标、目录等。在有些图书馆，实行卡片目录和机检目录双轨制的方法，但在许多图书馆已逐步淘汰了卡片目录。

5. 编目统计

编目统计包括个人工作量统计，全体工作量统计，分编库记录分类统计与分编库记录状态统计，总书目库记录分类统计与总书目库记录状态统计。

6. 库管理

主要针对馆藏数据库进行维护，可对馆藏的书目数据进行修改或者删除。

（三）流通管理子系统

流通管理子系统的功能为处理图书馆的文献外借业务，使用条形码作为文献与用户的识别符号，用光笔等识别仪器快速处理借、还等文献流通业务。流通子系统由于直接与读者接触，因而它在图书馆中的地位十分重要，它处于图书馆的第一线，它的运转情况直接反映出馆藏建设的质量、满足读者需求的程度、服务质量和科学管理水平等。所以，实现流通工作的计算机化，建立一个高效、稳定的流通管理自动化系统至关重要。

流通子系统包括文献流通事物管理、流通管理查询、用户管理、统计报表生成与打印等。

1. 文献流通事务管理

文献流通事务管理包括文献外借、文献归还、续借、预约借书等环节。

文献外借是通过光笔扫描用户借书证号及文献条形码号，给合法用户办理借阅续。它能迅速将文献、借阅人、借阅日期等信息联结在一起，并显示有关统计数据，如用户已借阅文献情况等。对违章用户除拒借书外，还要告诉拒借的原因。

文献归还是利用光笔扫描文献条形码号，将用户欲归还的文献做注销处理，并修改有关数据，如归还人数、归还文献册数等。对过期文献按罚款规定计算罚金，并打印罚款单。

续借是为用户办理续借手续。

预约借书是在预约文档中，为预约者建立包含被预约文献、预约人和预约日期等信息的记录。在该文档中，对于同一种被预约的文献，按预约日期的先后次序排队。排队时，还需要考虑预约权的级别。

2. 流通管理查询

流通管理查询包括文献预约查询、文献借阅查询、用户预约查询、日志查询等。其中，日志查询指通过日志文件查询一段时间内某操作人员、外借处（阅览室）的流通情况。

3. 用户管理

用户管理包括用户档案管理和用户流通管理。用户档案中记录用户姓名、性别、年龄、单位、职务或职称、借阅证号码等内容。可进行增加新用户、修改用户信息、查询用户情况等操作。用户流通管理提供借阅情况查询、挂失、挂失恢复、停借等处理。此外，还有用户借阅证押金管理功能。

4. 统计报表生成与打印

统计报表生成与打印包括流通综合统计、借阅统计、用户基本情况统计、用户到馆率统计、借阅处（阅览室）文献财产统计，以及预约通知单、催书单、罚款清单的生成与打印。

（四）连续出版物管理子系统

连续出版物管理子系统包括从订刊到入藏、流通的整个连续出版物处理过程的自动化管理，图书馆中主要的连续出版物包括期刊、报纸等。其流程包括订购、登到、催询、装订、编目、入藏、检索、流通等。一般来讲，图书馆期刊管理是系统中比较复杂的工作，因为期刊出版物周期的变更、刊名的变化以及增刊、附刊、期刊索引出版等具有不规律性，所以在管理中有别于图书等文献的管理。

1. 期刊订购

期刊订购工作有新订、续订以及停定（包括停刊）的处理。订购的季节性较强，有一定的时间限制。订购工作基本上一年一次，同种期刊每年的订购数据基本不变，可重复使用。应当建立期刊订购库，一些字段：ISSN（国际连续出版物标准号）、CN号、刊名、出版者、编者、邮政编码、订单号、预订份数、期刊、价格、采购分类、邮局发行号、期刊来源、开户银行、账号、发票号、经手人、订购日期、附注等字段。利用期刊订购库可以进行订购查询，一般来说，查询途径有ISSN号、订购刊号、统一刊号、刊名等。

2. 现刊管理

现刊管理包括报刊记到、催询、装订、打印装订清单等。

3. 期刊编目

期刊编目包括期刊著录数据库输入、合订本编目等。期刊编目的结果是形成期刊书目数据库。期刊书目数据库是期刊管理系统中的主库。建立期刊书目数据库可以通过购买现成的标准MARC数据或自建书目数据。

4. 交换赠送

交换赠送包括对交换赠送报刊查重、登记和统计等功能。

5. 联机检索

联机检索可从下列字段检索本馆报刊：记录控制号、ISSN号、统一刊号、订刊号、分类号、期刊题名等。

（五）系统管理模块

图书馆自动化系统中的系统管理模块可对系统的各类信息进行管理，包括采访、编目、流通等各类型的数据信息以及图书馆自动化系统的账号密码权限管理等。主要功能：（1）采、编、流等各类型信息管理：可跳转到采访、编目、流通等管理模块当中对各流程中的数据信息进行维护管理，含各类统计；（2）登录账号、密码、权限管理：为图书馆各部门工作人员创建和维护登录系统的账号、密码，以及设置相关的系统操作权限等；（3）系统参数设置：对采、编、流等各业务部门工作相关参数进行统一设置。

（六）联机书目检索子系统

随着图书馆自动化系统的不断发展，图书馆自动化的内容和功能逐渐从主要侧重图书馆内部的业务管理工作转向给用户提供更多的使用功能和服务方式转移。联机公共目录查询（Online Public Access Catalog,OPAC），是在一般的目录检索基础上发展起来的。它的最大特点是提供给用户方便的检索图书馆信息资源的手段，用户可以通过终端的计算机来检索到图书馆内所提供的各类资源信息。在 OPAC 模块当中，提供给用户多种检索资源的途径，包括题名、著者、分类号、主题、关键词、ISBN、ISSN 等。在此基础上，OPAC 模块也支持多种检索策略，如布尔检索、截词检索等。

在设计、实现、选用 OPAC 模块的时候，应充分考虑用户的需求和使用情况，因为 OPAC 的用户一般都是图书馆的普通用户，OPAC 的目的就是将图书馆中的信息资源，通过易于用户理解和便于用户使用的方式提供给他们。因此，直观的用户界面、友好的界面设计、信息内容显示的便捷形式等都是 OPAC 模块在界面设计时是首要考虑的。

联机检索子系统提供的书目检索查询手段，取代了图书馆原有的笨重、检索不便、查检速度慢且不准确的卡片目录或书本式目录。一次输入目录信息，可以提供多种检索途径，并且可以同时满足图书馆工作人员和用户检索目录的需要，检索查询方便、快速、准确。

利用 OPAC，用户还可以通过网络查询网上其他图书馆的公共目录。

OPAC 模块基本设计组成包括资源检索、信息发布、个性化服务、用户参与等。

1. 资源检索：提供简单检索（单一字段）、多字段检索、逻辑运算符组合检索、全文检索、热门借阅、热门检索、热门评价、热门图书等多种检索方式查询馆藏信息资源。检索结果可按《中图法》分类号、文献类型、馆藏地、主题聚类等方式排序显示，并能显示出检索结果中资源的相关提示信息。

2. 信息发布：提供新书通报、图书馆新闻或通知等信息发布。如在新书通报中可以查询图书馆所有馆藏地或是某个馆藏地最近 1 天到最近 1 个月全部新书或某类新书入藏的情况，方便用户第一时间了解新书入藏的信息。

3. 个性化服务：用户通过该模块可以查询用户相关信息，并使用到图书馆为不同用户所提供的个性化服务。比如，汇文系统 LIBSYS 中就以"我的图书馆"模块提供个性化服务，用户输入用户名和密码后，就能进入用户自己的图书馆当中。"我的图书馆"包含了证件信息、书刊借阅、违章缴款、预约信息、委托信息、账目清单、书刊遗失、用户挂失、荐购历史、我的书评、我的书架、检索历史、系统推荐等多个信息服务模块。还设置了预约到书提醒、委托到书提醒、已超期图书提醒、即将到期的图书提醒、系统推荐 5 个 RSS 源的服务方式。其他系统也有类似的功能。

4.用户参与：提供资源荐购、资源评分、资源评论、向图书馆提意见等的服务。让用户参与到图书馆的资源建设和服务当中来，增强用户和图书馆之间的互动性。

（七）办公自动化子系统

办公自动化（Office Automation，OA），是应用计算机及网络通信技术，改变传统办公手段，提高办事效率的一种形式，即将传统的办公系统与先进的计算机技术、网络技术结合在一起，充分利用计算机强大的处理能力，以及计算机网络快速联结通信的特点，来提高办公效率，改进办公质量。

随着计算机技术和通信技术的发展，自动化管理在图书馆的应用越来越广泛，基于图书馆业务和服务的自动化集成系统已日趋成熟，大部分图书馆已实现采访、编目、流通、阅览、信息咨询工作的自动化管理和统计，图书馆业务工作效率及服务质量得到了很大提高，但是图书馆的行政管理，相对而言则明显落后，大部分图书馆的办公管理利用计算机辅助处理日常公务，使用熟悉的字处理软件，如Word、Excel、WPS等起草、修改文件和制作表格等，但是这并没有解决文件的传递和交换问题，人们往往在一台机器上书写文件，然后打印出来，送给相关人员或部门审核、修改，再将处理意见输入计算机，如此往复，直至处理完毕。这种处理方式虽然能减轻部分工作量，但只能算是一种半自动化的系统，因为它不能从根本上解决文件传递耗时、处理周期长、时效性差等问题。有的图书馆甚至仍沿袭传统的人工手段管理方式，这与图书馆管理现代化发展是极不相称的。

一直以来，图书馆自动化系统都着眼于图书馆的业务和服务工作，对于行政管理没有足够的重视。国内最主要的几个图书馆自动化系统管理软件中只有北京金盘系统包含有关办公自动化管理的一个模块，但也仅限于人事、设备管理两方面，且功能实用性一般。随着图书馆自动化管理水平的提高，办公自动化的问题日益突显，尤其对于拥有多个分馆的图书馆，地理上的间隔使得如何利用办公自动化系统解决信息交流问题愈加紧迫，图书馆办公自动化将是图书馆现代化发展的必然趋势。

图书馆网络办公系统是一项系统工程，具有广泛的涉及面，除了办公室人员外，从馆长到各个业务部门，甚至图书馆的所有工作人员，人人都可能成为网络办公系统的用户。将诸如信息采集、查询、统计等功能与具体办公业务密切关联，因此，图书馆网络办公系统需要具备公文流转、文档管理、人事信息管理、日程管理、业务统计与考核管理、物资管理、实时在线交流、系统管理等功能。

（八）参考咨询子系统

完成图书馆参考咨询工作而设计的自动化子系统，它提供给用户一种咨询手段，使之通过此系统了解所需的各种信息数据。参考咨询子系统利用所管理的工具书库、各种数据库、光盘电子出版物、参考咨询档案库，以及互联网获取信息，来满足用户提出的咨询课题。

目前，一般直接使用全国性图书馆联合参考咨询系统，该系统由一个中心参考咨询系统和若干个本地参考咨询系统组成的，采用实时和非实时的交互技术为一体的联合虚拟参考咨询服务平台。主要以网络参考咨询的方式，为广大读者提供免费咨询服务，能够在全国多所图书馆之间实现信息资源共享，以及在图书馆和读者之间架起一座相互沟通的桥梁。该系统一般需要有多个具有实际的联合参考咨询服务能力的图书馆参加，保证系统的可持续发展。联合参考咨询网系统的版权保护子系统可对读者使用文献的情况进行跟踪和统计，实现馆际互借和远程文献传递，最大限度地保护著作权者和相关数字资源厂商的利益。

第三节 图书馆门户网站服务体系

一、图书馆门户网站

1. 网站及门户网站的概念

网站是指在互联网上，根据一定的规则，使用 HTML 等语言工具制作的用于展示特定内容的相关网页的集合。简单来说，网站是一种信息发布与交流工具，人们可以通过网站来发布自己想要公开的信息，或者利用网站来提供相关的网络服务；可以通过网页浏览器来访问网站，获取自己需要的资讯或者享受网络服务。所谓门户，在网络中则是指提供某类综合性互联网信息资源并提供有关信息服务的应用系统。

2. 图书馆门户

图书馆门户（LibraryPortal）是一个界面友好，可以方便读者无缝、流畅、一站式地访问和利用图书馆所有的信息资源和服务的网络集成服务系统。

图书馆门户网站是现代图书馆为读者提供各类信息资源和相关信息服务的系统，是数字图书馆面向用户的统一服务入口，是以资源为基础，以服务为出发点的数字图书馆信息门户。它将数字图书馆的信息资源、工具和服务有效地组织、存储、整合起来，提供个性化、科学化的单点获取方式，实现资源和服务的无缝链接。通过门户网站，读者可以根据自己的喜好和兴趣方便地存取图书馆的数字资源，使用数字图书馆的服务。

现代图书馆通过门户网站构建的网络信息环境是将存储在不同的计算机载体、分布于不同地理位置的各类信息资源通过网络进行互联，在相当程度上突破了传统图书馆的时空以及物理条件制约，也突破了馆藏资源与馆外资源的界限。一方面，使图书馆从相对单向、传统、封闭的工作环境和工作方式，走向开放性、多元化的服务，大大提高了服务能力；另一方面，使图书馆的馆藏信息资源得到更大限度的利用，实现了图书馆的社会价值。

在网络环境下，数字图书馆为读者提供的服务功能和服务质量，在一定程度上反映了一个图书馆的综合实力和服务水平。国外数字图书馆建设起步早、起点高、发展快，早已形成规模，并产生了巨大的社会效益和经济效益。国际上对数字图书馆门户的研究从20世纪90年代末开始，包括美国研究图书馆协会学术门户项目、美国国家科学数字图书馆门户项目、美国国会图书馆门户项目以及康奈尔大学、波士顿大学图书馆门户项目等。

我国数字图书馆建设起步晚，但发展较快，门户技术在数字图书馆建设中的应用日益广泛。目前，门户网站已成为现代图书馆提供服务、实现价值的最主要平台。在现代网络环境下，各类图书馆都会根据其资源构成、服务对象、资金规模、建设环境等因素，建设适合本馆的数字图书馆门户网站，开展图书馆的网络信息服务。

二、图书馆门户网站的建设

图书馆门户网站建设包括网站建设和构建平台（集成各种应用子系统）两个部分。现代图书馆服务在较好地解决了印刷型资源的网络查询、预约、续借等传统服务的基础上,其主要的服务功能都围绕着网络化数字信息展开。通过门户网站的建设,图书馆可以方便、快捷地构建个性化的门户服务网站系统,以全方位、个性化的方式向用户提供综合信息服务。

1. 图书馆门户网站的定位

作为一个信息资源综合服务与管理系统平台,图书馆门户网站应该能够实现各种中外文异构数字资源的统一检索,并将这些原本相互孤立的数字资源及馆藏资源整合成相互关联的知识网络,消除"信息孤岛"状态,构建一个统一、友好的访问环境,实现图书馆各类资源的一站式快速搜索、定位和获取服务。同时,在网络环境下,图书馆门户网站还是一个与馆外资源交互共享服务的枢纽,通过这个服务站点,既可对外发布各种信息,又可将网上发布的图书馆资源统一集成到门户网站的资源搜索与获取共享体系,实现云图书馆门户建设。

数字图书馆为读者提供的门户网站是一个内容丰富、基于 Web 浏览的用户界面。在这个用户界面里,既有资源信息又有服务链接,包括信息发布、用户管理、网络互联和数据存储四项要素。

2. 图书馆门户网站的建设内容

门户网站的建设内容应包括网站结构与界面设计、信息资源建设及发布、信息资源的统一检索平台、统一的身份认证及个性化服务、数字参考咨询平台、网站论坛、Web 站点内部内容管理等。并且门户网站应实现如下功能:

(1)统一入口服务:通过一次登录访问一个站点入口,向读者提供各类资源和服务;

(2)统一检索服务:通过统一检索,检索所有中文、外文资源信息;

(3)全文获取服务:通过资源调度系统实现本馆及馆外资源的统一调度使用,有权限的直接获取阅读,无权限的通过云图书馆的传递系统进行文献传递服务;

(4)最新文献服务:通过及时的数据更新,使读者及时掌握最新的发展动向和获取最新文献;

(5)最全文献服务:向读者全面揭示各种内部和外部资源;

(6)优质个性服务使用户获得优质个性化的定制与服务,并将公共检索系统功能全面拓展,实现公共目录检索和图书荐购系统定制功能的集成;

(7)强大管理功能为图书馆提供统一的内外资源管理、用户管理、特色资源制作等后台管理方法与工具。

3.门户网站结构与界面设计

数字图书馆门户网站与一般的门户网站和商业门户网站不同，其建设要突出信息服务和数字资源建设的特点，采用合理的组织信息的展现形式，着重于设计组织分类和导航的结构，搭建信息与用户认知之间的桥梁，从而让用户可以高效率、有效地浏览网站的内容。

门户网站的结构层次要简清明了，应根据需要把信息分为几个主要的主题区域，并根据主题区域设计简单的层次结构。可以按照门户网站主页主要的主题区域相关的具体信息三个结构层次进行设计，使读者可以根据自己的意愿灵活地选择所需要的信息。在界面设计上，应充分考虑读者的使用习惯，做到美观大方、使用方便、界面友好，能够吸引读者使用，方便不同学历层次的读者获取信息，同时还要体现出门户网站独有的文化特征。

4.门户网站服务平台构建

为了实现相应的服务功能，在数字图书馆门户网站的建设中，要集成各种应用子系统，构建门户网站服务平台。

（1）信息资源建设及发布子系统

信息资源是数字图书馆服务的基础，也是读者最终所要获取的资源。各图书馆可根据自身所服务的对象，以本地域、本行业、本馆的馆藏特色为主，以方便不同读者的使用需求为目标，进行系统的信息资源建设，并通过 Web 发布系统将本馆和共享资源以数据库列表或资源导航方式发布到门户网站上。为了使读者能有效地利用数字资源，数字图书馆必须按照某种组织原则，系统地组织和揭示数字图书馆的数字资源，做到及时、准确、完整，并且结构清晰、层次简明，方便读者查询使用。

（2）信息资源的统一检索子系统

数字图书馆内有多个相互独立的信息资源系统，它们可能分布在不同的服务器上，运行在不同的系统环境中。读者要获取相关信息需要分别进入各资源信息系统进行逐个检索，这对读者来说极为不便。为此，数字图书馆门户网站需要为读者提供一个可一次性检索并获取各数据源中所有相关信息的统一检索平台。

目前，图书馆门户网站广泛采用了基于元数据整合的信息资源统一检索系统，为用户提供同时在所有资源中进行一站式检索的服务，避免需要逐个登录数据库、输入检索条件的麻烦，使用方便、快捷。

（3）统一的身份认证及用户管理子系统

为了解决数字图书馆中数字信息资源的知识产权保护问题，只有通过系统认证的用户才能成为其合法用户。所以，数字图书馆必须建立用户管理系统，构建知识产权保护体系。

当前，绝大多数数字图书馆是通过 IP 验证加防火墙隔离的方式来进行用户管理。这种模式的优点是方便、简单，系统运行效率高，能有效解决商用数字资源的知识产权保护问题；缺点是给数字图书馆合法用户在馆外利用这些信息资源带来了障碍。

目前，图书馆门户网站的用户认证系统普遍采用了用户远程访问认证系统（VPN）加访问授权方式来控制使用安全，从而使得合法用户在馆内和馆外都能有效利用数字图书馆的服务。用户在统一身份认证系统中注册账号后，这个账号就可以使用门户网站上的所有服务。如果用户之前已经在相关的资源系统中拥有账号，同时也已经设置了相应的权限，那么就可以将这些资源系统的账号与统一身份认证服务的账号进行关联，使用户登录统一身份认证系统之后，能够自动使用相关的资源系统用户账号来访问资源系统。

（4）数字参考咨询子系统

数字参考咨询子系统是为读者提供一种通过计算机和网络在门户网站上进行交互式咨询的平台。读者可以通过网络与图书馆的参考咨询馆员进行交互式对话或通过电子邮件等方式进行联系，获得所需要的帮助。

（5）网站论坛子系统

网站论坛是门户网站的一个重要组成部分，它为读者提供一个交流的平台。读者可以通过论坛交流心得体会，发表意见和建议；图书馆也可以通过此论坛开设相关专题讨论组，来获取读者对图书馆服务或使用资源情况的信息反馈。

（6）统计分析与后台管理子系统

门户网站上的系统维护由网站后台的管理系统实现，包括利用统计分析、资源发布、新闻发布、用户管理、文件图片传输和各个资源系统的参数设置等系统的管理，与数据库的链接，Web 服务的日志配置，防止黑客入侵等工作。这些都要通过后台管理系统进行定期或不定期的维护管理。

三、数字图书馆门户网站的服务功能

为了最大限度地吸引读者，数字图书馆门户网站通过整合技术，有机地把馆内外信息资源进行集成，使自己的门户网站成为读者首选的信息门户。数字图书馆门户网站包含有图书馆的概况、资源与服务，具有供读者远程利用的 OPAC 系统、数字资源访问等数字服务项目，并为读者利用图书馆资源与服务提供咨询辅导。

（一）资源服务

在这项服务中通常会提供图书馆网上 OPAC 查询服务，数字资源检索、浏览和下载服务，使读者能够跨越时空的限制，方便地通过网络从图书馆获取文献信息与服务。

门户网站所揭示的信息资源包括各种纸质资源和数字资源的书目信息、收集和整理的符合本馆读者需求的网络信息资源等。门户网站以导航等形式对信息资源予以揭示，通过建立站内搜索引擎，以符合读者使用习惯的分类体系提供分类浏览、检索等功能，并通过资源调度系统为读者提供查找和获取信息资源的便捷途径。

资源服务功能一般通过"统一检索平台""馆藏目录""特色资源""中文资源""外文资源""电子图书""电子期刊""学位论文""教学参考书""学科导航""试用数据库""新书通报""文献传递"等栏目提供网络服务。

（二）宣传教育

图书馆传统的宣传媒体是平面二维的，如海报、板报、宣传单等；而网络宣传则是多维的。网络宣传能将文字、图像和声音有机地组合在一起，传递多感官的信息，通过图、文、声、像结合的宣传形式，增强宣传的实效。图书馆利用网络平台开展宣传教育，既可以利用网络技术宣传资源和服务，增强用户的网络意识和网络检索能力，又可以充分发挥网络传播及时、受众而广的优势，扩大图书馆的社会影响。

图书馆网络宣传教育功能主要通过设置"图书馆概况""入馆须知""馆藏布局""读者指南""培训资料""文献检索课件""图书馆公告"等栏目提供服务；读者通过浏览各种指南、查找资料导引、课件、FAQ、视频宣传材料下载以及文献检索课和培训讲座的宣传、公告等服务获得利用图书馆资源与服务的帮助。

（三）交流咨询服务

在这项服务中应构建起图书馆与读者之间沟通和交流的网络平台。图书馆可以通过调查引擎、电子邮件、BBS、留言本和虚拟参考咨询系统等模块进行消息发布、读者调查、答复读者意见、解答咨询、提供联系方式等服务，与读者进行双向交流，建立良好的互动关系，准确了解读者的需求，解决读者的问题，提高服务的质量。而读者则通过网站提交申请、反馈意见、咨询问题、定制个性化服务。

数字图书馆可以通过设置"留言簿""馆长信箱""书刊推荐""读者查询""交流园地"、图书馆微博、官方博客等方式提供交流咨询服务。

（四）信息导航服务

在网络时代，网上信息资源浩如烟海，尽管各种网上搜索引擎应运而生，但其信息依然是综合无序、良莠不齐的。信息需求者要从网上查询到所需信息，既费时费力，又难以查全查准，检索效率较低。因此，现代图书馆按照读者的使用习惯和需求，将各种载体、各种类型的信息资源进行合理收集、科学组织并通过一定的服务模式，提供有效的网上资源导航服务。图书馆的网络导航服务一般有以下类型：

1. 学科资源导航

这类导航系统对纷繁的数字信息资源进行收集、加工和整理，形成各学科的网上虚拟资源导航库。用户通过浏览和查询这些资源库，可以用最快的速度和最短的时间获得有关学科的全面信息，真正起到网络导航的作用。

2. 搜索引擎导航

通过收集 Google、百度等著名搜索引擎，图书馆门户网站可以帮助读者快速进入不同的引擎链接，通过这些搜索引擎获得所需的信息。

3. 链接导航服务

图书馆通过收集读者经常使用的网站链接地址，如兄弟图书馆、合作单位、学术机构、公共信息服务平台等，建立相应的链接导航服务，帮助用户直接链接到所需网站，并通过这些网站获得所需信息。

四、功能模块的管理

从以上功能模块可以看出，数字图书馆门户网站通常包含多个动态信息栏目。这些栏目的信息往往源于不同部门或由不同部门的相应工作岗位处理，如办公室发布消息公告、参考咨询人员答复在线咨询问题、采访人员处理读者推荐图书信息等。数字图书馆门户网站在管理各个功能模块时，可以将相应模块按不同部门或工作岗位进行分类管理，明确责任，确保门户网站各项服务的正常运转。

（一）指定专人负责功能模块的管理

图书馆应将功能模块的管理人员按所管理的范围划分为系统管理员、管理员等不同的级别。

系统管理员负责各个功能模块的总体协调和管理，并负责用户权限的分配。可以在数字图书馆门户网站的后台管理系统中建立一个隶属于系统管理员角色的用户。该管理员具有新建用户和管理用户的权限，有权根据实际需要，为每个栏目添加一个或多个管理员。

管理员负责各个功能模块中同类服务栏目的管理。管理员提交身份凭据（用户名和密码）登录系统，通过身份验证后，就被定向到所管理的对应栏目界面。借助该界面，管理员可以发布、更新或维护栏目信息。

在后台系统内，管理员只能管理自己负责的相应栏目。如隶属于参考咨询的管理员，通过身份验证后，就被定向到"参考咨询栏目管理子模块界面"。通过该界面，他可以浏览、回复读者咨询，更新原有回复或屏蔽重复的、超出咨询范围或内容不宜显示的咨询问题。而隶属于消息公告的管理员，通过身份验证后，只能被导向到"信息公告栏目管理子模块界面"，进行消息发布等操作。

（二）指定相应岗位人员担任管理员

为了给数字图书馆用户提供更加专业的服务，应指定图书馆内信息的来源或处理部门的相关工作岗位人员担任相应服务栏目的管理员，并授予管理该栏目的权限。由他们管理对应栏目信息，既符合图书馆业务分工合作的合理性原则，也有利于信息及时、准确地发布和更新。主要包括以下几个类别：

（1）参考咨询管理员负责管理参考咨询栏目、回复读者留言、解答读者咨询问题等，应由参考咨询岗位人员担任；

（2）消息公告管理员负责管理消息公告、图书馆简介、组织机构等栏目，应由负责图书馆宣传的相应岗位人员担任；

（3）纸质文献管理员负责书目查询、新书通报、读者推荐等栏目，应由纸质文献采编岗位的人员担任；

（4）数字资源管理员负责管理自建数据库、外购数据库、试用数据库和免费数据库等涉及数字资源的栏目，以及资源导航、统一检索等栏目，应由数字资源采访岗位及技术管理岗位人员担任；

（5）读者服务管理员负责入馆须知、读者指南、读者查询等栏目，应由借阅服务管理岗位人员担任。

为了适应不同层次读者的需求，数字图书馆的门户网站建设要始终以方便读者、服务读者为宗旨，做到资源内容丰富、服务功能齐全。同时，要配置好整个网站的架构，使其能稳定、安全、可靠地运行，最终更好地为读者提供数字图书馆服务。

第四节 图书馆自助服务体系

自助服务是现代化图书馆的一个重要标志，也是图书馆发展的必然趋势。图书馆自助服务是读者根据自己的需要，利用智能化设备和计算机网络技术，按照制定好的流程指引，完成以前由图书馆馆员完成的各项服务活动。公共图书馆自助服务主要包括文献自助服务、自修室座位自助登记、自助检索上机、自助文印服务以及利用网络、手机、短信、电话所进行的各项自助服务。

一、图书馆自助服务

自助图书馆（Self-library）又可称为"无人值守图书馆"。有关自助图书馆的名称及表述千变万化，如无人服务图书馆、图书自助服务站、微型自助图书馆系统、Library Vending Machine、Library Express、Lending Library、Go Library等。其是图书馆业务自动化处理的组成部分，也是近几年国内外图书馆行业兴起的一种现代化服务方式。它利用网络通信、计算机、门禁监控等技术，为读者提供智能化程度较高的图书借还服务。在自助图书馆里，读者借还图书无须图书馆工作人员协助，完全由自己完成。自助图书馆是图书馆服务工作的延伸和延续。不但解决了读者借还书受开馆时间制约的问题，同时也体现出图书馆人性化的服务理念，更提升了图书馆的服务形象和服务档次。

（一）服务理念

作为现代科学技术与以人为本理念结合的自助图书馆，完美地诠释了免费、快捷、平等、开放的服务原则，将传统的"被动服务"模式转换为"主动服务"模式，使图书馆资源围绕读者展开，充分体现了"以读者为中心"这一服务理念。自助图书馆的服务宗旨是将图书馆资源实现最大化利用，使读者的阅读需求随时随地得到满足。自助图书馆以读者的需求为发展的驱动力量，对传统运行模式加以改革，对图书馆的社会价值和服务质量、理念起到了重新塑造的作用。另外，读者通过使用自助图书馆，可以摆脱过去主要依靠图书馆馆员的指导和意志完成信息咨询、图书借阅归还等服务模式，可以完全按照自己的爱好和意愿进行图书的选择和利用，这也是人性化的另一种体现。

（二）服务模式

1. 馆内读者自助

许多图书馆都为自助设备设立专门的空间或者独立的附属建筑，读者可以利用这些设备完成图书馆的检索、借阅和归还等服务内容，使图书馆的全天候服务成为可能。虽然这种独立的馆内读者自助设备可以提供24小时服务，但是须依靠图书馆或附属建筑而存在，缺少独立性。

2.ATM式自助图书

ATM式自助服务设备可以根据图书馆的具体服务而定制，这种设备通过还书就可上架借出的功能可以有效减少人力和物力成本。低成本和网点化铺设是其主要优势，但是这种设备也存在着可供选择的图书资源较少，服务内容较单一（仅包括借还功能）等局限性。

3. 漂流亭式自助图书

传统的图书漂流指的是放在图书馆公共位置的图书，无须读者办理借阅手续就可以自由阅读。而漂流亭式图书馆是传统方式在馆外的延伸和补充，这种自助服务是RFID技术与图书漂流相结合的产物，虽然能够辨别多种证件，有效提高图书的利用率，但是它所能提供的服务比较单一。

4.24 小时街区自助图书馆

这种自助图书馆不仅能够为读者提供图书借阅、归还、办证、检索、预约等基本服务，而且集成了 RFID、条形码技术，在架图书对读者而言一目了然。24 小时街区自助图书馆可以提供更为全面的服务功能，也可以实现网点化建设，但是这种自助图书馆所依靠的 RFID 设备受限于技术、物等方面的支持。

服务类型有独立自助图书馆服务区、图书馆 ATM、图书漂流亭、街区 24 小时自助图书馆等几种。自助图书馆系统主要由自助图书馆服务机、图书馆监控中心和物流管理系统等部分组成，核心部分是自助图书馆服务机。自助图书馆可以完成绝大部分图书馆业务流程：申办新证、自助借书、自助还书、预约服务、查询服务、资源防盗、资金处理等。由于本身具有强大的功能优势，再加上快捷、方便的服务过程，在诞生之初，自助图书馆就受到了世界各地读者的欢迎和好评。甚至有专家认为自助图书馆是继实体图书馆、虚拟图书馆之后的"第三代图书馆"。

二、自助图书馆的系统和特点

（一）自助图书馆系统

对于自助图书馆起支撑作用的系统应该包括基本服务设备、图书管理系统、馆内监控设备、图书损坏识别技术、RFID 标签识别技术等。其具体功能如下：

1. 基本服务设备

要实现与传统图书馆相同的服务功能，如图书借阅、归还、预约等，就需要依靠数据的管理和存储技术的支持来实现自助图书馆与总馆之间数据的完全共享。另外，为保证图书提取、上架工作的顺利完成，坐标定位技术可以克服机械手臂无法精确定位这一难题，完成 ATM 式自助图书馆的图书提取和自动上架。

2. 图书管理系统

为避免自助图书馆出现满架或空架现象，就需要随时对馆内的图书资源进行实时监控，以控制图书的现存数量。图书管理系统可以为自助图书馆分析图书供需情况和自动分析读者对于图书资源的需求变化，总馆可以以此为依据对自助图书馆进行资源调配。另外，图书管理系统还可以在出现故障时自动报警。

3. 馆内监控设备

馆内监控可以对自助图书馆的防盗、视频监控、门禁控制等功能发挥重要作用。在自助图书馆正常运行时，可以保证各种服务正常运行；在发生意外或违反程序私自带走图书的情况下，馆内监控能够立即自动报警。对门禁上锁，事后可以通过视频记录来查看事件全过程。这种馆内监控设备可以在一定程度上保证自助图书馆的安全性。

4. RFID 标签识别

自助图书馆内的图书都贴有 RFID 标签，这种标签和条形码、磁条是同时存在的。可以使图书不局限在某一个自助图书馆内，能够在总馆和其他自助馆内自由流动，而且贴有 RFID 标签的图书具有更易被机器设备辨别的优势，方便图书的借阅、归还等工作。另外，它还可以实现图书在书架上的定位、馆藏和存量信息显示等功能。

5. 图书损坏识别

图书损坏识别技术可以通过计算机进行控制，对损坏的程度是否需要报警可以由计算机进行设定。在识别过程中，在终端服务器上可以通过文字或者语音的方式，显示对图书损坏检测的评价和结果。

（二）图书馆自助服务的特点

自助图书馆作为一种新的服务模式，有着不同于传统图书馆的特点。

1. 服务性

发展自助图书馆的初衷是让读者自己为自己服务，即脱离传统的馆员服务，读者根据自己的时间兴趣爱好等通过自主的操作来完成对图书的借阅归还等一系列活动，且其服务质量并不低于传统服务。在这种自助式的服务中，读者完全脱离传统图书馆服务中的束缚，不受时空限制地自主操作设备来实现需求，充分体现出自助图书馆的服务性特点。在整个自助服务中，读者可以根据自己的主观需求，发挥自身能动性，实现服务性。这样读者在操作过程中既是服务的实施者和操作者，又是享受服务的对象和被服务者，体现了主体与客体的相互统一。

2. 科学性

目前，自助图书馆大多采用 RFID（Radio Frequency Identification）即无线射频识别技术，是一种非接触式自动识别技术，通过发出的射频信号，再以空间耦合实现无线接触信息传递，并通过所传递的信息达到识别物体的自动识别技术。依靠这种技术来为读者提供智能化的图书借还服务，并以此实现图书馆自动化服务。自助图书馆通过 RFID 技术带来全新的服务方式，提高了广大读者的满意度和便捷性，通过科学性的运用来突出人性化的服务理念，这种服务理念也不断推动着图书馆服务手段的创新。

3. 自由性

传统模式下的图书馆由于受到开闭馆时间的限制，无法满足读者对书籍的全时需求。读者需要根据图书馆的开放时间来满足自己的需求。这样读者的需求就有很大的限制性，因而这时候需要一种更加自由的服务，自助图书馆就应运而生。自助图书馆由于其采用的是人机模式，运行时间不再受到限制，读者可以更加自由地根据自己的即时需求来选择时间借阅书籍。这种全自由的 24 小时服务模式也是国内外图书馆发展的必然趋势。另外，自助图书馆使民众的阅读空间也变得更加广阔。它将有范围的传统图书馆扩大，为读者提供了一种无障碍的阅读环境。

4. 高效性

作为一种全新的图书馆服务项目，自助图书馆在建设上表现出传统建筑实体形式的图书馆无法比拟的优势：占地面积小、建设成本低、展现效果快、建设周期短的特点。这使得自助图书馆成为继第一代传统图书馆和第二代数字图书馆之后的"第三代图书馆"。在服务上更贴近读者生活，自助图书馆在选址、布局、交通等方面都体现出方便快捷。另外，在形式上自助图书馆也呈现出无专人看守、自助办证、自助借阅、自助归还等便利条件。自助图书馆的运用大大提高了图书馆文献资源的利用率，充分体现了自助图书馆工作的高效。

5. 广泛性

自助图书馆自运行后，受到越来越多的读者使用和欢迎，图书的借书量和阅读量都得到了明显的提升。由于自助图书馆的便利快捷性，越来越多的读者在茶余饭后选择借阅图书来丰富和提高自己。自助图书馆所产生的这种广泛性是远远超过传统图书馆的。而这种广泛性产生的影响，不仅体现在为广大读者搭建了一种便捷的阅读平台，而且使图书馆自身的品牌和形象得到了提升，对整个城市的文化事业建设也产生了积极的影响。

三、自助图书馆的建设与维护

（一）自助图书馆的建设

自助图书馆的建设可以从政策支持、经费保障、自动化现状与整合、文献资源保障、业务调整保障、运营模式规划等方面进行思考。

1. 政策有力支持

自助图书馆的建设和服务涉及社会方方面面，包括项目建设及运营经费持续保障部门、布设区域的物业主管单位、资源提供及服务融合方的区域图书馆等。而作为公益文化单位，图书馆自身的推进力度与统筹权力却非常有限，因而需要地方政府制定相关政策来予以引导和规范。涉及自助图书馆的建设实施、布点规划、运营模式、绩效评估等各个层面，如制定配套措施将自助图书馆纳入地区公益文化设施统筹建设管理范畴。如果缺乏地方政策的强大支援，图书馆自身在项目的建设实施和服务保障上将很难得到长远发展。

2. 经费持续投入

自助图书馆资金投入分为一次性建设资金及年度运营资金。一次性建设资金是自助图书馆建设启动的保证；年度运营资金则是维护其正常运营的保障，包括能耗、维护、物流等基本费用。虽然自助图书馆是一项节约型服务设施，规模经济效益尤为显著，但启动经费和运营经费必不可少。在有限财政资金的支持下，地方政府往往会把主要财力投向首要保障基本服务，财政预算优先考虑最需要、最迫切需要解决的地方，而自助图书馆所提供的就近、便利性服务，具备一定的超前享受性。因而自助图书馆建设的周期性、延续性和运营保障的持续性，对地方财政预算的资金压力非常大。

图书馆在规划和建设自助图书馆项目时，应以实际需求为出发点，以经费的持续保障作为前提，结合地区财政、图书馆经费等实际情况，适度控制建设规模；同时在后续运营过程中，选择适当的配送模式、网络组网模式、维护响应标准，以确保最高的运营投资效益比。

3. 文献充足保障

文献资源的充足性、品种的可读性、更新的及时性等极大地影响着自助图书馆网的运行效益，图书馆可从资源储备与规划、资源调配与更新、资源整合与管理等层面建设和组织文献资源。在项目实施前，图书馆应详细设计文献的采购渠道、品种配备、年度更新等内容确保储备充足的文献资源，并制订长远规划保障配备自助图书馆的文献资源；项目实施后，为确保自助图书馆在架图书的可读性，图书馆应及时更新文献资源，制定可操作性的图书调配原则、滞架文献下架等；在全城统一服务后，中心图书馆须从入库办法、资产管理、流通管理等方面统一融合其他成员馆文献资源，保障文献资源的财产安全。

4. 与已有自动化设施的集成

自助图书馆相关的自动化设施整合包括 RFID 整合与应用系统集成。RFID 技术能极大地提高图书馆自助服务水平和文献管理效率，如果目前图书馆采用基于条形码和磁条的标识识别系统，实施之前图书馆须评估本馆是否需要升级到 RFID 系统，因为这涉及 RFID 标签及加工、基础流通设施、业务系统集成等建设投入。应用系统集成的充分性则关系到项目后期运作的稳定性及管理的规范性，因此，图书馆在项目建设实施前需着重考虑已有图书馆业务系统集成的内容、实施难度、实施过程、实施步骤等问题，包括与图书馆自动化管理系统在读者数据、业务数据的技术集成与互通；管理平台、资源平台、服务平台等业务平台在图书馆内部业务流程中的平稳过渡。

5. 与原有的业务体系的整合

自助图书馆投入运行和服务后，图书馆原有服务模式新增了馆外服务内容，文献资源更应以读者阅读需求为中心。因此，图书馆需调整和变革原有业务流程与部门组织结构，以顺利开展自助图书馆的各项文献服务，如建立专门的运营中心来协调与组织自助图书馆的相关工作，建立和完善预借书库并形成预借送书服务规范等。业务重组既保障了高效、顺畅的自助图书馆服务，也使其成为整个图书馆不可分割的一部分。随着自助图书馆的各项业务持续推进及服务的不断深化，图书馆需将其纳入远景规划范畴，以确保自助图书馆获得持续、稳定的应用效益；同时图书馆需要有进行重组和变革的思想准备，且这种调整将会随着自助图书馆的建设和服务规模的不断变化而持续存在。

6. 建设运营模式的长远规划

深圳地区早期在进行自助图书馆的研制开发、试点建设规划时，采取了政府全额投资立项建设和运营的模式予以实施。而随着自助图书馆应用规模的不断扩大和管理服务经验的不断成熟，其他图书馆在引进自助图书馆时，可采取先行试点的方式进行，并作长远规划，待自助图书馆品牌影响力及服务宣传效果得到充分展示后，可考虑与企业、商业团体等共同投资建设，共同进行维护和运营，引入市场化的方式进行建设和维护。同时可探讨和试点自助图书馆的全外包运营管理服务模式，包括引入银行 ATM 系统成功运营经验，采取租赁自助图书馆设施、采购第三方自助图书馆运营维护服务等整体模式开展自助图书馆的建设和服务，这样将可大大节约自动图书馆的建设、运营的时间成本和人力成本。

（二）自助图书馆的维护

1. 日常维护问题

考虑到人为破坏及天气情况的影响，对自助图书馆的日常维护就显得十分必要。为减少不必要的维护经费，专家建议在自助图书馆的普及推广过程中，应该加强对广大读者的辅导教育。使读者掌握其操作方法。对于天气等不可抗拒因素，可以在设计过程中采用垫高设备和防水装置等来避免。

2. 技术问题

由于自助图书馆的监控、服务机和物流系统通过网络相互联结，如果发生病毒感染或恶意攻击服务机等情况，就会导致自助图书馆全面瘫痪。为此，专家推荐使用 MPLS-VPN 加密专网技术。同时与流量控制和服务等级划分相结合，为读者创建专用虚拟网络，使自助图书馆服务机与关键核心网络相隔离，以达到自助图书馆运行的安全性和应对危机的可控性。

（三）自助服务体系

自助服务是指在一定条件下，根据用户的阅读兴趣、需要偏好、研究重点，由用户自主地、灵活地、能动地完成以前由图书馆馆员按照馆员的意志和行为习惯完成的书目查询、藏书借阅、资料检索、文献复印等活动，从而实现自主服务的一种读者服务方式。图书馆自助服务的发展与新技术的发展密不可分，如 RFID 技术是自助借还服务的基础，它为图书馆的流通服务带来了全新的契机，不仅节省了大量的人力和管理成本，更为读者提供了 24 小时无间断的服务，是一种革命性的改善；自助打印、扫描等服务则有赖于先进的设备和无缝的认证机制。

1. 自助借还系统

自 20 世纪 90 年代末起，欧美许多国家尤其是北美开始应用 RFID 技术开展自助服务，国内最早启用自助服务的应该是 2005—2006 年落成的广东东莞图书馆和深圳图书馆新馆,目前国内规模较大的大学图书馆如北京大学图书馆、同济大学图书馆、中山大学图书馆、北京理工大学图书馆等,公共图书馆如中国国家图书馆、首都图书馆、杭州图书馆等都配备了多个自助借还终端。

2. 自助图书馆

2006年建成开放的深圳图书馆新馆被美誉为"第三代图书馆",以其城市街区24小时自助图书馆为代表,该系统主要由自助图书馆服务机、图书馆监控中心和物流管理系统三部分构成,其核心部分是自助图书馆服务机。自助图书馆服务机包括浏览书架、电脑操作台、网络查询台、图书信息浏览屏、还书分拣箱、现钞验收机等。城市街区24小时自助图书馆系统是一个完整意义上的图书馆,具备了图书馆所有的服务功能,在某种程度上甚至更为高效、便捷。通过自助服务机和网络、物流系统,读者可以得到图书馆几乎所有的服务,包括申办新证、借书、还书、预约借书、预约取书,还可以查询馆藏目录和读者的各种信息,并作为终端直接读取馆藏各类数据库。

3. 自助复印/打印/扫描服务

近年来,国内很多图书馆配备了自助复印打印设备,为读者提供"无人管理"的自助式打印复印服务,这种服务方式既可以节省图书馆的人力,也可以减少读者排队等待的时间,由于其相对低廉的收费和自助结算的模式可以大大减少纠纷,并且也是图书馆执行知识产权保护策略的一种措施——图书馆可以通过在所有自助设备上张贴知识产权保护的留示等方式,加强读者的版权保护意识,引导尊重知识产权的使用习惯,避免由于人为因素导致图书馆"带头"侵犯知识产权,无限制地为读者复印打印资料的情况发生。

北京大学图书馆、清华大学图书馆、浙江大学图书馆等大学图书馆和中国国家图书馆、深圳图书馆等公共图书馆都使用了联创自助打印复印扫描系统。该系统引入"自助式无人化"的管理模式,通过一卡通等进行身份认证和收费,做到使用者、使用时间、内容、费用的精确可控,在所有接入网的电脑上,为读者和管理员提供方便和廉价的打印复印和数字化扫描服务。

4. 自助编辑制作服务

随着教学模式和学习方式的改变,大学对于学生独立或协同完成生动作品的能力、对于学生的多媒体制作和展示能力,都提出了更高的要求,所以有了"多媒体素养"的提法。为了完成课程的作业,同学们常常不仅需要提交一篇文字报告，而是要提交含有实验结果或创作效果的PPT、视频短片等，读者需要图书馆提供丰富的素材以及相关的设施，帮助他完成"作品"。图书馆能够提供的素材包括海量的图片资源、视音频资源、完备的数据库资源（如电子图书、期刊、报纸等），能够提供的设施则包括各种数码前端设备（如照相机、摄像机、录音笔等），采集设备（如放像机、微机、各种采集软件），各种编辑制作软件和输出设备（如彩色打印机、刻录机、合成机等）。

5. 自助学习空间

高校图书馆可以将原有的电子阅览室、书库和自习室三者相结合，以学科分类为依据，设置若干个集资源、设备、人员、空间为一体的自助学习空间，除了要基本满足学习环境光线、温度、通风、布局、色彩等的舒适外，还要为师生配置辅助学习创作的多媒体计算机以及各种打印、复印、扫描、传真等外围设备，提供尽可能丰富的纸质和数字文献信息资源，配备经验丰富的随时准备为师生解决疑难问题的馆员。

（四）自助图书馆的工作流程

自助图书馆的设备包括门禁系统、图书检测设备、视频监控设备和自助借还机。

1. 门禁系统

用于对读者身份的验证。要进入自助图书馆首先要刷卡，刷卡器通过读取读者证的条码信息来识别该读者是否为本馆有效读者，并控制自动门的开启和关闭。

2. 图书检测设备

对图书出入馆时进行磁检测。自助图书馆使用的是可消充磁的安全磁条（EM-STRIPE），检测设备与自动门形成电控物理连接，自动门根据检测设备的检测状态（无磁状态或有磁状态）做出开门、锁门的响应。例如，当读者携带未消磁的书籍通过检测门时，图书检测系统会产生一个信号给门禁系统，经过门禁系统处理后，有两个信号分别送给门禁控制器、报警主机和录像主机，这时，门会自动锁死，录像机开始抓拍。

3. 视频监控设备

对自助图书馆内的情况进行监控，它可以由多个摄像头组成。当检测设备发出报警后，便启动与之联动的录影设备，从各个角度对室内的情况进行抓拍或录像。

4.自助借还机

由触摸屏、激光条码扫描仪、消充磁设备组件和收据打印机构成。自助借还机与业务系统通过网线和接口软件实现通信,当读者点击触摸屏操作图书借还时,借还机也几乎同步完成了对图书磁条的充消磁工作。借阅成功后,打印机会打印出借书凭证。

第五节 移动图书馆服务

一、移动图书馆概述

移动图书馆原指可以移动的图书馆,主要是通过汽车等交通工具向农村和偏远地区提供图书馆服务的方式。随着计算机技术、电信、互联网的迅猛发展,移动图书馆服务也拓展为通过智能手机、平板电脑、MP3/MP4、PSP等多种移动终端设备访问图书馆资源,进行阅读和业务查询的一种服务方式。它是运行于无线移动通信互联网上的超大规模、便于使用、没有时空限制的知识信息中心。移动图书馆的信息内容可以是简单的文本信息,如手机短信息,也可以是复杂的图片、音频、视频信息,如电子书、彩信、音乐、移动电视等。

移动终端设备作为一种手持工具,已经成为用户与图书馆交流信息资源的桥梁,有利于移动图书馆的内涵诠释更加新颖准确,使其充满时代特色。

一方面,移动图书馆依赖于现代网络技术,是移动网络技术发展"开花结果"的成功表现。首先,强大的技术支撑使移动图书馆的推广与发展成为可能,如云计算、3G、WAP等技术以及无线终端日臻完善的设备功能;其次,移动阅读设备的广泛普及,不仅给移动图书馆的出现提供了平台,也为其提供大量的移动用户群,成为其坚实的后盾;最后,技术的更新使得移动终端设备的价格越来越便宜,网络服务的收费情况也呈现下降趋势,大众有能力承受手机阅读,这也给移动图书馆的发展创造了条件。读者群体在日渐多样化的阅读服务中,对于个性化的追求得到满足,可见,图书馆走移动信息服务的道路势在必行。

另一方面,移动服务作为图书馆的全新发展方向,是当前图书馆服务功能的进一步延伸。当前多媒体、无线网络以及移动通信都是帮助移动图书馆有效推广的技术支持,以这些技术为基础,可以对数字图书馆中的数字信息资源进行技术处理，将其转换成无线的移动信息电子资源，并运用在图书阅读方面。新时期的移动图书馆，可以帮助读者摆脱时间、空间和地点的重重限制，将全方位的电子信息资源服务提供给读者。这样，通过灵活运用多种移动终端设备，就可以更加方便地获取图书馆电子信息资源。从传统图书馆到数字图书馆，再到移动图书馆，经历这三个阶段的发展，图书馆的服务越来越泛在化。服务的泛在化作为移动图书馆的建立目标，可以从两个方面加以分析，从图书馆的角度来看，主要体现在其提供信息服务的泛在化，换句话说，就是服务意识无处不在、无时不有；而从读者的角度来看，泛在化就是无拘束地获取图书信息、享受服务，具体包括时间、地点、文化、语言的障碍等，增加了获取图书馆信息资源的便利性，享受到优质的服务。移动图书馆作为数字图书馆的延伸，在提高图书馆数字化的同时，对数字图书馆进行了功能和结构上的创新、优化，更加凸显显字信息时代信息的及时性、有效性和个性化，使数字图书馆的可用性、便捷性得到了很大的提高。移动图书馆的使用终端小巧玲珑、可移动性好，读者可以用移动终端主动点播和定制自己所需的各种信息，可以将信息随时、随身携带到自己活动的每一个地方自由阅读，享受实时性和个性化的信息服务，使图书馆的服务由被动转向主动，实现真正意义上的不受时间和空间限制的全天候、个性化服务。这是图书馆与读者互动的一种新途径，是现代图书馆扩大服务外延的新尝试。

二、移动图书馆服务

（一）移动图书馆服务的意义

1. 可以提供随时随地的检索服务

用户有更大的随意性和自主性，可以在户外通过无线网络查询图书馆的信息资源，确定目标图书馆是否具备其所需信息资源，更加精准有效地利用图书馆资源。

2. 实现随时随地的阅读

通过互联网和电脑可以足不出户而博览群书，而借助移动通信技术和移动终端设备实现的掌上图书馆，可以使用户把排队等候、乘坐交通工具等比较零散的时间充分利用起来，实现随时随地随身的阅读和信息交流，就像把图书馆带在身边，移动图书馆成为用户获取知识信息的重要途径之一。

（二）移动图书馆的特点

1. 移动性

读者不需要亲自到图书馆，也不必依赖于计算机，通过各种移动设备（手机、平板电脑、阅读器等）获取图书馆所提供的各种资源和各项服务。

2. 实时性

移动图书馆服务平台可以随时随地将传统图书馆搬进网络，任何人、任何时间、任何地点都可以实时获取图书馆的信息资源，操作简便、快捷。

3. 互动性

图书馆传统业务是读者单方面向图书馆借阅书刊，而移动图书馆读者可以通过手机、微博等方式与图书馆馆员随时交流，体现了移动图书馆的互动性。

4. 延展性

对没有时间或行动不方便的读者来说，移动图书馆的电子终端可以供用户随时阅读和收听；行动不便的老年用户，残障人士不需要到图书馆来，通过移动设备获取图书馆的信息资源。

三、移动图书馆的服务模式

目前，国内外已推出的移动图书馆服务模式，主要实现方式包括 SMS、I-Mode、WAP、J2ME、IDB 等几种服务模式。

（一）SMS（ShortMessageService）服务模式

SMS 也称为短信服务，实质上是一种短信的存储和转发服务。发送人的短信通过 SMS 中心再转发给接收人，短消息并不是点对点的，而是始终通过 SMS 中心进行转发。如果接收人处于未连接状态（可能电话已关闭），则消息将在接收人再次连接时发送。由于早期的移动通信技术主要以短信服务最为普及，因此 SMS 模式相对较为成熟，移动图书馆的建设也是从手机短信开始。图书馆采用 SMS 模式主要包括下行业务和交互式业务，下行业务主要用于读者被动接收图书馆发送的信息通消息，包括开放时间、新书通报、预约提取通知、图书到期提醒、图书馆讲座、图书催还等。交互业务是指读者利用手机向一个特定的服务号码以短信方式发送服务请求。其主要包括证件挂失、续借图书、查询个人借阅信息、咨询问题、查找文献、提出建议等方面。由于短信服务模式对硬件要求低，实现容易，几乎所有开展移动图书馆业务的馆都支持该业务。SMS 服务模式的特点为及时、快捷以及费用低廉，缺点在于消息格式简单，仅支持简单文本，无法传输图像、音频、视频等信息，因消息长度受限，难以实现复杂信息检索，交互性能较差。

目前，我国国内绝大多数的移动图书馆都能利用手机短信息进行推送服务和定制服务。对于第一种推送类服务，主要推送的服务内容有图书馆新闻动态、会议讲座通知、图书到期通知、图书逾期通知、图书归还通知、预约图书提取通知、新书到馆通报等；定制类服务的内容主要有书目查询、图书预约/续借、参考咨询、建议留言等。

（二）I-Mode 服务模式

I-MODE 服务模式是日本独有的一种移动互联网商业模式，由日本 NTTDoCoMo 移动通信公司在 1999 年 2 月推出的，这是一种移动电话服务。I-MODE 用户可以随时连接因特网进行浏览、Email、网上购物、银行、订票、订餐等，与一般 PC 机拨号上网不同，I-MODE 更像专线上网，这种随时随地传送信息的方式深受用户喜爱。日本移动公司采用分组交互叠加技术，采用简化的 HTML 来编辑网站，使传统的 WEB 网站很方便地转变为 I-Mode 网站。日本富山大学图书馆和东京大学图书馆均使用该技术开发 OPAC 查询系统，提供馆藏查询、图书催还、续借通知等服务。但是这种模式除了日本，在别国就会"水土不服"。

（三）WAP（WirelessApplicationProtoc01）服务模式

WAP 是由 Motorola、Nokia、Ericsson 等几家公司和美国的软件公司 Phone.com 最早倡导和开发的无线应用协议，是使移动通信设备接入互联网的开放的国际标准，是一种窄带宽传输数据的通信协议。WAP 是无线应用协议的简称，是一种向移动终端提供互联网内容和先进增值服务的全球统一的开放式协议标准，目前最高版本为 WAP2.0。WAP 最大特点是系统结构的灵活性和协议的开放性，并可利用开发语言的优势，开发出更具交互性的服务界面。采用 WAP 网站可以提供比 SMS 模式更为丰富和强大的功能。WAP 技术已成为被大众广泛接受的无线联网方式，用户可以通过掌上终端设备访问图书馆的 WAP 网站，享受目录检索、查询开馆时间、存取电子期刊论文等服务。

目前，国家图书馆、北京大学图书馆、清华大学图书馆、上海交通大学图书馆、复旦大学图书馆、西安交通大学图书馆、四川大学图书馆、兰州大学图书馆等纷纷开展了 WAP 服务，是目前国内图书馆比较普遍使用的一种服务模式。

（四）J2ME（JavaPlatform, MicroEdition）服务模式

根据 Sun 的定义：JavaME 一种高度优化的 Java 运行环境，主要用于消费电子设备，如移动电话和视频电话、数字机顶盒、汽车导航系统等。1999 年，在 JavaOneDeveloperConference 大会上，正式推出了 JavaME 技术，Java 语言的特性就是与平台无关，而 JavaME 技术正好将这个特性移植到小型电子设备上，使得不同的移动无线设备可以共享应用程序。

J2ME 是一种高度优化的 Java 运行环境。J2ME 开发是继 WAP 之后又一崭新的移动开发模式，采用 J2ME 开发通用的移动图书馆平台，可以较为完善地解决 WAP 的不足，系统功能、交互性等方面均有较大提升，遗憾的是目前并不是所有的手机都支持 JAVA 虚拟机。

（五）IDB 服务模式

IDB 信息服务方式是韩国 WISEngine 公司所研制的数据库查询的核心技术，其原理是通过无线网络，利用移动终端的上网功能，在互联网上直接获取互联网上的信息。使用 IDB 服务模式最成功的例子是韩国的西江大学。西江大学与韩国 WISEngine 公司在 2001 年合作推出的移动数字图书馆服务，提供了书目信息查询和个人借阅信息查询服务，同时还提供了在线预约图书的服务。

四、移动图书馆服务的内容

首先是移动通知。随着"移动性"的逐步推广，这种异于传统图书馆的存在更富个性化，图书馆可以依据读者的个人定制来推送阅读服务，读者也可以及时了解到自己的阅读情况，如图书订阅信息、图书到期通知等。

其次是移动阅读。移动图书馆是以电子资源的方式来实现阅读服务，结合计算机网络技术，在门户网站提供下载链接，一旦下载在移动阅读终端设备内，用户就可以随时随地享受阅读。

最后是移动查询。这是将传统服务与新技术相结合的典型功能，在查询服务中，读者可以利用移动设备，在 Wi-Fi 环境下，或者利用 5G 在线访问图书馆系统，

查询到可借数目、所借图书、已借数目的到期时间、超期罚款等信息，甚至可以查询到馆藏位置，进行在线图书的预约。

五、图书馆移动信息服务应用的模式

（一）QQ 服务模式

在网络环境下，图书馆利用 QQ 及其相关组件（如 QQ 群等），构建一个馆员与读者之间双向交流的渠道，使图书馆能够及时了解读者的需求和对图书馆的建议，使读者能更准确地利用图书馆的信息资源解决问题。QQ 既可以是图书馆内部互动交流的平台，又可以作为信息发布的平台，还可以成为馆员与读者沟通，进行学术研究、数字化参考咨询的平台。可以进行信息报道、资源推荐、读者培训、文献的代查与借阅等。

（二）博客服务模式

自 2003 年以来，被称为第四种网络交流方式的博客（Blog）开始进入图书馆界。它不但为图书馆开辟了新的交流空间，也为图书馆的读者服务提供了更为广阔的平台。图书馆建立自己的博客后，馆员们就可以把自己工作实践中的经验、想法、学术研究等记录到博客上与读者和其他图书馆馆员分享；读者可以把自己利用图书馆的心得、感悟、要求、建议记录到博客上与图书馆馆员和其他读者分享。正是博客这种广泛的参与和互动，使得读者之间、读者与图书馆之间、图书馆馆员之间都可以相互交流，碰撞出思想的火花。

图书馆博客几乎可以渗透到图书馆业务的各个领域，成为图书馆与用户交互的重要平台。业务包括读者服务书目导读、信息导航和知识过滤、参考咨询服务、读者培训等。

（三）微信公众平台服务模式

2012 年 8 月，腾讯公司在微信的基础上推出新的功能—微信公众平台。微信公众平台是腾讯公司在微信的基础上新增的功能模块，通过这一平台，个人和企业都可以打造一个微信的公众号，并实现和特定群体的文字、图片、语音的全方位沟通、互动。

微信公众平台是一个开放的平台，向注册公众号的用户开放 API 接口，任何机构都可以开发并构建基于开放接口的第三方服务平台，实现和机构应用的无缝对接。微信官方为开发者提供了翔实的开发文档和代码示例，保证了开放接口的顺利搭建。通过这种开放平台的方式，用户可以实现实时消息管理、用户管理、消息群发管理、素材管理、品牌设置等常规功能。

（四）掌上国图服务模式

国家图书馆移动服务于2008年12月22日启动，经过试运行，目前已经形成利用短信、WAP、快讯等多项移动新技术，逐步建成了移动数字图书馆、短信服务、WAP网站、国图漫游以及手机阅读等服务模块，"掌上国图"服务正式向读者开放，为读者提供更方便、更快捷的图书馆移动服务，同时也为我国图书馆移动服务提供了先进的发展理念与经验模式。服务模块：①短信服务模式；②手机阅读模式；③移动定位服务；④移动数字图书馆服务。

第六节　图书馆空间服务

一、图书馆空间

从古至今，图书馆建筑作为重要的社会公共建筑类型，在人们的心目中和生活中有着举足轻重的地位，优秀的图书馆建筑都包含一种文化内涵，常常成为业界关注、学习和观摩的对象。

图书馆空间作为建筑的重要组成形式是供读者学习、活动和交流的特殊社会空间，无论其是有形的物理空间实体还是虚拟的网络空间，在人类文明的历史发展长河中无不受到社会变迁影响和面临科学技术发展带来的挑战。

（一）图书馆空间的演变

从空间生产理论来看，空间变化的动力来自空间形态变化和动态发展过程，即空间反映社会实践和社会关系，人们在特定的空间内进行活动时，会受到社会约束。根据社会发展规律，这种特定的社会关系的发展必然会经历社会矛盾，这些矛盾会促使空间形态发生变化，进而使空间呈现出一种动态发展过程。图书馆空间作为社会实践的产物，随着社会形态运行的不同而发生着变化，并经历了一个由低级到高级、由简单到复杂的历史发展过程。

1. "闭锁式"的储藏空间

在我国古代封建社会形态和小农生产经济模式的影响下，古代图书馆的空间形态表现为"闭锁"形式，即以私人"藏书室（楼）"为主，其规模结构与权力地位相配，仅供少数人使用，实行封闭式管理。由于当时社会经济、文化发展水平低下，原始文献载体珍贵，文献利用与传播不便，再加之封建社会自我封闭的社会特征，使得当时的图书馆仅是作为文献载体的储藏空间，功能单一，重藏轻用，藏书构成仅以藏家的兴趣为转移，形成了一个自我循环的封闭系统。随着封建社会生产力发展水平的不断提高，文献载体发生巨大变化，文献记载与传播得到发展，古代图书馆藏书范围逐渐向非统治阶级转移，私人藏书范围逐渐扩大，促进了古代图书馆社会形态的进一步发展。

2. "开放式"的公共空间

进入近代社会，图书馆呈现出不同于古代图书馆的一种质变飞跃，即面向社会大众开放，打破了自我封闭式的循环系统，开始探索建立为社会公众提供文献服务的理念。首先，图书馆作为社会文化机构的地位被确立，图书馆空间除了储藏文献，开始接纳社会公众的到馆利用，图书馆的社会教育功能、文献传播利用功能、文化遗产保存功能等多项职能被激发出来；其次，图书馆以其不同的类型和公众需求进行了划分，公共图书馆是近代图书馆类型中的主流形式，图书馆空间突破了"以藏为主"的形态模式，向"以用促藏"的模式转变；最后，图书馆的文献管理水平得到提高，管理手段得到丰富，文献目录学理论的实践应用使得文献的整理归纳更加有序，同时图书馆之间的交流与合作推进了图书馆事业的整体发展。

3. "高科技式"的互动空间

20 世纪，电子计算机的广泛应用与普及把人类带入了信息社会，信息社会的快速发展推动了近代图书馆向现代图书馆的转变，图书馆由此开启了现代化进程。随着信息社会网络化、信息化的发展，信息量急剧增加，加之文献载体电子化形式的出现，使得文献储藏空间受到挑战，图书馆的储藏空间演变为实体空间和虚拟空间。与此同时，社会大众的需求也在不断地发生变化，图书馆为其提供的文献服务已不能满足社会大众对图书馆空间利用的需求，社会大众渴望图书馆作为自己生活的"第三空间"而存在，成为一个集学习、交流、体验、休闲、舒适为一体的空间场所。为此，图书馆的空间重心发生改变，它不再仅仅围绕文献进行服务，而是将利用文献的"人"作为图书馆未来发展的服务主体，"人"将逐步取代"文献"对图书馆空间发展的主体影响地位。随着现代技术手段和科学管理手段的广泛应用，图书馆空间在藏借阅空间的基础上，不断呈现出多功能、多样化、个性化等相融合的特征，与社会大众之间呈现出高度互动的发展趋势。

（二）图书馆空间的转型

从图书馆空间的变迁来看，图书馆空间经历了"以藏为主"到"以藏促用"再到"以人为主"的空间发展过程，验证了空间生产理论提出的"空间既是社会实践活动的产出结果，又是下一次实践开始的依据"，空间生产成为推动空间转型的根本动力。关于空间生产的研究，有学者提出"空间"在生产时，与其他商品一样，可进行大规模、标准化的"生产"，那么空间在被不断复制的过程中就会带来空间更迭和特色消亡，就如同事物发展变化的过程一样，在内因与外因的共同作用下不断变化、不断寻求空间更迭来适应新的空间发展。基于此，本文将从图书馆的功能空间转变和空间特性转变来阐述图书馆空间的转型。

1.功能空间转变

随着社会发展历程的演变，图书馆不断生产出各种功能空间，而各种功能空间又随着社会的发展变迁而转变。从图书馆空间形态的发展历程来看，古代图书馆和近代图书馆的空间功能较为单一，基本是以文献储藏为主。随着社会空间的发展，图书馆功能空间出现了新的类别，除储藏空间外，还有检索空间、阅览空间、加工管理空间等，空间功能发展较为平稳。但进入信息时代后，电子技术与设备的应用正在翻转图书馆的功能空间，甚至是革新传统空间的设置理念，其体现如下：

（1）空间功能的消退

信息数字技术的广泛应用，在很大程度上改变了人们的信息获取行为，并反映在对图书馆空间的使用与利用上，使得一些特定阶段的功能空间逐渐被取代或弱化。比如，计算机的普及让图书馆的管理方式更先进，传统图书馆中的目录检索厅被计算机检索终端区取代。又如，电子阅览室空间由于现代电子移动设备的使用而导致功能空间弱化。这些特定空间的功能消失或退化，一方面体现了社会生产方式对图书馆空间功能的影响，另一方面也反映了图书馆功能空间适应社会生产关系的自我调整能力。

（2）空间功能的融合

当代图书馆处于泛在知识环境下，用户的信息获取形式趋向于通过网络技术快速取得并能接受自助式的服务模式。这就使传统图书馆的藏借阅功能空间与新时期出现的展示空间、休闲空间、交流空间等相融合，如藏阅空间中分散的网络检索空间、开放式学习空间中融入的休闲与交流空间、公共空间中的休闲阅读空间与展示空间的结合等。在这些融合的功能空间内，可根据不同需要随时调整空间的合并组合，并实现资源技术、人员组织、服务管理等与空间功能的高效融合，进而推进空间功能的不断发展。

（3）空间功能的拓展

在新技术、新设备、新理念的影响下，图书馆空间功能突破原有的空间功能，向综合化和开放化发展，拓展出新的空间概念，如互动空间、创客空间、体验空间等。这些新功能的拓展空间主要表现：一是强调信息技术与图书馆服务的有机整合，将空间、资源、馆员融为一体，向用户提供个性化服务与学习交流相结合的互动型服务空间；二是利用图书馆空间，把个人、团体、组织机构的创意或创新思想通过实体空间向具有共同兴趣爱好的人们进行宣传、演示及展示，在此空间内每一个参与人都可以自由地进行知识分享、创意交流、协同创造，以此来表达人们对渴望获取新知识、新技能的需求；三是这类空间设置相对独立，空间内配备先进硬件设施，空间服务围绕支持协作模式、辅助提供形式等进行，通过关注用户学习习惯的变化，支持与辅助用户学习过程，进而达到激发用户学习思维的作用。

2.空间特性转变

图书馆空间功能与图书馆建筑大小、藏书量多少无关，其旨在通过空间设置或空间创新来促进图书馆服务方式的改变、服务内涵的延伸，进而达到环境育人的目的。从某种意义上说，现代图书馆空间生产已不再是围绕藏书、藏书量和收藏方式进行空间功能的划分，而是以空间表达、空间服务与用户实际需求相结合进行的空间分配，向开放式、多元化、人性化的空间服务场所转变。所以，图书馆空间特性的转变体现了空间形态变化的特点，具体如下：

（1）从封闭性到开放性

古代图书馆向现代图书馆的迈进，就是图书馆逐渐从封闭走向开放的过程。开放是图书馆空间发展过程中的重大转折，它让图书馆空间形式不再禁锢在小小的藏书楼内，而是逐渐走向通敞式的大空间，通过空间的开放来影响图书馆建筑的表达，进而丰富空间的层次。这种大空间不仅带来了空间组织的灵活，而且自由变化的空间布局还满足了不同功能空间的置换要求，空间的开放性贯穿于空间功能布局、空间组织及空间管理等各方面，为空间服务发展拓宽了平台。

（2）从固定性到流动性

人与空间存在着交互作用，即空间限定人的行为活动范围；反之，人的空间行为表现也会影响空间设计。最初的图书馆空间限定了出入的对象，只为社会权贵阶层所有，空间形态设计以所有人的喜好为准，其空间特性是一种固定的阶层象征。而近现代图书馆空间功能的单一性决定了空间特性，如藏阅空间、检索空间就只是藏阅、检索的功能。这种固定的空间功能正随着社会的科技化、信息化、时代化发展而被打破，图书馆各空间要素随着空间的多元化而融合在一起。在一定程度上某一空间可以集合多种功能，各功能空间的边界模糊，空间属性交融，形成一种流动的空间多元氛围。这种流动的空间特性为图书馆空间发展带来了更大的发挥余地。

（3）从标志性到媒介性

图书馆建筑往往是某一区域内的地标建筑，总是与某些寓意相结合，突出本身存在的标志性，所以以往的图书馆建筑很注重外观设计。然而具有标志性的图书馆建筑往往不一定在内部空间利用上能满足图书馆的功能空间需求，在一段时期内图书馆建筑外观特色与内部空间利用存在着一种较量，二者兼顾总有一些缺憾。但是，随着信息化社会的到来，烦冗的信息充斥在人们的周围，由于信息传播与利用的数字化形式而使得图书馆的空间呈现出媒介性。图书馆不再仅仅是通过建筑外观来吸引人们的眼球，其内部空间的丰富形态更能传达人们所需要的信息或感受。这种空间媒介性通过视觉、听觉等空间设计表达冲击着到馆读者的感观，满足读者的行为需求，也反映了现代社会科技与信息的魅力。

（三）图书馆空间的划分

图书馆空间根据其功能属性和服务目标的不同，划分标志亦不同。

1. 按照图书馆服务功能划分

按照图书馆服务功能，图书馆空间划分为十大功能类型，即藏书空间、阅览空间、学习空间、研讨空间、数字资源空间、视听空间、展示空间、自助服务空间、办公空间和休闲空间。

2. 按图书馆建筑空间功能划分

按图书馆建筑空间功能，图书馆空间应包括信息资源获取区、信息交流区、信息研究区、学习区、信息素质教育区、信息控制区和休闲区，按照有利于读者信息利用、交流、协作与学习的"一站式"服务功能划分区域。

3. 按照"空间"原理划分

参照对"空间"的解释原理，将图书馆空间划分为文献资源空间、信息行为空间和文献交流空间三个层面。文献资源空间是图书、期刊、资料等的"能容受之处"，是社会文献收藏中最具权威性、开放性、持续性、公益性和普遍性的专门空间；信息行为空间是以提供文献满足社会成员阅读需求的专门空间；文献交流空间是文献资源和信息行为结合而形成的空间，是与读者进行沟通、交流的动态空间。人类社会是个文献、信息和知识交流的大空间，图书馆是这个大空间的基础设施。

二、图书馆空间服务

图书馆空间服务是图书馆整合自身的资源（电子、纸本、网络资源）、技术、人力和场地，为用户提供的全方位、个性化、人性化智慧服务，旨在促进读者自主学习，激发读者的灵感和创新思想，是图书馆改革与发展的方向。

（一）图书馆空间服务的形式

空间服务建设一般包括个人学习空间、协作学习空间、多媒体空间、新技术体验空间、创新空间、休闲学习空间以及研究空间等功能区域的建设。

1. 个人学习空间

该空间是为了满足个人独立学习的需要而设立的，根据学习需求不同，国外图书馆通常设置有安静学习区、有声朗读区、笔记本电脑区等，并配备充足的学习资源，如尽可能多的电源插座、网络接口等。日本成蹊大学图书馆个人学习空间建设比较有特色。在1~5层开架书库周围，沿窗设置了266间个人学习空间，各个空间内都配置有电源和网络接口，读者可以自带笔记本电脑进行资料查询、报告撰写。另外，各个学习空间都以落地玻璃分隔开来，视野开阔，玻璃外是绿茵茵的草坪和生机勃勃的校园，这样既满足读者个人学习的需要，又能使其放松身心,在放松中实现创造。国内在这方面基本上还停留在集体阅览学习的阶段,开设个人学习空间的较少。

2. 协作学习空间

该空间主要是为了满足学生小组学习、研究和知识创造,一般设立很多间大小不等的小组讨论室或研讨室。为了便于用户灵活使用该中心,配备的家具、设备具有可移动性和重组性,如配备带轮子的桌椅、可移动和固定的白板、投影仪、电脑等,电脑中装有学习所需的多种必需软件。在国外,每个学校根据设立的目标不同,在协作学习空间设置的学习辅助项目也有所不同。有些开设写作服务中心,提供写作指导服务,如指导学生中英文论文、求职信、履历等的撰写;有的提供计算机技术服务,如提供软件工具的使用方法、电子表格的使用技巧、演讲稿的制作与演示等;有的设立同声传译室,锻炼外语学习者双语切换能力;也有的设立戏剧表演室,训练学生语言表达能力,培养学生交际能力,提高人文素养。同时,这些协助学习室提倡教师在此开课。国内高校的协作学习空间,开设辅助学习项目得很少,基本上只是学习国外设立学习空间的形式,设立数目不一、大小不等的研讨室。比如,北京大学图书馆,仅设立了多媒体研讨室,面积65平方米,可容纳30~40人,开展学术讲座、研讨、会议、影视/音乐欣赏、论文答辩或其他学术交流活动;上海交通大学图书馆设有29间小组学习室,使用人数8~20人,支持学术研讨、教学培训、讨论交流、创新赛事、社团活动等。

3. 多媒体空间

该空间旨在激发读者对新媒体的兴趣,满足读者对多媒体制作的需求,提升其创造力。在国外,多媒体空间一般提供有高性能的扫描仪、麦克风、各种媒体阅读器,配备专业的音视频编辑软硬件和专业的技术指导人员。读者可以进行音视频格式转换、视频编辑、制作、图像文本的扫描;技术指导人员也可对学生从采集、整理、存储、发布等整个多媒体制作过程进行全程指导,协助其制作出融图像、动画、音视频为一体的高质量作品。另外,多媒体空间支持教师开设影视欣赏课程、影视群体赏析等。

在国内,有部分高校图书馆设置有多媒体空间,其中,中国人民大学图书馆运作得比较好。该空间配有苹果图形工作站、缩微胶片阅读机、音视频编辑软件、55寸高清电视电脑一体机(可触摸)、蓝光DVD等软硬件,供缩微胶片阅读、音视频资料编辑制作与测试。该空间开放后,许多读者在指导老师和工作人员的帮助下通过小组讨论和合作，制作了一些高水平的宣传片、纪录片等。

4. 新技术体验空间

该空间引进了世界前沿的新技术产品，让用户通过亲身体验，感知新技术，丰富知识，跟进时代潮流。国外图书馆这方面做得比较成熟，他们非常注重引进先进科技产品，并配备专业的技术人员指导读者的体验。在国内，也有部分高校设立该空间，如北京大学图书馆设有苹果产品体验区和数字应用体验区，提供基于各种品牌型号的电子书、平板电脑等最新数码设备的数字应用体验服务及图书馆新服务（如移动图书馆、移动经典阅读、移动多媒体课程点播等），但是没有相关专业技术人员进行支持，不能高效地发挥其空间的作用。

5. 创新空间

创新空间是一个实验、创新、学习和思想交流的空间，它为人们提供场地、材料、工具、设备和技术，使其能够进行动手性探索和参与性学习。高校图书馆构建创新空间，可以激发学生灵感，培养创新思维，提升创新能力，从而促进学生就业率，同时还是将师生所学由想法变为现实的最佳场所。近年来，美国的许多高校图书馆已经成功地引入了创新空间。内达华里诺校区的科学和工程图书馆，向学生提供3D打印机服务。工程学、化学、戏剧、艺术等学科的师生都可以对项目和研究中计算机模拟的数据进行3D打印，打印出具有3D效果的物体模型，此间还可以通过相关软件进行调整与重塑。学生们设计的机器人、气垫船和化学模型等都可以从想法变为现实。此项目一经开展，受到了广大师生的热烈欢迎。国内高校图书馆开展创新空间服务得较少，只有少数几家开设了此项目。比较成功的有清华大学、北京大学、上海交通大学等。清华大学的x-lab开设有互联网和信息技术、医疗健康、环保能源、先进制造、文化创意、新媒体、游戏、教育等领域创业项目，帮助学生学习创意创新创业的知识、技能、理念，培养学生的创造力。北京大学2012年6月创立了创业训练营，多年来，通过网络课堂、开放课堂、直播课堂、路演沙龙等多种形式服务了超过20万名创业青年，通过公益特训班、导师1对1、投资基金和公益孵化器等多种形式，深入服务超过1万名优秀创业者。2016年10月，北京大学成立了全球大学生创新创业中心，内部功能包括新青年创客空间、创业大讲堂、创业咖啡、创新创意设计展示中心、北京大学创业训练营等，进行培育学生创新精神、优化校园创业氛围的有益尝试。上海交通大学提供3D打印机服务。

6. 休闲学习空间

该空间是为学生放松心神、调剂学习而设立的多样服务区。空间通常设置有咖啡厅、观影厅、展览厅等，家具配备一般颜色较为明快、活泼，造型各异，其间区域放置有书籍和报刊等，这些都因学校而异。国外高校图书馆该空间设置形式多样，但都很注重吸引读者眼球，突出自身特点，并努力营造温馨、惬意的阅读休闲环境。国内高校图书馆该空间建设态度不是很积极，家具配备一般色彩单调，造型单一。

7. 研究共享空间

研究共享空间是专门为学校的科研人员设计的学术研究空间，因此学术氛围更强。笔者认为，它是学习共享空间服务的延伸，对图书馆技术人员、资源、设备的要求更高，因此，只有实力很强的高校才能创建，否则，徒有其形式，起不到多大作用。关于研究共享空间的概念，华盛顿大学图书馆是这样定义的：它是一个将学生和教师组织在一起，对各自的研究进行分享和讨论，并为他们研究的每个步骤（搜集文献、写作、出版、申请科研基金）提供支持的协同环境；是一个使学生和教师合作进行课题研究的空间；是一个可以为用户提供演讲机会和研讨室的空间；是一个可以帮助用户了解同行研究进展的空间。国外已有很多高校设立此种空间，如美国华盛顿大学、南非开普敦大学等。南非开普敦大学图书馆将研究共享空间设在僻静的 6 楼，只对学术人员和硕士、博士研究生开放，图书馆馆员为特定的读者提供信息需求，配备高端的个人电脑、笔记本电脑、高速互联网接入、高性能打印复印机及扫描仪等设备，设立研讨室和会议室等。

（二）图书馆共享空间的形式

1. 信息共享空间

信息共享空间（Information Commons, IC）是 20 世纪 90 年代在美国兴起的在共享式学习和开放获取运动背景下，以培育读者信息素养，促进学习交流、协作和研究为目标的一种创新服务模式。

信息共享空间是一个经特意设计的学习、交流、创作和研究环境，是目前国外大学图书馆的信息服务核心，是以最先进的计算机、网络和通信设备为基础，以丰富的知识库、电子资源和教育资源将校园内的学生、教师、技术专家、图书馆馆员、写作指导教师等联在一起，为读者提供一站式信息服务。因此，美国的罗伯特·希尔（RobertA.Seal）认为信息共享空间具有普遍性、适应性、灵活性和公共性四个基本特征。

2. 第三空间

奥登伯格从社会学的角度提出社会空间分为三个层次，第一空间是家庭环境，第二空间是职场环境，而第三空间便是前两者之外的其他所有空间，如酒吧、美术馆、图书馆、书店、咖啡馆、公园等。"第三空间"是人们停留、消退、交流、思考并能够自由地释放自我的地方，是人与信息、人与人之间交流的知识共享空间。图书馆的"第三空间"可以实现从"书本位"到"人本位"的转变。书本位强调的是静态信息，而人本位则更加强调动态知识的交流。图书馆为用户提供了一个平等、温馨、自由、互动的学习与交流空间，最大限度地发挥了图书馆的社会公益性作用。2009年，在意大利都灵市举行的国际图书馆协会联合会上，"作为第三空间的图书馆"主题备受关注。

3. 创客空间

创客起源于美国硅谷人的"车库精神"，他们将创意点子从脑子"搬上"桌子，让越来越多的原创者自愿通过网络公开和分享自己创意源代码。自1981年在德国柏林诞生全球第一家创客空间后，"创客空间"概念随后在世界各国传播并引发热议。"创客空间"是美国图书馆近年来开展的一项创新服务。此项服务的目的是吸引具有计算机、艺术设计、手工制作等共同兴趣爱好的群体通过分享软件、硬件和设计观念进行聚会、社交、协同创作等活动。创客空间常被视作开放社区的实验室，整合了机器工厂、工作坊和工作室的元素，人们可以在其中分享资源和知识，以制造事物。截至2012年4月，全世界范围内建立了超过500个创客空间组织，图书馆提供创客空间开创了图书馆新的服务类型，充分发挥了图书馆空间激发创新力的作用。

4. 泛在空间

泛在图书馆是数字图书馆发展历程中提出的又一新概念，是以用户为中心、重构用户需求服务方式的图书馆服务新模式，主要体现在服务范围、服务对象、服务内容、服务功能、服务空间、服务手段和服务机制等的泛在化。泛在空间是由网络设施、硬件、软件、信息资源和人有机组成的新一代的知识基础设施。它是一个无所不在、自然、易于使用的学习环境，任何人都可以在任何地方、任何时间、以他们身边的便携式设备来获取他们所需要的信息资源。

(三) 信息共享空间建构策略

1. 图书馆信息共享空间的组织结构

信息共享空间一般由总服务台、电子阅览室、个人学习空间、小组学习空间以及休闲娱乐空间组成。总服务台为读者提供基本信息服务，其中包括服务内容、项目、图书馆制度、信息服务流程等。电子阅览室则是读者获取信息的基本平台，配有多媒体计算机、打印机以及其他多媒体设备。个人学习空间则是专属于读者的学习和研究的独立空间，其中配备有常用的工具书、互联网接口等。小组学习空间则适用于专业学习以及科研活动。一般由研修室或是网络小组组成。休闲娱乐空间则是一种人性化的阅读空间，读者可以休息，或是享受多媒体娱乐。

2. 信息共享空间的服务内容

信息共享空间主要提供的服务有以下几方面：（1）信息检索服务以及数据检索处理。图书馆工作人员为读者提供其所需的各种媒体资源、设备以及设备使用的技术指导。并根据学习者的需求，如内容或是形式，提供信息。图书馆工作人员亦可以参与到读者的研究活动中，根据项目的发展情况，为学习者提供服务。（2）读者培训。在信息共享空间中，读者不仅能够获得其所需要的信息，而且能够得到信息素养方面的培训。例如，信息检索课程，以及其他网络数据资源的使用课程。（3）参考咨询服务。图书馆工作人员应当为读者提供如何利用图书、期刊、报纸等信息资源的方法，帮助读者撰写论文，以及其他科研工作。

3. 图书馆信息共享空间的构建策略

信息共享空间在建构过程中应当注意以下几方面内容：（1）树立综合服务理念。信息共享空间与传统图书馆服务不同在于，其所要提供的是一种综合性一站式信息服务。因此，图书馆工作人员必须树立起信息化的服务理念。在提供服务时，应当以读者为中心，从读者的角度去思考问题，提供更为人性化的信息服务。（2）树立可持续发展的理念。在信息共享空间的设计上，既要充分考虑当前图书馆的规模、资金，也要为图书馆今后的发展留下足够的空间。在具体设计的过程中，应当因地制宜，从实际情况出发，不能盲目追求规模，而忽视质量。（3）整合服务资源。信息共享空间之所以能够为读者提供一站式的信息服务，关键在于其利用信息化的技术将传统图书馆所能够提供的服务全都整合到一个信息化的平台。同时，利用信息化提供的技术将原有的服务质量提升到一个新的高度。因此，整合服务资源是实现信息共享空间的关键。（4）加强信息人才的培养。信息共享空间的建构离不开高素质的信息人才。因此，在建构过程中，应当注意人力资源的配置工作。既要加强优质人才的引入，又要加强工作人员的学习和培训。同时，争取多方面的合作，也是提升服务质量的关键。具体而言，图书馆可以采用馆际合作的模式，将一些成功经验引入自身信息共享空间的建设中来。尤其是一些优质的数字化馆藏资源，可以作为完善自身信息服务的基础。

（5）加强信息服务的质量管理。信息共享空间的良性发展离不开严格的质量评价体系。质量评价应当以读者的需求为中心。从读者反馈的信息中，可以有效地发现当前服务所存在的问题，从而有效地改进工作，提升服务质量。

参考文献

[1] 南春娟. 媒体融合环境下高校图书馆工作研究 [M]. 北京：北京工业大学出版社,2023.

[2] 张璐. 大数据时代高校图书馆管理与服务创新发展研究 [M]. 北京：中国商业出版社,2023.

[3] 蓝开强. 高校图书馆建设发展与智慧服务创新研究 [M]. 汕头：汕头大学出版社,2022.

[4] 周玉英，王远.5G 环境下智慧图书馆的服务研究 [M]. 北京：北京燕山出版社,2022.

[5] 计斌. 信息检索与图书馆资源利用 [M]. 北京：人民邮电出版社,2022.

[6] 李春艳. 新时代图书馆读者管理与服务模式 [M]. 青岛：中国海洋大学出版社,2022.

[7] 孙振强，刘慧. 图书馆特设资源建设研究 [M]. 北京：北京工业大学出版社,2022.

[8] 广西壮族自治区图书馆，广西图书馆学会. 传承发展多元新时代图书馆的创新与探索 [M]. 南宁：广西科学技术出版社,2022.

[9] 陈群. 互联网 + 图书馆智慧服务研究 [M]. 长春：吉林出版集团股份有限公司,2022.

[10] 魏奎巍著. 图书馆信息化建设与服务创新研究 [M]. 长春：吉林出版集团股份有限公司,2022.

[11] 邓润阳著. 图书馆阅读服务与现代信息管理 [M]. 长春：吉林出版集团股份有限公司,2022.

[12] 李颖著. 高校图书馆信息服务与大数据思维研究 [M]. 长春：吉林出版集团股份有限公司,2022.

[13] 敦文杰. 图书馆互联网电视文化服务与实践 [M]. 北京：朝华出版社,2022.

[14] 张舒. 全民阅读背景下高校图书馆阅读推广评价体系研究 [M]. 大连：辽

宁师范大学出版社,2022.

[15] 王春明,裘钢主编.专业图书馆知识产权研究与服务[M].广州：广东科学技术出版社,2022.

[16] 朱丹阳.图书馆现代化管理与服务创新研究[M].长春：吉林大学出版社,2022.

[17] 鞠晶.高校智慧图书馆服务创新[M].长春：吉林出版集团股份有限公司,2022.

[18] 李蕾,史蕾.公共图书馆服务与创新管理[M].延吉：延边大学出版社,2022.

[19] 周静.高校图书馆读者服务工拓展与创新[M].延吉：延边大学出版社,2022.

[20] 孙建丽.现代图书馆管理与信息技术应用研究[M].沈阳：万卷出版公司,2022.

[21] 余艳娜.知识管理助力艺术类高校图书馆学科服务优化[J].文化产业,2023（18）：133-135.

[22] 李婷,何艳香,谷在玲,汗克孜·吾苏尔.新媒体时代高校图书馆管理与服务研究[J].办公室业务,2023（10）：176-178.

[23] 杨蕙.学生用户对高校图书馆管理服务的满意度及其影响因素[J].黑龙江科学,2023（9）：85-87.

[24] 刘星星.高校图书馆科研数据管理服务调查与分析研究[J].江苏科技信息,2023（9）：55-58.

[25] 姜小函.高校图书馆读者服务管理研究[J].大众文艺,2023（8）：118-120.

[26] 裴春晖.基于读者服务视角的高校图书馆管理对策研究[J].名汇,2023（6）：44-48.

[27] 解晓翠.新时期高校图书馆服务与管理工面临的挑战与对策分析[J].参花（上）,2023（5）：107-109.

[28] 李婷,何艳香,谷在玲等.新媒体时代高校图书馆管理与服务研究[J].办公室业务（下半月）,2023（5）：176-178.

[29] 陈媛媛,林安洁.高校图书馆科研数据管理服务模式搭建和应用[J].情报理论与实践,2023（5）：99-106.

[30] 郑加佳. 基于读者信息服务视角下的高校图书馆管理方式探讨 [J]. 科技资讯,2023（5）：209-212.

[31] 郭金子. 基于大数据驱动的高校图书馆精准化服务与管理研究 [J]. 兰台世界,2023（5）：130-133.

[32] 王彩霞. 新形势下高校图书馆管理与服务创新路径研究 [J]. 中文科技期刊数据库（全文版）图书情报,2023（4）：223-226.

[33] 刘昱宏. 基于情境感知的高校图书馆智慧空间服务管理现状研究 [J]. 知识经济,2023（4）：9-11.

[34] 陈媛媛,林安洁,陈志鹏. 高校图书馆科研数据管理服务要素研究 [J]. 国家图书馆学刊,2023（3）：36-48.

[35] 王艳凤. "互联网+"时代高校图书馆管理与服务的创新策略研究 [J]. 高等继续教育学报,2023（2）：76-80.

[36] 吴舒波. 新形势下高校图书馆管理服务创新方向与优化策略 [J]. 国际公关,2023（1）：91-93.

[37] 任利静. 科学发展观下的高校图书馆管理与服务创新分析 [J]. 商情,2022（52）：88-90.

[38] 曹伟. 基于网络环境下高校图书馆流通服务的细节管理与创新分析 [J]. 商情,2022（47）：70-72.

[39] 谭艳阳. 大数据在高校图书馆管理及服务中的应用 [J]. 世纪之星——交流版,2022（35）：163-165.

[40] 茹黑也木·吾斯曼,卡咪拉·阿不都克热木. 新时代高校图书馆如何发挥综合管理能力和服务功能 [J]. 数字化用户,2022（35）：204-206.

[41] 吕艳琳. 大数据背景下高校图书馆服务与管理研究 [J]. 江苏科技信息,2022（32）：38-40,48.

[42] 林杏. 新形势下高校图书馆管理与服务创新研究 [J]. 文化产业,2022（25）：91-93.

[43] 陈明昭. 高校图书馆新时代服务与管理模式探索 [J]. 世纪之星——交流版,2022（25）：175-177.